Wolfgang Knüll

Nahtoderfahrungen

Wolfgang Knüll

Nahtoderfahrungen – Blick in eine andere Welt

Aktuelle Antworten der Wissenschaft

Patmos Verlag

Für Brigitte
„… und werden sein wie jene Parallelen,
die sich endlich finden in und für Unendlichkeit."

Inhalt

Vorwort

Dieses wundervolle Buch handelt von Nahtoderfahrungen (NTE) und davon, wie die jüngsten wissenschaftlichen Forschungen zu diesen Erfahrungen unsere Vorstellungen von Leben und Tod verändern können. Aus vielen persönlichen Geschichten weiß ich, dass eine Nahtoderfahrung bzw. die Erfahrung eines erweiterten Bewusstseins während einer medizinischen Krise immer noch viele ungläubige und kritische Fragen aufwirft, weil sie im völligen Widerspruch zum konventionellen Wissensstand unserer westlichen Kultur stehen. Aus diesem Grund ist die Nahtoderfahrung nicht nur für weite Teile der Bevölkerung, sondern auch für die meisten Ärzte und Psychologen ein unverständliches und unbekanntes Phänomen. Denn wie kann man es wissenschaftlich erklären, dass Menschen aus einer Zeit offenkundiger Bewusstlosigkeit klare Erinnerungen haben? Oder wie kann es möglich sein, dass ein Herzstillstand von nur wenigen Minuten Dauer lebenslange Veränderungen nach sich zieht? Es scheint so, als ob die NTE eine unvergessliche Begegnung mit unbegrenzten Dimensionen unseres Bewusstseins darstellt. Das vorherige Weltbild verändert sich dadurch radikal. Für jemanden, der selbst keine NTE erlebt hat, dürfte es fast unmöglich sein, die Auswirkungen und lebensverändernden Nachwirkungen dieser überwältigenden Erfahrung wirklich zu verstehen. Unglücklicherweise haben die meisten Menschen, die in Gesundheitsberufen arbeiten, immer noch ein nur unzureichendes Wissen über Nahtoderfahrungen und die aktuelle Nahtodforschung. Vielfach haben sie weder von Nahtoderfahrungen noch etwas von den lebensverändernden Auswirkungen dieser Erfahrung gehört oder gelesen.

Allerdings sollte man sich darüber im Klaren sein, dass es nach dem gegenwärtigen medizinischen Denkkonzept für unmöglich gehalten wird, während eines Herzstillstands ohne Kreislauf und ohne Atmung, während eines tiefen Komas oder unter Vollnarkose Bewusstsein zu erfahren. Dennoch können

Patienten, die genau dies erlebt haben, paradoxerweise vom Auftreten eines erweiterten Bewusstseins berichten, und zwar aus einer kritischen medizinischen Periode, bei Herzstillstand oder Koma mit Bewusstlosigkeit.

In diesen Phasen wird das Bewusstsein außerhalb unserer üblichen Dimension von Zeit und Raum erlebt, mit kognitiven Funktionen, mit Gefühlen, mit erhaltenem Selbst, mit Kindheitserinnerungen und manchmal mit dem Erlebnis von Wahrnehmungen aus einer Position außerhalb und oberhalb des leblosen Körpers. Seit der Veröffentlichung von Raymond Moodys Buch »Leben nach dem Tod« bezeichnet man diese außergewöhnlichen, bewussten Erfahrungen als Nahtoderfahrungen (NTE). Eine solche NTE kann definiert werden als Erinnerung an eine Reihe von Eindrücken während eines außerordentlichen Bewusstseinszustandes, der einige generell auftretende Elemente beinhaltet wie die außerkörperliche Erfahrung, angenehme Gefühle, das Sehen eines Tunnels, eines Lichts, verstorbener Verwandter, einen Lebensrückblick oder die bewusste Rückkehr in den Körper. Viele NTE ereignen sich in lebensbedrohlichen Situationen wie bei einem Herzstillstand (klinischer Tod) oder im Koma, nach traumatischen Hirnverletzungen oder Schlaganfall. Aber nahtodähnliche Erfahrungen werden auch bei schweren Depressionen (»existenzielle Krise«), bei der Meditation (»Erleuchtungserfahrung« oder Erfahrung des »Einsseins«), bei drohenden Verkehrsunfällen (»Todesangst«-Erfahrung), im Endstadium einer Krankheit (Lebensende-Erfahrung) oder auch ohne jeden ersichtlichen Grund gemacht. Eine Nahtoderfahrung ist lebensverändernd und führt immer zum Verlust der Angst vor dem Tod, zu tiefgreifenden Veränderungen im Lebensverständnis und erhöhter intuitiver Sensibilität.

Der Inhalt einer Nahtoderfahrung und die Auswirkungen auf die Patienten scheinen weltweit ähnlich zu sein, über alle Kulturen und alle Zeiten hinweg. Nach einer aktuellen Zufallsumfrage in Deutschland und den USA sollen etwa 4 Prozent der Gesamtbevölkerung in der westlichen Welt eine Nahtoderfahrung gemacht haben. Das bedeutet, dass mehr als 3 Millionen Menschen in Deutschland und etwa 20 Millionen Menschen in Europa eine Nahtoderfahrung gehabt haben müssen. Warum aber hört man betroffene Patienten so gut wie nie mit Ärzten und Pflegepersonal darüber sprechen? Viele zögern, ihre Erfahrungen mit anderen zu teilen, weil sie so viele negative Reaktionen darauf bekommen. Doch gerade Nahtoderfahrende brauchen ein Gefühl des Vertrauens, dass man ihnen kommentarlos und ohne Vorurteile zuhört. Anscheinend wirft eine Nahtoderfahrung immer noch zu viele kritische Fragen vor allem bei Neurowissenschaftlern auf, denn die meisten Wissenschaftler sind nach wie vor fest davon überzeugt, dass es nach dem derzeitigen Stand der medizinischen Wissenschaft nicht möglich sein dürfte, Bewusstsein zu erleben, wenn das Gehirn nicht mehr funktioniert.

Viele Theorien wurden vorgeschlagen, um eine Nahtoderfahrung zu erklären. Indes gibt es 4 prospektive Studien mit identischem Studiendesign, bei denen insgesamt 562 aufeinanderfolgende Überlebende eines Herzstillstands interviewt wurden und bei denen zwischen 11 und 18 Prozent tatsächlich von einer Nahtoderfahrung berichteten. Diese Studien lieferten absolut keinen Hinweis auf Erklärungen durch physiologische, psychologische, pharmakologische oder demografische Faktoren für diese Erfahrungen während des Herzstillstands. Bei einer rein physiologischen Erklärung wie Sauerstoffmangel im Gehirn müssten die allermeisten klinisch toten Patienten von einer Nahtoderfahrung berichten, denn in diesen Studien waren alle Patienten nach Herzstillstand erst aufgrund des Sauerstoffmangels im Gehirn bewusstlos geworden. Dennoch berichtete nur ein kleiner Prozentsatz von einer Nahtoderfahrung. Außerdem ist bekannt, dass auch Menschen ohne Sauerstoffmangel im Gehirn, z. B. bei Depressionen, Meditation oder bei drohendem Verkehrsunfall, ein erweitertes Bewusstsein erleben können.

Es stellt sich die Frage, wie ein klares Bewusstsein außerhalb des eigenen Körpers in dem Moment erlebt werden kann, in dem das Gehirn während einer Phase des klinischen Todes oder des Komas nicht mehr funktioniert, bei einem EEG mit flacher Linie. Ein EEG ist die Aufzeichnung der elektrischen Aktivitäten des Gehirns. Darüber hinaus haben selbst blinde Menschen während ihrer Nahtoderfahrung wahrheitsgemäße visuelle Wahrnehmungen bei außerkörperlichen Erfahrungen beschrieben.

Was also wissen wir über die Funktion des Gehirns während eines Herzstillstands? In zahlreichen Studien mit induziertem Herzstillstand sowohl bei Menschen als auch bei Tieren wurde gezeigt, dass die Gehirnfunktion währenddessen stark beeinträchtigt ist. Die Gehirnversorgung kommt vollständig zum Erliegen, was zu klinischen Symptomen des plötzlichen Bewusstseinsverlusts führt, des Ausfalls der Atmung (Apnoe), des Ausfalls aller Körperreflexe (eine Funktion der Hirnrinde), aber auch des Verlusts aller Hirnstammreflexe wie Würgereflex oder Hornhautreflex mit starren und erweiterten Pupillen. Die elektrische Aktivität sowohl in der Großhirnrinde (EEG) als auch in den tieferen Strukturen des Gehirns (bei Tieren) ist nachweislich nach sehr kurzer Zeit (10 bis 20 Sekunden) verschwunden (Null-Linie). Eine erfolgreiche Herz-Lungen-Wiederbelebung (CPR) reicht aber immer über diese 20 Sekunden hinaus. Meist dauert es mindestens 2 bis 4 Minuten, in der Regel noch deutlich länger. Alle Autoren der 4 prospektiven Studien über NTE zogen daraus den zwingenden Schluss, dass eine NTE mit Herzstillstand und vorübergehendem Ausfall aller Funktionen des Kortex, also der Großhirnrinde und des Hirnstamms, bei einem flachen EEG erlebt worden sein musste.

Damit stellt sich die Frage, wie das Bewusstsein mit der Gesamtfunktion des Gehirns zusammenhängt. Die wissenschaftliche Nahtoderforschung bringt uns erkennbar an die Grenzen unserer medizinischen und neurophysiologischen Vorstellungen in Bezug auf die Reichweite des menschlichen Bewusstseins und die Beziehung zwischen Geist und Gehirn. Denn auf der Grundlage dieser prospektiven Studien müssen wir einräumen, dass es nicht möglich ist, Bewusstsein auf neuronale Prozesse zu reduzieren, wie die heutigen Neurowissenschaften sie verstehen.

Das Paradoxon, dass gerade in einer Phase, in der die Durchblutung des Gehirns vollkommen zum Erliegen kommt, ein erweitertes und klares Bewusstsein sowie logische Denkprozesse möglich sind, wirft besonders heikle Fragen zu unserem heutigen Verständnis von Bewusstsein und der Beziehung zwischen Bewusstsein und Gehirnfunktionen auf. Ein klares Empfindungsvermögen und komplexe Wahrnehmungsprozesse während einer Phase offensichtlichen klinischen Todes ist eine Herausforderung an das Konzept, nach dem das Bewusstsein ausschließlich im Gehirn verankert ist. Überdies deuten die Daten aus mehreren NTE-Studien mit bestätigten, wahrheitsgetreuen Wahrnehmungen während Wiederbelebung, in Vollnarkose oder im Koma darauf hin, dass die NTE exakt während der Bewusstlosigkeit auftritt und nicht etwa in den ersten oder letzten Sekunden des Herzstillstands oder des Komas. Dies ist eine überraschende Schlussfolgerung, denn wenn das Gehirn so außer Funktion ist, dass der Patient in tiefem Koma liegt, müssen die Hirnstrukturen, die subjektive Erfahrung und Erinnerung stärken, ernsthaft beeinträchtigt sein. Dann könnten komplexe Erfahrungen, wie sie von einer NTE berichtet werden, gar nicht auftreten oder sogar im Gedächtnis bewahrt werden. Von solchen Patienten würde man überhaupt keine subjektive Erfahrung erwarten.

Wenn man aber »glaubt«, dass das Bewusstsein nur ein Nebeneffekt eines funktionierenden Gehirns ist, dann ist es aus der Sicht der Mainstream-Wissenschaft natürlich auch unmöglich, eine wissenschaftliche Erklärung für die NTE zu finden, weil aus diesem materialistischen Ansatz mit absoluter Konsequenz folgt, dass Bewusstsein völlig von der physischen Integrität des Gehirns abhängt. Ohne funktionierendes Gehirn kann man nicht bei Bewusstsein sein, denn nach gängigem Stand der Neurowissenschaft ist das Gehirn nur mehr die Maschine, die Bewusstsein überhaupt erst erzeugt. Wenn diese Maschine ausfällt, sollte das Bewusstsein aufhören zu existieren. Die Beschädigung oder Zerstörung des Gehirns sollte also zu einem vollständigen Zusammenbruch unseres Geistes führen. Dass diese – mangels Beweisen für andere Theorien zur NTE – wissenschaftlich nie bewiesene Hypothese der Erzeugung von Bewusstsein und Erinnerungen von großen Gruppen von Neuronen und im Gehirn dringend diskutiert werden sollte, liegt auf der Hand.

Eine andere Theorie besagt, dass es sich bei der NTE um einen veränderten Bewusstseinszustand handeln könnte, oder die Theorie einer Kontinuität des Bewusstseins, bei der Erinnerungen, Identität und Wahrnehmung sowie Emotionen unabhängig vom unbewussten Körper funktionieren und so die Möglichkeit der »außersinnlichen« Wahrnehmung erhalten bleibt. Jedenfalls ist festzustellen, dass während der NTE offensichtlich ein erweitertes Bewusstsein erlebt wird, das unabhängig vom normalen körpergebundenen Wachbewusstsein existiert.

In den letzten 40 Jahren wurde viel über die Nahtoderfahrung und ihre Folgewirkungen geschrieben. Seit der Veröffentlichung von 4 prospektiven Studien über Nahtoderfahrungen bei Überlebenden eines Herzstillstands mit auffallend ähnlichen Ergebnissen und Schlussfolgerungen kann das Phänomen der Nahtoderfahrung wissenschaftlich nicht mehr ignoriert werden. Es handelt sich um eine authentische Erfahrung, die nicht einfach auf Einbildung, Todesangst, Halluzinationen, Psychosen, Drogenkonsum oder Sauerstoffmangel reduziert werden kann, und die Menschen scheinen durch eine NTE während eines Herzstillstands von nur wenigen Minuten dauerhaft verändert zu sein.

Wie bereits erwähnt, ist die derzeitige materialistische Sichtweise der Beziehung zwischen Gehirn und Bewusstsein, wie sie von den meisten Ärzten, Philosophen und Psychologen dennoch vertreten wird, für ein angemessenes Verständnis dieses

Phänomens viel zu begrenzt. Die materialistische Wissenschaft geht grundsätzlich gern von einer Realität aus, die allein auf physikalisch beobachtbaren Daten beruht. Wir sollten uns jedoch bewusst sein, dass es neben der äußeren, sogenannten objektiven Wahrnehmung und Beobachtung auch subjektive, nicht beobachtbare und unbeweisbare Aspekte wie Gedanken, Gefühle, Inspiration und Intuition gibt. Wir können aber nur die elektrischen, magnetischen und chemischen Aktivitäten im Gehirn mittels EEG, MEG und PET-Scan messen und Veränderungen des Blutflusses im Gehirn mittels MRT nachweisen, dies sind jedoch lediglich neurale Korrelate des Bewusstseins. Solche Messungen erklären weder etwas über Entstehung noch über den Inhalt von Bewusstsein. Mit unseren gegenwärtig objektiv verfügbaren wissenschaftlichen Techniken ist man nicht einmal in der Lage, den Inhalt der subjektiven Erfahrungen in unserem Bewusstsein zu beweisen, zu messen, zu objektivieren oder zu falsifizieren. Wie Neuronen oder neuronale Netzwerke die subjektive Essenz unserer Gedanken und Gefühle erzeugen könnten, dazu fehlt jeder direkte Nachweis.

Vor dem Hintergrund der Erkenntnisse und Schlussfolgerungen der neueren NTE-Forschung gibt es inzwischen sehr gute Gründe für die Annahme, dass unser Bewusstsein nicht immer mit der Funktion unseres Gehirns übereinstimmt. So wird ein erweitertes Bewusstsein manchmal auch vollkommen unabhängig vom Körper erlebt. Dessen eingedenk, muss man zwangsläufig zu dem Schluss kommen, dass das Gehirn höchstwahrscheinlich eine unterstützende und nicht eine erzeugende Funktion hat, um ein waches Bewusstsein zu erfahren. Man sollte daher überlegen, die Funktion des Gehirns als eine Art Transceiver, als Sendeempfänger oder als Schnittstelle in Betracht zu ziehen. Indem wir ein wissenschaftliches Argument für Bewusstsein als ein nichtlokales und daher allgegenwärtiges Phänomen vorbringen, müssen wir natürlich das rein materialistische Paradigma der Wissenschaft infrage stellen. Dennoch sollten wir uns darüber im Klaren sein, dass die Akzeptanz neuer wissenschaftlicher Ideen im Allgemeinen und die Idee der Erfahrung eines erweiterten Bewusstseins, das unabhängig von einem normal funktionierenden Gehirn ist, von uns Aufgeschlossenheit verlangt und die Bereitschaft, Dogmen aufzugeben.

Ich hoffe jedenfalls, dass wir in naher Zukunft nichtlokale Konzepte akzeptieren werden, um zu verstehen, wie wir miteinander verbunden sind und immer sein werden, auch nach dem physischen Tod, und dass wir persönlich unser Bewusstsein ändern müssen, nicht nur, indem wir unsere Lebensweise umstellen, sondern auch, um die Art und Weise zu korrigieren, wie wir mit Menschen umgehen wollen, die bereit und in der Lage sind, ihre Nahtoderfahrungen oder andere Erfahrungen mit erweitertem Bewusstsein mit uns zu teilen. Ihr Leben hat sich in einer Weise gewandelt, auf die sie nicht vorbereitet waren, und sie alle sagen uns, dass sich ihre Vorstellungen vom Leben und vom Tod grundlegend verändert haben, denn, wie mir ein Betroffener sagte: »Du kannst physisch tot sein, aber dein Geist lebt weiter.« Ein anderer meinte: »Der Tod war nicht der Tod, sondern eine andere Form des Lebens.« Der Tod bedeutete für sie nur das Ende ihrer körperlichen Existenz, aber nicht das Ende ihres Bewusstseins. Diese Menschen sind davon überzeugt, dass Bewusstsein unsere Essenz ist, und sobald wir unseren Körper, unsere physische Welt verlassen, existieren wir als reines Bewusstsein, jenseits von Zeit und Raum, und sind von reiner, bedingungsloser Liebe umhüllt. Es ist offensichtlich, dass uns diese neue Einsicht helfen wird, das Konzept der Kontinuität des Bewusstseins besser zu verstehen.

Für mich ist dieses wichtige, sehr gut geschriebene Buch mit Abstand eines der besten wissenschaftlich fundierten Bücher über Nahtoderfahrungen, die jemals in deutscher Sprache erschienen sind. Es beschreibt nicht nur viele beeindruckende Schilderungen der verschiedenen Elemente einer Nahtoderfahrung, sondern umfasst auch den theoretischen Hintergrund, wie man Ursache und Inhalt solcher Erfahrungen interpretieren kann. Auf der Grundlage vieler neuerer Studien sowie der Erkenntnisse der NTE-Forschung sollte die unausweichliche Schlussfolgerung lauten, dass das Gehirn nicht Produzent des Bewusstseins sein kann, sondern nur Vermittler.

Dieses Buch hat das Potenzial, viele wissenschaftliche Tabus bezüglich unserer derzeitigen materialistischen Vorstellungen über das Bewusstsein, über die Beziehung zwischen Geist und Gehirn sowie über Leben und Tod zu brechen. Durch die Lektüre können wir von den Erkenntnissen der Nahtoderfahrung profitieren, ohne dafür »beinahe« sterben zu müssen. Ich kann dieses Buch allen interessierten und aufgeschlossenen Lesern nur wärmstens empfehlen, aber natürlich auch Menschen, die eine Nahtoderfahrung gemacht haben, die kürzlich einen nahen Angehörigen verloren haben sowie den Mitarbeitern im Gesundheitswesen oder unheilbar kranken Patienten und ihren Familien.

Pim van Lommel, Kardiologe, Nahtodforscher,
Autor des Buches »Endloses Bewusstsein«

Einleitung

Wenn ich eine Milliarde Jahre lang leben würde,
in meinem oder in Ihrem Körper,
es gäbe keine einzige Erfahrung auf der Erde,
die jemals so gut sein könnte, wie tot zu sein,
absolut gar nichts.
DIANNE MORRISSEY[1]

Als Arzt müsste ich Sie eigentlich gleich zu Anfang »vor Risiken und Nebenwirkungen« warnen, denn die Lektüre dieses Buches könnte Ihre Sicht auf die Welt und das, was Sie für Leben halten, von Grund auf verändern – wenn Sie ernst nehmen, was Sie lesen werden.

Von sogenanntem Bewusstsein bei Nahtoderfahrungen haben inzwischen viele von Ihnen gehört. Umfangreiche Erlebnisberichte füllen ganze Regale. Aber kurz und knapp, dennoch umfänglich genug und darüber hinaus wissenschaftlich begründet, werden Sie im Augenblick dazu nichts finden. Diese Lücke soll das vorliegende Buch schließen. Dazu wird in allgemeinverständlicher Form Auskunft über ein Phänomen gegeben, von dem Menschen berichten, die in der Sprache der Medizin entweder klinisch tot waren, dem Tod sehr nahegekommen sind oder sich in extremen Ausnahmesituationen befanden. Allerdings wird das Kriterium des klinischen Todes im Mittelpunkt stehen, weil in dieser eindeutigen Situation alle naturwissenschaftlich messbaren Einflüsse des Lebens sozusagen ausgeschaltet sind.

Die vorliegende Arbeit erhebt weder Anspruch auf Vollständigkeit noch besteht die Absicht, allen akademischen Ansprüchen zu genügen. Sie dient in komprimierter Form einer verlässlichen Information zu Bewusstsein bei Nahtoderfahrungen über das populär Bekannte hinaus. Dieses Konzept machte es nötig, sich auf das Wesentliche zu konzentrieren. Dazu beziehe ich mich selbstverständlich durchweg auf gesicherte und unter wissenschaftlichen Bedingungen erhobene Daten. Zudem finden weitere geprüfte Quellen Verwendung.

Niemand soll überzeugt oder gar überredet werden, schon gar nicht die Skeptiker, denn diese verlangen immer ein Argument mehr, als man vorgetragen hat. Das Problem beklagte bereits die Sterbeforscherin Elisabeth Kübler-Ross, wenn man den Wahrheitsgehalt ihrer Interviews auch beim Tausendsten noch anzweifelte. Gegen Schluss werde ich versuchen, die Nahtoderfahrung mithilfe der Quantenmechanik zu erklären, soweit dies möglich ist. Der Einfachheit halber verwende ich für den Leser den eigentlich unscharfen, aber geläufigeren Begriff Quantenphysik. Da kommen wir an die Grenzen von Wissenschaft. Esoterische Ausflüge werden unterbleiben.

Wegen der Beschaffenheit des Untersuchungsgegenstands darf man natürlich keinen naturwissenschaftlichen Beweis erwarten, etwa mit wiederholbarem Experiment oder mathematischer Formel. Darum habe ich Schwierigkeiten mit dem Autor und Arzt Jeffrey Long, der in seinem Buch von Beweisen für ein Leben nach dem Tod spricht. Beweise in diesem Sinn kann es eben gerade nicht geben. Aber es gibt viele verlässliche, von Dritten zweifelsfrei bezeugte Nachweise über ein Bewusstsein bei Nahtoderfahrungen, die unter wissenschaftlichen Bedingungen erhoben wurden, und zwar während des klinischen Todes. Deshalb werde ich einfach die Fakten darlegen, damit sich jeder selbst ein Urteil bilden kann.

Der Leser wird also nach Art eines Geschworenen einem Indizienprozess beiwohnen, in dem sehr viele vertrauenswürdige und glaubhafte Zeugen aufgeboten werden. Das Ergebnis der Beweisaufnahme liegt jenseits jeden vernünftigen Zweifels, aber es ist eben kein naturwissenschaftlicher Beweis, weil wir nicht einmal beweisen können, dass Bewusstsein überhaupt existiert, und wir haben absolut keine Ahnung, was Bewusstsein überhaupt ist und wo es lokalisiert sein soll. Der Philosoph David Chalmers hält Bewusstsein für das härteste Problem. Da befinden wir uns eigentlich immer noch auf der Erkenntnisstufe des 17. Jahrhunderts, bei dem Mathematiker und Philosophen René Descartes[2]: »Ich kann an allem zweifeln, nur nicht daran, dass ich denke. Ich denke, also bin ich« (Cogito ergo sum). Dass die Bewusstseinswelt der Nahtoderfahrungen hier weiterhelfen kann, steht für mich fest.

Im Übrigen habe ich mich bei meinem Ansatz von Wolfgang Pauli leiten lassen, dem neben Einstein vielleicht bedeutendsten theoretischen Physiker. Er schrieb unter anderem, dass es ihm um die ganzheitlichen Beziehungen zwischen der Welt der Physik und Metaphysik ginge, welche die heutige Naturwissenschaft nicht enthielte. Dazu arbeitete er sogar lange Jahre mit dem Psychoanalytiker C. G. Jung zusammen. Pauli behauptete von sich, an die Grenze des Erkennbaren gekommen zu sein. Da auch dieses Buch notwendig dorthin führen wird, bin ich mir über die Gefahr im Klaren, die darin besteht, ins Unwägbare und Esoterische abzugleiten. Deshalb kam es für mich darauf an, wie Pauli sich ausdrückte, »die positiven Resultate und Werte der Ratio unbedingt festzuhalten«. Pauli meinte über diese Gefahr: »Der Weg, auf dem wir versuchen, zur Wahrheit zu kommen, führt genau zwischen diesen beiden Polen hindurch: Zwischen der Skylla eines blauen Dunstes von Mystik und der Charybdis[3] eines sterilen Rationalismus. Dieser Weg wird immer voller Fallen sein, und man kann nach beiden Seiten abstürzen.«[4] Das ist ein zutreffendes Bild und es beschreibt die Herausforderung: Auf das Ganze zu schauen und mit klarer Ratio vorzugehen, ohne nach einer Seite abzustürzen, aber auch ohne den Kopf abzuwenden, wenn ein Ergebnis naturwissenschaftlich nicht gefällt. Um eine tatsächlich kurze Geschichte von Bewusstsein bei Nahtoderfahrungen zu erzählen, musste ich vieles zur Historie weglassen. Manches werden Sie als Leser also vielleicht vermissen. Den Bogen von Bewusstsein bei Nahtoderfahrung zur modernen Naturwissenschaft zu schlagen, erschien mir so notwendig wie überfällig. Dabei erweist sich die Bemühung um eine Erklärung des Bewusstseins als mindestens so komplex wie die dazugehörige Nahtoderfahrung. War es zum Verständnis nötig, so habe ich vereinzelt stark vereinfacht, etwa bei dem Erklärungsversuch mithilfe der Quantenphysik. Wenn es gegen Schluss des Buches dennoch etwas kompliziert werden muss, dann liegt das weniger an mir als am Gegenstand der Betrachtung. Jedenfalls habe ich versucht, mich so einfach und klar wie möglich auszudrücken. Im Gegenzug wünsche ich mir von Ihnen, liebe Leserinnen und Leser, einen offenen Geist.

Wolfgang Knüll, Dannenberg, im Juli 2022

I. Allgemeine Informationen

Eine neue große wissenschaftliche Idee pflegt sich nicht in der Weise durchzusetzen, dass ihre Gegner allmählich überzeugt und bekehrt werden – dass aus einem Saulus ein Paulus wird, ist eine große Seltenheit –, sondern vielmehr in der Weise, dass die Gegner allmählich aussterben und dass die heranwachsende Generation von vornherein mit der Idee vertraut gemacht wird.
Max Planck[5]

Eine Nahtoderfahrung (NTE) kann am ehesten als die Schilderung eines außerordentlichen Bewusstseinszustandes umschrieben werden. Vor dem Hintergrund einer Expansion des Bewusstseins ins Hyperreale kommt es zu einer auf das Klarste und Schärfste erweiterten Wahrnehmung jenseits aller physikalischen Gesetze von Optik und Akustik. Mag der Körper extrem geschädigt sein, der Mensch erlebt sich als Gesamtheit vollkommen unversehrt und ins Geistwesenhafte überhöht. Diese Überhöhung spiegelt sich in der Erinnerung an die Eindrücke, die dieser außerordentliche Zustand erlaubt hat. Darauf wird im Einzelnen detailliert eingegangen werden.

Da die Nahtoderfahrung in allergrößter Bewusstseinsklarheit wahrgenommen wird, der Erfahrende aber unvermeidlich irgendwann in seinen irdischen Körper zurückkehrt, müssen Bewusstsein und Nahtoderfahrung in diesem Zeitraum notwendig miteinander verbunden gewesen sein. Denn die Nahtoderfahrung bedingt ein Bewusstsein, das zur Leistung der Erinnerung fähig ist. Sonst wüssten die Nahtoderfahrenden darüber nichts. Unterziehen wir diese grundlegende Frage bei Nahtoderfahrungen einer genauen Betrachtung, dann erweist sie sich als eine nach dem Bewusstsein. Es gilt also, die Art und Weise dieses Bewusstseins zu klären.

Obwohl jede Nahtoderfahrung individuell und unterschiedlich ist, eint alle die frappierende Ähnlichkeit einer Bewusstseinseruption hinein ins Unvorstellbare. Umfragen in den USA, Australien und Deutschland, die von der Internationalen Gesellschaft für Nahtodstudien[6] (IANDS) durchgeführt wurden, deuten darauf hin, dass 4 bis 5 Prozent der Menschen eine solche oder ähnliche Erfahrung hatten.[7] Das betrifft allein in Deutschland Millionen. Trotzdem ist das Thema immer noch weitgehend tabu. Wer von seinem Erlebnis spricht, der stößt wegen der Abnormität seiner Äußerungen oft auf Ablehnung oder der Frau, dem Mann und besonders dem Kind wird schlicht nicht geglaubt, weil eine Nahtoderfahrung jeden gängigen Denkrahmen sprengt und mit moderner Wissenschaft kaum in Einklang zu bringen ist.

Das Haupthindernis im Umgang mit Nahtoderfahrungen dürfte jedoch für die allermeisten Menschen der Gedanke an das Lebensende sein. Der schwingt ja ungewollt sofort mit, wenn von Erlebnissen im Zusammenhang mit dem Tod die Rede ist. Da der Begriff »Tod« umgangssprachlich das ultimative Ende der irdischen Existenz beschreibt, welches man gewöhnlich fürchtet, ist ein Gespräch über das Thema in der Regel unangenehm. Dabei wissen wir vom Tod nicht mehr, als dass er für jedes Lebewesen unvermeidlich ist. Genau betrachtet, markiert er lediglich den Endpunkt dessen, was wir unter Leben zu verstehen in der Lage sind. Und nun soll da auf einmal noch etwas sein, worüber Menschen sogar berichten können?

Obwohl fast alle Religionen Versprechungen über das Jenseits machen, fällt es dem wissenschaftlich aufgeklärten Menschen schwer, an ein scheinbar reales Beispiel aus diesem Bereich zu glauben. Das trifft erst recht dann zu, wenn jemand angeblich vom Tod zurückgekehrt sein soll. Aber da fängt es schon an mit der Undeutlichkeit. Waren diese Menschen wirklich tot und auf der sogenannten anderen Seite? Nach dem geltenden Verständnis der Naturwissenschaft ist das nicht möglich.

Hat sich eine derartige Nahtoderfahrung zudem bei Herzstillstand, in tiefer Bewusstlosigkeit und angeblich ohne ein waches Gehirn ereignet, bei klinischem Tod etwa, so ist das dem gesunden Menschenverstand erst recht verdächtig. Bewusstsein über den Tod hinaus also? Das sprengt jede Vorstellungskraft, im wahrsten Sinn des Wortes. Es muss also unbedingt irgendeine natürliche Erklärung für das Phänomen geben bzw. gefunden werden. Oder benötigt man womöglich einen ganz anderen Denkansatz?

Um einer Antwort so nahe wie möglich zu kommen und gleichzeitig Zweifel an der Begründung auszuräumen, soll in diesem Buch fast ausnahmslos auf die Menschen eingegangen werden, die tatsächlich klinisch tot[8] waren und uns von jenseits dessen erzählen. Dass man nicht mit der klassischen Naturwissenschaft ans Werk gehen kann, in der das wiederholbare Experiment mit immer gleichem Ergebnis gefordert wird, wurde im Vorwort hinlänglich ausgeschlossen.

Natürlich könnte man – wie in dem Kinofilm »Flatliners« – das Herz unter Einsatz eines Defibrillators[9] durch Stromstoß anhalten und nach einer festzulegenden Zeit auf dieselbe Weise mit Elektroschock wieder zum Schlagen bringen. Das wäre in der Tat die Situation eines klinischen Todes. Aber was soll man während des Vorgangs messen? Man könnte die Probanden hinterher lediglich fragen, ob sie sich an etwas aus ihrer Zeit des Herzstillstandes mit Bewusstlosigkeit erinnern. Von außen sähe man nichts, außer einer Null-Linie im Elektrokardiogramm des Herzens (EKG)[10] und einer flachen Ableitung der Hirnströme im Elektroenzephalogramm (Flat-Line-EEG)[11]. Die Nahtoderfahrung selbst bliebe unmessbar. Es gäbe erneut nur subjektive Geschichten und keinen objektiven Beweis. Wobei die ethische Unmöglichkeit eines solchen Versuches auf der Hand liegt, denn natürlich setzte man dabei das Leben der Versuchspersonen aufs Spiel. Und letztendlich hätten wir dann immer noch keine vernünftige Antwort auf das »Wie« oder »Warum«. Ist womöglich die Grenze naturwissenschaftlicher Erkenntnis bei den Nahtoderfahrungen mit einem Bewusstsein im Zustand des klinischen Todes erreicht? Das scheint fast so. Dennoch können ein paar dieser Rätsel vom Rand des Lebens, wenn schon nicht gelöst, so doch einer Lösung um vieles nähergebracht werden.

I. Was wissen wir wirklich?

Die Erkenntnisse der Wissenschaft erscheinen uns angesichts der modernen Welt mit all ihren Errungenschaften fast grenzenlos. Aber sie basieren lediglich auf dem Fortschritt des mathematisch-naturwissenschaftlichen Denkens von gerade einmal 400 Jahren. Und entgegen dem gängigen Eindruck gibt uns die Wissenschaft keineswegs Antworten auf alles. Sie antwortet nur auf die Fragen, die sie stellt oder, genauer gesagt, auf die, die sie stellen kann. Dazu muss eine Frage im naturwissenschaftlichen Sinn formuliert sein und daraus die immer gleiche Antwort resultieren. Das entspricht der Vorgabe der klassischen wissenschaftlichen Theorie. Am besten sollte das mathematisch beweisfest ausgedrückt werden können, wie zum Beispiel in Einsteins berühmter Masse/Energie-Formel: $E = mc^2$. Aber diese Bedingung können längst nicht alle Fragestellungen erfüllen. Man beweist daher immer nur das, wonach man fragt. Lassen Sie uns zum besseren Verständnis dessen, was noch folgen wird, kurz rekapitulieren.

Vier große Männer haben die Welt seit Anbeginn der Moderne wunderbar erklärt. Es begann um 1600 mit Galileo Galilei, der die Gesetze der Mechanik sozusagen erfand. Der Mathematiker und Philosoph René Descartes wies dem denkenden Geist des Menschen (*res cogitans*) eine besondere Rolle zu, indem er ihn von der materiellen Umgebung, den äußeren erkennbaren Dingen (*res extensa*) abtrennte. Das nennt man den cartesischen Schnitt. Darüber verankerte er Gott. Damit war der Geist des Menschen sozusagen aufgerufen, die Welt und die Materie zu erforschen.

Isaac Newton erweiterte das Konzept und legte in seinem

Werk über »Mathematische Grundlagen der Naturphilosophie« (*Philosophiae Naturalis Principia Mathematica)* Raum und Zeit als unabänderlich und ebenfalls göttlichen Ursprungs fest. Der philosophische Segen für diesen Denkansatz wurde ihm einige Jahrzehnte später von Immanuel Kant erteilt, der Raum und Zeit als ein *a priori*, ein immer Seiendes, mit Gott als seinem Schöpfer definierte.

Auf dieser Basis konnte der berühmte Gelehrte Pierre-Simon Laplace um 1800 behaupten, alles berechnen zu können, wenn er nur um die gegebenen Bedingungen wüsste. Davon hörte Napoleon. Dessen Einwand, wo denn bei dieser Überlegung Gott bliebe, begegnete Laplace mit den berühmten Worten: »Sire, diese Hypothese habe ich nicht benötigt.« Unter der Bezeichnung Laplace'scher Dämon, also eine Art dämonischer Alleswisser, hat die Redewendung Eingang in Wissenschaft und Literatur gefunden.

Rund 100 Jahre funktionierte das sehr gut mit dieser pragmatischen Denkweise. Dann kam Max Planck, dem ein Professor vom Physikstudium abgeraten hatte, weil bis auf ein paar uninteressante Reste alles bekannt wäre. Planck ließ sich jedoch nicht abschrecken und betrat völliges Neuland, als er die Grundlagen der Quantentheorie[12] formulierte. Er sprach wörtlich von einem »Akt der Verzweiflung«[13], der ihn dazu gebracht hätte, weil ihm seine eigenen Annahmen so absurd erschienen. Ein paar Jahre später veröffentlichte Albert Einstein die spezielle und darauffolgend die allgemeine Relativitätstheorie. In der Nähe der Lichtgeschwindigkeit verhielten sich Zeit und Raum auf einmal völlig anders als gedacht. Sie waren nicht mehr unveränderlich und auch nicht mehr voneinander getrennt. Schwerkraft, Gravitation, ließ sich als Krümmung der Raumzeit beschreiben, und durch die neuen Erkenntnisse der Quantenphysik[14] wurde im ganz Kleinen, in der Welt der Quanten, alles vollkommen unbestimmt und unvorhersagbar. Es sollten nur noch Möglichkeiten und Wahrscheinlichkeiten existieren anstatt eindeutiger Fakten. Der objektive Zufall in dieser neuen

Physik läutete schließlich das Ende des Determinismus in der Naturwissenschaft ein, und auf einmal war nichts mehr so wie vorher. Der Laplace'sche Dämon, der alles vorhersagen konnte, hatte ausgedient. Die sich auf dieser Basis immer weiter entwickelnden Anwendungen der Quantenmechanik mit Handys, Computern und der ganzen Elektronik sorgen aktuell für über 40 Prozent des Weltbruttosozialproduktes.[15]

Unsere Absichten und Träume aber, unsere Empfindungen wie Liebe, Hoffnung, Glück, Schönheit, alles, was den Menschen als Gesamtperson betrifft und den allergrößten Teil seines Lebens wesentlich bestimmt, war weiterhin unter dem Radar der Naturwissenschaft, denn das unterliegt der Subjektivität. Für ein Gefühl gibt es keine mathematische Gleichung, und weil man mit Gefühlen nicht einfach experimentieren kann, wird der ganze Gefühlsbereich kurzerhand auf das physikalisch Beweisbare oder auf einen chemischen Prozess reduziert. Das ist erkennbar zu kurz gesprungen. Es hilft nämlich kaum weiter, dass man die Pixel einer Emotion auf einem Monitorbild des Gehirns rot oder blau einfärbt, die Anzahl der Verse von Goethes Faust, die Töne von Ludwig Beethovens Neunter Symphonie oder die verschiedenen Buchstaben eines Gedichtes von Emily Dickinson zusammenzählt. Ebenso wenig wird man durch die noch so objektive Angabe der Wellenlängen des Lichtes dem ungeheuren Erlebnis eines Sonnenunterganges gerecht werden. Aber naturwissenschaftlich ist dazu nicht mehr zu sagen, und das geht offenkundig am Wesen der Dinge vorbei.

Neben der Unmöglichkeit, diese subjektive, lebendige Dimension des Menschen und der Natur zu erfassen, werden weitere grundlegende Fragen nicht einmal gestellt, wie der Quantenphysiker und Philosoph Carl Friedrich von Weizsäcker zu Recht kritisierte. Er tadelte diese bewusst in Kauf genommene Beschränkung mit drastischen Worten: »Es ist charakteristisch für die Physik, so wie sie neuzeitlich betrieben wird, dass sie nicht wirklich fragt, was Materie ist, für die Biologie, dass sie nicht wirklich fragt, was Leben ist, und für die Psychologie, dass sie nicht wirklich fragt, was Seele ist, sondern dass mit diesen Worten nur vage ein Bereich umschrieben wird, in dem man zu forschen beabsichtigt. Auf der anderen Seite darf man sich nicht darüber täuschen, dass das methodische Verfahren der Wissenschaft, das ich soeben charakterisiert habe, wenn es sich über seine eigene Fragwürdigkeit nicht mehr klar ist, etwas Mörderisches an sich hat.«[16] Von Weizsäcker folgerte daraus, dass aber genau dies den Erfolg der Naturwissenschaften ausmache, diese Fragen nicht zu stellen. Das trifft sicher den Kern. Denn Erfolg basiert auf dem Nützlichkeitsprinzip: Wissenschaft soll Geld verdienen. Deshalb wird heutzutage bei den meisten Forschungsvorhaben zuerst gefragt, ob sie sich in Euro oder Dollar niederschlagen werden. Mit Forschung nach der Essenz von Leben, nach Geist oder gar Seele, nach dem Wesen von Materie ist kein Cent zu verdienen. Erst recht bezahlt daher niemand die Forschung für die Suche nach einem erweiterten Bewusstsein bei Nahtoderfahrungen und dann sogar über den Tod hinaus. Dementsprechend ist die Nahtoderfahrung nicht im Fokus der Naturwissenschaft.

Dabei geht es entgegen dem Begriff eigentlich nicht um Tod, sondern um Leben oder genauer gesagt das, was man als »das Lebendige« bezeichnen kann. Dieses hat viele Berührungspunkte mit dem Begriff der psyche bei Platon, der eben etwas anderes meint als nur Bewusstsein oder Seele oder Geist, sondern eine Art universelle, sich immer erneuernde Lebenskraft, die nicht nur Menschen oder Tieren zu eigen ist, sondern auch den Pflanzen. Diese Denkweise zeigt uns die Richtung weg vom Reduktionismus[17] in der Naturwissenschaft. Wir handeln gleichsam wie jene, die das Licht einer Kerze ausblasen und anhand des verkohlten Dochtes und dem Rest von Wachs hinter das Geheimnis des Kerzenlichtes zu kommen gedenken. Denn wenn alles reduktionistisch zellenklein zerlegt und bestimmt wurde, dann ist das Lebendige längst daraus verschwunden, und man bekommt es nie wieder zurück. Doch genau nach diesem Lebendigen stellt sich in Bezug auf Bewusstsein bei Nahtoderfahrungen seit etwa 50 Jahren die Frage. Das reicht über alles Bekannte und – wie man sehen wird – sogar über die Raumzeit hinaus. Und damit wären wir endgültig beim Thema.

2. Das Problem Nahtoderfahrung

Lange Zeit konnte man wissenschaftlich über Nahtoderfahrungen nicht sprechen, ohne sogleich in die Ecke der Esoterik gerückt zu werden und sich der eigenen Glaubwürdigkeit umgehend zu berauben. Zum Glück ist die Rezeption dank der Berichte in den Medien offener geworden, aber wenn Sie sich jetzt für einen Moment prüfen, dann wissen Sie genau, was ich meine. Spricht man das Thema in Kreisen festgefügter Naturwissenschaft an, zum Beispiel in meinem Fach, der Medizin, dann begegnet man durchweg großer Skepsis, die überwiegend auf Unwissen beruht. Dabei liegen seit über 20 Jahren absolut verlässliche, wissenschaftlich anerkannte Daten vor, und es werden immer mehr. Mich beschäftigt die Nahtoderfahrung seit Anbeginn der neuen Veröffentlichungen in der Mitte der 70er-Jahre des 20. Jahrhunderts.

Es war die Zeit, als Notfall- und Intensivmedizin sich überall ausbreiteten. In vielen Krankenhäusern richtete man Intensivabteilungen ein, die meist von Anästhesisten geleitet wurden. Die Intensivmedizin war aber längst noch keine eigene Disziplin. Damals war ich als junger Arzt am Aufbau einer Intensivstation beteiligt. Unser ganzer Stolz war ein kleiner EKG-Monitor, mit dem man sechs Intensivbetten gleichzeitig überwachen konnte. Dazu verfügten wir über ein Beatmungsgerät von der Größe eines mittleren Schreibtisches und einen neuartigen Koffer zur Elektroschockbehandlung des Herzens, einen sogenannten Defibrillator. Frank Pantridge hatte 1973 die tragbare Version dieses Gerätes entwickelt. Heute gibt es das in jeder Hausarztpraxis, in jedem Notarztwagen, an öffentlichen Plätzen und sogar in Flugzeugen. Der »Defi« rettet bis heute unzählige

Menschenleben bei klinischem Tod. Den verdienten Nobelpreis erhielt Pantridge nie.

Solch ein »Defi«-Koffer gehörte also zu unserer Ausrüstung. Wenn ein Herz bei Stillstand oder ohne regelmäßigen Rhythmus nicht mehr ausreichend arbeitete, konnten wir es durch einen oder mehrere Elektroschocks neuerlich zum Schlagen bringen. Denn nicht nur bei Herzstillstand, auch ohne sinnvollen Rhythmus kann das Herz nicht angemessen pumpen, und der Mensch muss sterben. Nach meiner Kenntnis gibt es keinen berichteten Fall, in welchem ein funktioneller Herzstillstand, etwa bei Kammerflimmern, ausschließlich durch konservative Maßnahmen beseitigt worden wäre, also mit Beatmung, Medikamentengabe und Herzdruckmassage. Das wirksamste Instrument zur Reanimation (Wiederbelebung) in der Notfallmedizin ist der Defibrillator. Er stellt damit die entscheidende Bedingung für so viel mehr Rettungen vom klinischen Tod dar und ist die Ursache für die massive Zunahme von Nahtoderfahrungen.

Damals wurde ich Zeuge einer Nahtoderfahrung, obwohl es zu dieser Zeit weder den Begriff gab noch überhaupt medizinisches Wissen darüber. Das Ereignis ist mir prägend in Erinnerung geblieben: Bei einem alten Patienten kam es nach einem Herzinfarkt zu erheblichen Herzrhythmusstörungen, die einen kompletten Blutdruckabfall mit Kreislaufversagen zur Folge hatten. Er wurde bewusstlos und war für vielleicht zwei oder drei Minuten ohne jeden messbaren Blutdruck gewesen, bevor die Intensivschwestern und ich Herz und Kreislauf unter Aufbietung aller Mittel, inklusive mehrfacher Defibrillation, stabilisieren konnten. Der Mann war danach naturgemäß so erschöpft wie wir. Aber während wir froh waren über die erfolgreiche Wiederbelebung, wirkte er vor allem verwirrt und nur wenig erfreut. Etwas benommen und aufgeregt erzählte er von hellem, wunderbarem Licht, von Musik, die er gehört haben wollte, und unglaublicherweise von der Begegnung mit einem offenbar verstorbenen Angehörigen, ob Vater oder Onkel, weiß ich nicht mehr.

An der Universität hatte ich gelernt, dass ein Gehirn bei Herzstillstand mangels Blutdrucks ohne Durchblutung ist, deshalb keinen Sauerstoff bekommt und darum seine Aktivität nach ein paar Sekunden einstellt. Der Mensch wird bewusstlos und ist damit ohne jede Gehirnfunktion. Folglich kann er nichts mehr spüren, nichts mehr sehen, nichts mehr hören oder gar erinnern. Und wenn man nicht unverzüglich etwas gegen diesen Zustand tut, stirbt das Gehirn und mit ihm der Mensch. So stand es in allen Lehrbüchern.

Dieser alte Herr erzählte jedoch etwas aus einer Zeitspanne, in der er für uns alle ersichtlich tief bewusstlos und definitiv ohne Gehirntätigkeit gewesen war. Er hätte also unter keinen Umständen irgendetwas wahrnehmen oder erleben dürfen und sich zu allem Überfluss auch noch daran erinnern. Was war da los? Gab es irgendwo vielleicht doch genug Sauerstoff im Blut, das durch die Beatmung und massive Thoraxkompression zum Kopf gelangt war? Das konnte eigentlich nicht sein, denn dazu ist der Blutdruck bei Herzdruckmassage viel zu niedrig. Handelte es sich um so etwas wie die letzte Regung eines Gehirns, das zu sterben glaubt? Davon hatte ich irgendwann im Studium sagen hören, und das war meine erste Vermutung. Zunächst aber fragte ich die Frau des alten Herrn, ob ihr Mann eventuell regelmäßig Alkohol zu sich genommen und daher vielleicht diese »Halluzinationen« hatte. Das wies sie vehement zurück.

Sicherheitshalber erkundigte ich mich noch in der Neurologie, und von dort kam wirklich scheinbare Rettung. Man teilte mir auf meine Nachfrage mit, es habe sich um ein sogenanntes Durchgangssyndrom[18] gehandelt, ein Begriff, der zu dieser Zeit ebenfalls neu aufkam. Da wäre man ein wenig verwirrt und hätte Halluzinationen. Beim Nachlesen in der Literatur erfuhr ich zu meiner Ernüchterung, dass ein Durchgangssyndrom nach Definition eigentlich nicht mit Bewusstlosigkeit einhergehen darf. Das hatten die Neurologen vergessen zu sagen. Aus gängiger Sicht der medizinischen Wissenschaft fand sich also eigentlich keine wirklich plausible Erklärung. Obwohl mir das alles ziemlich merkwürdig vorkam, war ich nicht übermäßig beunruhigt. Deshalb befragte ich den Patienten nicht genauer. Ich verließ mich einfach auf mein gelerntes Universitätswissen, das Erinnerung bei Bewusstlosigkeit nicht erlaubte.

Ein halbes Jahr nach dieser Begebenheit erschien Raymond Moodys Buch »Leben nach dem Tod«[19], das ich mir beiläufig aus Interesse beschaffte. Nach der Lektüre zog ich erstmals in Erwägung, dass der alte Herr vielleicht ein Nahtoderlebnis gehabt hatte. Richtig glauben wollte ich das allerdings immer noch nicht. Das Ganze geschah vor nunmehr 45 Jahren. Seither sind durch eine große Anzahl von Autoren weitere Erkenntnisse zusammengetragen worden, und damit kommen wir zur Geschichte der Nahtoderfahrungen.

3. Die Geschichte der Nahtoderfahrungen

Natürlich kann hier keine umfassende Historie der Nahtoderfahrungen ausgebreitet werden. Vielmehr werden einzelne Episoden sowie die Marksteine auf dem Weg dargestellt. Diese komprimierte Auswahl bietet aber dennoch einen nahezu vollständigen Überblick über das Wesentliche.

An sich ist die Geschichte der Nahtoderfahrungen sehr alt. Bereits das ägyptische und das tibetische Totenbuch geben Hinweise auf allerdings eher mystische Erlebnisse. In der westlichen Kultur begegnet uns das Ereignis erstmalig schriftlich in einem Bericht des griechischen Philosophen Platon[20]. Es ist allgemein akzeptiert, dass es sich um den ersten Bericht einer Nahtoderfahrung handelt, der jedoch zeitbedingt dafür die Begriffe der griechischen Mythologie verwendet. Aber er entspricht einem typischen Muster, das uns später noch begegnen wird, wonach Kultur, Tradition und individuelle Prägung in das Gesamtbild einfließen. Zwar gründet Platons Darstellung nur auf Hörensagen, wie er selbst einräumt, aber er schildert das ihm Erzählte sehr ausführlich und genau.

Die Beschreibung beginnt damit, dass nach 10 Tagen die Toten einer Schlacht verbrannt werden sollen. Als man einen der Soldaten auf den Scheiterhaufen werfen will, entdeckt man Lebenszeichen an ihm, und es gelingt, ihn gesundzupflegen. Vollständig genesen, weiß ER, so sein Name, sich an einen Besuch in der Unterwelt, im Hades zu erinnern, bei dem man ihm gesagt habe, »… er müsse den Menschen ein Verkünder des Dortigen sein, und sie hätten ihm geboten, alles an diesem Orte zu hören und zu schauen«. ER schildert u. a. eine Lichterscheinung und *wie* die Krieger nach Gut und Böse aufgeteilt werden.

Aus dem Mittelalter gibt es ebenfalls Mitteilungen über Nahtoderfahrungen. Sie haben in Zeiten der Scholastik[21] einen eher religiös gefärbten oder mystischen Hintergrund, etwa mit bibelähnlichen Höllenvisionen, dichterisch um 1300 n. Chr. ausgeführt in Dante Alighieris »Die göttliche Komödie«. Hatte der Dichter eine Nahtoderfahrung? Man weiß es nicht. Aus asiatischen Kulturen hören wir ebenfalls von Fällen, die man mit Nahtoderfahrungen in Verbindung bringen kann. In Indien, wo man aufgrund hinduistischer Traditionen an Reinkarnation glaubt, ist eine Nahtoderfahrung für die Menschen etwas beinahe Normales. Dort gilt jemand mit einer solchen Erfahrung sogar als auserwählt.

In Europa fällt im 18. Jahrhundert die eindrucksvolle Beschreibung des englischen Seelords Sir Francis Beaufort[22] auf. Der war als junger Seemann vom Schiff in ein Hafenbecken gefallen und beinahe ertrunken. Beim Herabsinken zum Grund durchlief er eine tiefe transzendente Erfahrung, die er in einem Brief sichtlich bewegt darstellt. Er erlebte einen panoramischen Lebensrückblick und fragte sich, ob dies nicht ein Hinweis auf die schier unendliche Kraft des Geistes wäre, »mit der wir in einer anderen Welt erwachen und so genötigt sind, über unsere vergangene Lebensspanne nachzudenken? Oder vermag es nicht in gewissem Maße die Schlussfolgerung zu rechtfertigen, dass der Tod nur eine Veränderung oder Modifikation unserer Existenz ist, bei der es keine wirkliche Pause der Unterbrechung gibt?« Das klingt schon sehr nach dem, was die moderne Nahtodforschung als Schlussfolgerung vorschlägt.

Aus indianischen Kulturen werden gleichermaßen Ereignisse berichtet, die mit Erlebnissen aus ihrer Mythologie auf den kulturellen Einfluss der Nahtoderfahrung verweisen. Alle Berichte sind jedoch eher zufällig. Erst gegen Ende des 19. Jahrhunderts machte sich jemand konkret und gezielt auf die Suche nach Menschen, die etwas aus der Zeit um den Tod herum aussagen könnten. Sein Name war Jacob Albert Heim.

Als junger Mensch hatte dieser bedeutende Schweizer Geologe einen Absturz in den Bergen lebend überstanden und währenddessen ein Panorama seines bisherigen Lebens erfahren, begleitet von stärksten Glücksgefühlen. Er war davon so überwältigt, dass er nach dem Sturz, am Boden angekommen, seinen Bergkameraden weiter oberhalb freudig zuwinkte und rief, dass alles mit ihm in Ordnung sei. Doch sie konnten ihn nicht hören, denn er war längst bewusstlos. Nachdem er von seinen Verletzungen genesen war, weckte das unbegreifliche Ereignis die Neugier des Wissenschaftlers. Als Betroffener suchte er nach einer wissenschaftlichen Erklärung für das ihm Widerfahrene.

Also fertigte er neben seiner Tätigkeit als Geologe über lange Jahre hinweg Aufzeichnungen von Bergsteigern an, die Ähnliches erlebt hatten wie er selbst. Vielleicht in Erinnerung an Platon befragte er zusätzlich verletzte Soldaten intensiv nach etwaigen Erfahrungen. Nach 25 Jahren präziser Recherche zu diesem rätselhaften Phänomen präsentierte er seine Ergebnisse erstmals öffentlich in Form eines Vortrages bei einem Treffen des Schweizer Alpenclubs[23] am 28. Februar des Jahres 1892. Dies wird allgemein als der Beginn wissenschaftlicher Betrachtung über das bewertet, was später als Nahtoderfahrung Eingang in die Sprache der Wissenschaft fand.

Der erste Satz in Jacob Albert Heims Vortrag könnte in seiner Lauterkeit als wegweisend für jedes wissenschaftliche Unterfangen gelten, so wie er auch für dies Buch Gültigkeit hat: »Indem ich den Lesern des Jahrbuches eine kleine Untersuchung über den Tod durch Absturz im Gebirge vorlege, beabsichtige ich nicht, eine Reihe von Schreckensgeschichten vorzuführen und deren Jammer zu schildern, auch nicht eine Aufzählung von Unglücksfällen dieser Art zu geben. Fassen wir uns vielmehr, um auch ein entsetzliches Ereignis in seinen Erscheinungen wissenschaftlich zu studieren.« Damit rückte Heim das später als Nahtoderfahrung bezeichnete Phänomen ins Blickfeld der Öffentlichkeit. Am Schluss seiner Ausführungen kam er zu dem damals wie heute noch erstaunlichen Ergebnis, dass der Tod durch Absturz im Gebirge »subjektiv ein schöner Tod ist«.

Der Altphilologe Frederic W.H. Myers folgte 1903 mit seinem Buch »Über die menschliche Persönlichkeit und ihr Überleben beim Tod des Körpers«. Es erschien posthum und enthält u.a. die Nahtoderfahrung eines Arztes, bei dem 1889 nach 4 Stunden ohne Puls der Tod festgestellt worden war. Gleichwohl verließ der Verstorbene seinen Körper, sah den Raum, in dem sein Leichnam auf einem Bett lag, und erblickte all die Trauernden rundherum, bevor er das Leben wieder erlangte. Seine Beschreibung wurde von allen Anwesenden umfänglich bestätigt.

Ende der 60er-Jahre des 20. Jahrhunderts beschäftigte sich dann die vor allem als Sterbeforscherin bekannt gewordene Psychiaterin Elisabeth Kübler-Ross in einem Buch[24] mit Erfahrungen rund um den Tod, weil ihr in ihren Interviews mit Sterbenden viele Berichte nach Art der Nahtoderfahrung zugetragen wurden. Ihr Schwerpunkt lag bekanntlich eher auf dem Übergang vom Leben zum Tod als auf Nahtoderfahrungen.

Im Jahr 1974 wurde aus Deutschland von Eckart Wiesenhütter ein wesentlicher Beitrag geliefert. Er war Professor für Psychiatrie und Neurologie an der Universität Tübingen. In seinem Buch »Blick nach drüben. Selbsterfahrungen im Sterben« erzählt er von seiner Zeit als Arzt im Zweiten Weltkrieg, als er an der Operation eines schwer verwundeten Soldaten beteiligt war. Der machte den Ärzten nach seiner Rettung bittere Vorwürfe. Er hatte in tiefer Narkose eine fast paradiesische Erfahrung gehabt und musste nun schwerstverletzt mit Schmerzen weiterleben. Jahre danach hatte Wiesenhütter selbst ein ähnliches Erlebnis im Sinn eines »Blicks nach drüben«, als er einen Lungeninfarkt erlitt. In seinem Buch reflektiert er auch seine eigene Nahtoderfahrung und plädiert für das Recht des Menschen zu sterben, wenn es so weit sei, denn der Tod sei kein zu Fürchtender, sondern ein Vollender. Man darf annehmen, dass er als Arzt dabei die aufkommende Intensivmedizin mit im Blick hatte. Leider ist Wiesenhütter zu Unrecht vergessen, im Gegensatz zu den nachfolgenden Autoren. Immerhin erschien sein Buch ein Jahr vor Raymond Moodys berühmter Untersuchung.

Ebenfalls um diese Zeit hielt der Arzt George Ritchie Vorträge über sein intensives Nahtoderlebnis, das er 1943 gehabt hatte. Es fand während langer 9 Minuten seines medizinisch zweifelsfrei festgestellten Todes statt. Bei einem dieser Vorträge saß ein gewisser Raymond Moody im Auditorium. Er war tief beeindruckt von Ritchies Bericht und überlegte als wissenschaftlich denkender Psychologe – später studierte er noch Medizin –, wie er mit so etwas Unglaublichem umgehen könnte. Waren die Erlebnisse Ritchies nur als sonderbarer Einzelfall zu betrachten oder gab es möglicherweise noch mehr Menschen mit solchen Erfahrungen? Und wie sollte er das herausfinden?

Da kam Moody die entscheidende Idee. Per Zeitungsanzeige suchte er landesweit nach Menschen, die eventuell über so etwas wie ein Erlebnis aus Todesnähe berichten konnten, und entgegen seiner Erwartung gab es eine gewaltige Resonanz. Offensichtlich waren derartige Nahtodphänomene doch weiter verbreitet, als er angenommen hatte. Moody prüfte die zum Teil jahrzehntealten Erfahrungen der ausgewählten Probanden so kritisch wie möglich. Er wählte die aussagekräftigsten Berichte aus, fasste sie zusammen und veröffentlichte alles 1975 in einem Buch unter dem Titel »Life after Life«[25]. Für das Erlebnis selbst wählte er die Bezeichnung Nahtoderfahrung. Dieser Begriff, von Moody erfunden, darf seit diesem Zeitpunkt in der Wissenschaft als etabliert gelten. Sein Buch wurde in viele Sprachen übersetzt. Danach war in Bezug auf die Rezeption von Nahtoderfahrungen nichts mehr wie vorher. 1977 erschien es auch in Deutschland.

Moodys Buch beinhaltet Berichte über die Wahrnehmungen von 150 Menschen in Bewusstlosigkeit, Koma und Todesnähe. Es beginnt mit den Beschreibungen dessen, was die Menschen erlebten, listet die geschilderten subjektiven Empfindungen auf und behandelt zum Abschluss die Folgen für deren gesamtes weiteres Leben. Das Vorwort schrieb übrigens keine Geringere als Elisabeth Kübler-Ross.

Das Buch erzeugte über das Fachpublikum hinaus weltweit Resonanz. Aber die Aufnahme musste je nach Standpunkt kontrovers sein, weil er mit seinen Interviews einen so ungewöhnlichen Ansatz gewählt hatte. Mit der Methode hatte er in seiner Untersuchung den sicheren Boden der klassischen Naturwissenschaft verlassen. Es gab kein absolutes Experiment, das die von ihm erhobenen Daten zu stützen vermochte, und keine Möglichkeit der exakten Nachprüfung. Alle von ihm erhobenen Befunde waren zwar wahrheitsgemäß aufgenommen worden, aber sie unterlagen der Subjektivität einer zum Teil lang zurückliegenden Erlebniswelt jedes einzelnen Befragten. Infolgedessen wies Moody jeden naturwissenschaftlichen Anspruch ausdrücklich zurück. Jedoch ließen sich aus der Summe der Berichte wichtige Schlüsse ziehen. Moody erkannte eine Reihe von sich wiederholenden oder sich ähnelnden Angaben, die individuell allerdings ganz unterschiedlich auftraten und keinesfalls allesamt gleichartig erfahren wurden. Aber eine gewisse Abfolge wurde in den Berichten deutlich. Er versuchte das begrifflich zu ordnen und teilte das Nahtoderlebnis letztendlich in 12 verschiedene Elemente ein, die mehr oder weniger bis heute Gültigkeit haben. Damit war erstmals eine Art Erlebnis-Schema vorgegeben, das die gesamte Nahtoderfahrung umfasste. Man hat diesen Vorschlag Moodys in der Folge eigentlich nur noch verfeinert, die Grundstruktur blieb erhalten:

Erlebnisschema Nahtoderfahrung[26]

1. Für die Erfahrung kann man keine Worte finden.
2. Man hat ein Gefühl von Frieden und Ruhe, Schmerzlosigkeit.
3. Man ist sich der Tatsache bewusst, dass man tot ist. Manchmal hört der Betroffene auch Klänge oder unbestimmte Geräusche.
4. Die außerkörperliche Erfahrung erlaubt den Menschen aus einer Position von ober- oder außerhalb über ihrem Körper die eigene Wiederbelebung oder Operation mitzuverfolgen.
5. Der Betreffende befindet sich in einem dunklen Raum, in dem sich ein Lichtpunkt bildet, von dem er magisch angezogen wird. Das führt zu einem Tunnel-Erlebnis. Etwa 1–2 Prozent der Menschen bleiben im dunklen Raum und erleben dies als furchteinflößende Erfahrung, auch »Höllen-Erfahrung« genannt.
6. Wahrnehmung eines außerweltlichen Umfeldes, bezaubernder Landschaft, farbenprächtig, mit Blumen und manchmal Musik.
7. Begegnungen und Kommunikation mit Verstorbenen.
8. Begegnung mit einem strahlenden Licht oder einem Wesen des Lichtes. Man erfährt absolute Akzeptanz und bedingungslose Liebe und kommt mit tiefem Wissen und Weisheit in Berührung.
9. Lebensschau, Lebenspanorama oder Rückblick auf das gesamte Leben seit der Geburt. Man erlebt alles noch einmal, überblickt das ganze Leben in einem einzigen Moment. Zeit und Raum scheinen nicht zu existieren, alles findet gleichzeitig statt.
10. Man hat das Gefühl, einen Teil des Lebens, das in der Zukunft liegt, im Überblick und Detail zu schauen. Auch hierbei gibt es weder Zeit noch räumlichen Abstand.
11. Eine Grenze wird wahrgenommen. Man begreift, dass man nicht mehr in den eigenen Körper zurückkehren kann, wenn man die Grenze überschreitet.
12. Die bewusste Rückkehr in den Körper. Wieder zurück ist es eine tiefe Enttäuschung, dass einem so etwas Wundervolles weggenommen wurde.

Auch wenn die Auswahl der Nahtodberichtenden durch Moody willkürlich vorgenommen worden war und die zurückliegenden Zeiträume teilweise in die Jahrzehnte gingen, lag mit dem von ihm gefundenen Schema eine gute Arbeitsgrundlage vor. Die Frage der Nahtoderfahrung war nun unwiderruflich in der Welt und verblieb seither im Gedächtnis der Menschheit: Was ist da um den Tod herum und eventuell danach? Gibt es doch noch so etwas wie ein Bewusstsein, wenn man tot ist? Seit Heim und Myers bis zu Moody waren inzwischen über 70 Jahre vergangen.

Es dauerte diesmal kaum 5 weitere Jahre, bis der Kardiologe Michael Sabom 1982 eine Untersuchung zu dem Thema veröffentlichte, diesmal aus ärztlicher Sicht.[27] Seine Absicht war es, Umfeld und die Hintergründe solcher Nahtodberichte unter medizinischen Kriterien auszuloten, anders, als es der Psychologe Moody vermocht hatte. Zudem wollte Sabom den Berichten Moodys auf den Grund gehen, wo sie doch dem universitären medizinischen Wissen so offenkundig widersprachen. Gleich Moody suchte er neuerlich per Anzeige Betroffene nach dem Zufallsprinzip aus, die glaubten, eine nunmehr so bezeichnete Nahtoderfahrung gemacht zu haben und zuvor noch nie befragt worden waren.

Um Ungereimtheiten, Erfindungen und eventuellen Fantastereien auf die Spur zu kommen, arbeitete Sabom auch mit Fangfragen. Nur so konnte er Moodys Ergebnisse verlässlich nachprüfen oder gegebenenfalls widerlegen. Man merkt es Saboms Darlegungen deutlich an, wie erstaunt er über die Stringenz der Angaben gewesen sein muss. Danach war er durch die Schilderungen der Menschen überzeugt von der Echtheit der Nahtoderfahrungen und sprach in seiner Beurteilung von »transzendenten Sterbeerlebnissen«, also von Erfahrungen, die letztendlich jede irdische Denknorm übersteigen.

Am Ende seines Buches stellte er eine für den damaligen Kenntnisstand der Wissenschaft ungewöhnliche Überlegung an: Vielleicht könne es sich bei dem Sterbeerlebnis, so Sabom, um so etwas wie eine Abspaltung des Geistes vom Gehirn in der

Nähe des Todes handeln. Warum es zu dieser Abspaltung ausgerechnet zu diesem Zeitpunkt käme, fragte er sich dann, und musste die Antwort schuldig bleiben. Mit dem vorliegenden Material sei ihm eine zufriedenstellende wissenschaftliche Erklärung schlicht unmöglich, meinte er. Moodys Ergebnisse jedoch fand er umfänglich bestätigt.

Noch im selben Jahr kam die Arbeit Saboms in Deutschland heraus. Das Buch erschien unter dem Titel »Erinnerungen an den Tod. Eine medizinische Untersuchung«. Obwohl er ausdrücklich eine wissenschaftliche Analyse ankündigte, veröffentlichte der Verlag seinen Beitrag dennoch bezeichnenderweise nicht als Sachbuch, sondern in der Sparte »Grenzwissenschaften und Esoterik«.

Wegen des Themas habe ich es dann trotzdem sofort gekauft. Der damalige Agnostiker in mir wollte einfach wissen. Dieses Buch hat mich nachhaltig beeindruckt, viel mehr als Moodys Darstellung. Vermutlich lag es daran, dass es von einem Kardiologen geschrieben worden war. Sabom hat letztlich jene Frage zu Bewusstsein bei Nahtoderfahrungen gestellt, die 20 Jahre später durch die Untersuchung eines anderen Kardiologen, nämlich Pim van Lommel, beantwortet werden sollte.

Etwa zur gleichen Zeit wie Michael Sabom beschäftigte sich Kenneth Ring[28], ein weiterer Psychologe, mit dem Thema Nahtod. Natürlich hatte er Moody gelesen und kannte Sabom. Seine Untersuchung kam ebenfalls im Jahr 1982 unter dem Titel: »Life at Death. A Scientific Investigation on the Near-Death Experience« heraus. Damit erschien der Begriff Nahtoderfahrung (Near-Death Experience, abgekürzt NDE) erstmalig direkt im Titel eines Buches.

Ring versuchte wie seine Vorgänger, die geschilderten Phänomene noch einmal zu ordnen, zu ergänzen und natürlich auch den Wahrheitsgehalt abzuprüfen, wie es wissenschaftlicher Brauch ist. Seine Ergebnisse deckten sich mit den bereits vorliegenden Arbeiten von Moody und Sabom. Er legte ebenso wie die Vorgänger eine Einteilung der Nahtoderfahrung in einzelne

Elemente oder Erlebniskategorien vor, die dem inzwischen bekannten Muster der Berichte der Betroffenen folgten.

Zwei Jahre später übernahm Bruce Greyson, ein Arzt, Psychiater und Neurowissenschaftler, den nun feststehenden Begriff »Nahtoderfahrung« ebenfalls in den Titel seines Buches. Es erscheint leider nur in den USA: »The Near-Death Experience: Problems, Prospects, Perspectives«.[29] Greyson lässt sich zwar von den Inhalten der Nahtoderfahrung leiten, beurteilt aber als Neurologe ganz anders, nämlich nach der Erlebnisqualität, und unterteilt in kognitive, affektive, paranormale und transzendente Erlebnisse.

Was bedeutet diese Kategorisierung für das Verständnis der Nahtoderfahrung? Mit »kognitiv« meint Greyson die veränderte Wahrnehmung während einer Nahtoderfahrung. Man denkt extrem viel schneller als im normalen Leben, in ungeheurer Klarheit, kann Gedanken lesen und findet sich mit universellem Wissen ausgestattet. Das »Affektive« betrifft das Gefühl, tot zu sein, Frieden, Glück und Freude zu empfinden und äußerst selten etwas wie Angst. Der »paranormale« Aspekt umfasst den Zustand der Außerkörperlichkeit, Telepathie, Zukunftsvisionen, unerklärliche Heilungen, Treffen mit Verstorbenen, auch solchen, die noch leben sollten, sowie bleibende paranormale Fähigkeiten nach Wiedereintritt ins Leben, etwa Vorwissen oder Hellsichtigkeit. Der Begriff »transzendent« beinhaltet die sogenannte Tunnel-Erfahrung, Begegnungen mit Engelwesen oder mit engelartigen Verstorbenen, die Erfahrung unirdischer Welten und letztendlich die Wahrnehmung oder das Spüren einer Grenze, gegebenenfalls verbunden mit der Aufforderung, in irdische Realität zurückzukehren.

Wenngleich variierend, so tauchen doch insgesamt alle Elemente einer Nahtoderfahrung in ähnlicher Weise wie bei Moody, Sabom und Ring auf. Es gibt damit in der Nahtodforschung ein weiteres, allgemein akzeptiertes Erlebnisprofil, aber mit unterschiedlichen Schwerpunkten. Um den Erlebnisinhalt einer Nahtoderfahrung zu gewichten, schlägt Greyson einen gezielten Fragenkatalog vor, der bei vielen folgenden wissenschaftlichen Untersuchungen Anwendung fand. Mit dieser NDE-Scale[30] wurde es möglich, die Nahtoderfahrung nach Verlauf, verschiedenen Graden und in ihrer Tiefe zu beurteilen.

In den nächsten Jahren erschienen weitere Veröffentlichungen im Stil der schon vorliegenden Bücher, mit Aufzählungen von Nahtoderfahrungen, die viele hinlänglich bekannte Begriffe aufnahmen. Hervorzuheben ist aus meiner Sicht dabei eine Arbeit von Carol Zaleski, die den gesamten historischen Kontext von Nahtoderlebnissen und Jenseitsvisionen umfassend aufarbeitet.[31] Dabei traten erstaunliche Übereinstimmungen zwischen den geschichtlichen Überlieferungen und modernen Nahtoderfahrungen zutage.

In Zusammenarbeit von Sharon Cooper mit dem bereits erwähnten Psychologen Kenneth Ring erschien 1997 eine bemerkenswerte Erhebung zu Nahtoderfahrungen bei Blinden, die trotz des Handicaps währenddessen ganz normal sehen konnten.[32] Zwei Jahre darauf kam die Untersuchung des Berliner Soziologieprofessors Hubert Knoblauch unter dem Titel: »Berichte aus dem Jenseits. Mythos und Realität der Nahtoderfahrung« heraus.[33] Soziologisch geprägt, fragt er nach den gesellschaftlichen Umständen der unterschiedlichen Kulturen in den verschiedenen Erdteilen und danach, auf welche Weise sich deren Erfahrungen voneinander unterscheiden. Dafür geht er weit zurück in die Geschichte bis zu dem Bericht Platons. Seine Erkenntnisse sind so überraschend wie erstaunlich. Alles, was Moody und Greyson ansprechen, kommt auch bei ihm vor, jedoch je nach Kultur immer wieder anders. Knoblauch betont erstmals die Prägung durch die jeweilige Gesellschaftsform, das Umfeld und durch die persönliche Erfahrung. All dies fließt individuell angepasst an die jeweilige Person in das Nahtoderlebnis mit ein. So finden sich bei den Indianern Nordamerikas typischerweise Landschaftsbilder nach Art einer himmlischen Prärie. Jede Nahtoderfahrung erweist sich auch hier wieder als absolut einzigartig und unverwechselbar, ungeachtet der Tatsache, dass sich die einzelnen Elemente ähneln können.

Die Arbeit Knoblauchs war die letzte bedeutende Veröffentlichung, die retrospektiv angelegt war. Sie griff wie die Vorgänger auf zurückliegende Erlebnisse, also zufällig durch Aufruf gefundene Probanden zurück und basierte damit zwangsläufig neuerlich auf Hörensagen. Das sollte sich grundlegend ändern, als der niederländische Kardiologe Pim van Lommel sich der Nahtoderfahrung annahm. Mit seiner Studie trat endlich die Intensivmedizin mit all ihren Möglichkeiten auf den Plan.[34]

Seine Arbeit war erstmals prospektiv angelegt. Dazu wurden Patienten auf Intensivstationen nach einer Wiederbelebung direkt zu einem eventuellen Nahtoderlebnis befragt. Die Untersuchung erfasste insgesamt 344 Patienten, die allesamt klinisch tot gewesen waren. Das geschah ohne Ansehen von Geschlecht, Herkunft und Alter. Der klinische Tod galt als Grundbedingung und bildete die wissenschaftliche Basis. Auf die Ergebnisse wird im Einzelnen gesondert eingegangen werden. Denn ohne diese immer noch größte Arbeit könnte man nicht nur sehr unzureichend argumentieren, sondern bliebe schlimmstenfalls im Esoterischen hängen, und dieses Buch wäre vermutlich nie geschrieben worden.

Nach dieser Studie folgten nur noch prospektive Studien, zum einen aufgrund der größeren Aussagekraft, zum anderen, um die Ergebnisse der niederländischen Studie zu überprüfen. Die nach den Gesamtzahlen größte Studie läuft noch. Sie trägt den Namen AWARE: AWAreness during REsuscitation = Bewusstsein während Reanimation.[35]

Marie Thonnard berichtete 2013 in einer Studie mit 21 Hirnverletzten, die im Koma gewesen waren und teilweise Nahtoderfahrungen gehabt hatten.[36] Nach vergleichenden Untersuchungen aller kam sie zu dem Schluss, dass Nahtoderfahrungen keineswegs als eingebildete, sondern reale Ereignisse betrachtet werden müssen.

Im Jahr 2015 veröffentlichte die Intensivmedizinerin Laurin

Bellg eine beeindruckende Sammlung von aktuellen Nahtoderfahrungen, die ihr von Patienten ihrer Station zugetragen worden waren. Leider erschien auch dies Buch nur in englischer Sprache.[37]

Ein vorerst letztes von vielen Nahtodforschern für wichtig gehaltene Buch von Titus Rivas, Anny Dirven und Rudolf Smit erschien 2016 unter dem Titel: »The Self Does Not Die« (Das eigene Ich stirbt nicht).[38] Es handelt sich um eine umfangreiche Zusammenfassung verifizierter Beispiele von Nahtoderfahrungen, das heißt von geprüften und von Dritten bezeugten Erlebnissen. Im Anhang werden Gegenargumente der schärfsten Skeptiker aufgegriffen und allesamt überzeugend widerlegt. Herausgeber der Publikation war die Internationale Gesellschaft für Nahtodstudien (IANDS). Leider gibt es auch dies Buch vorerst nur in englischer Sprache.

4. Wann tritt eine Nahtoderfahrung auf?

Von einer Nahtoderfahrung spricht man dann, wenn ein Mensch im Zusammenhang mit Todesnähe visionär anmutende Erlebnisse schildert. Diese können sowohl bei Wachbewusstsein als auch ohne funktionierendes Bewusstsein auftreten. So berichten Patienten nach einem chirurgischen Eingriff mit Problemen von Nahtoderfahrungen, obwohl sie sich zu diesem Zeitpunkt in tiefer Narkose befanden. Ebenso kann ein starker Blutverlust mit darauffolgendem Blutdruckabfall eine Nahtoderfahrung auslösen, wie das bei Verletzungen von großen Blutgefäßen, bei Unfällen, Operationen oder während einer Geburt vorkommt. Aber auch ohne Blutverlust und bei körperlicher Unversehrtheit wird von Nahtoderfahrungen berichtet. Ein bevorstehendes Unfallgeschehen, also ein nur drohender Unfall, z. B. mit dem Auto, oder ein Suizidversuch können solche Erfahrungen ebenso auslösen. Die Begebenheiten mit den abgestürzten Bergsteigern bieten dafür ebenfalls ein Beispiel. Es reicht also bei vielen bereits eine mögliche oder geglaubte Lebensgefahr aus, um ein solches Erlebnis zu haben.

Vereinzelt lösen psychische Ausnahmezustände eine Nahtoderfahrung aus, zum Beispiel eine tiefe Depression. Manche Meditationstechniken erlauben gleichfalls nahtodähnliche Erfahrungen. Letztere Art von Erfahrungen nennt man wegen ihrer Besonderheit transformative spirituelle Erfahrungen (STE = transformative spiritual experience). Dabei sind die Betroffenen augenscheinlich keiner Gefahr oder Todesnähe ausgesetzt, obwohl das Wort Nahtoderfahrung wörtlich genommen darauf hindeutet. Das erweist sich als unzutreffend. Vielmehr kommt eine Nahtoderfahrung auch vor, ohne dass das Leben auf dem Spiel steht.

Nahtoderfahrungen treten auf bei:

- Herzstillstand mit Bewusstlosigkeit und Atemstillstand
- Herz-Kreislauf-Zwischenfall bei Operation
- hämorrhagischem Schock mit Kreislaufkollaps
- Unfallereignis
- vitaler Gefährdung (auch geglaubte Lebensgefahr)
- Suizidversuch
- Depression
- Meditation

Wenngleich die Nahtoderlebnisse in der Regel auf wenige Minuten oder gar Sekunden beschränkt sind, begleiten und verändern sie die Menschen dauerhaft. Eine solche Erfahrung ist mit dem Erleben als solchem keineswegs abgeschlossen, vielmehr wird das gesamte weitere Leben davon berührt. Es ist ab diesem Zeitpunkt also Leben mit der Nahtoderfahrung. Besonders unfasslich erscheint eine solche Erscheinung bei Herzstillstand und Bewusstlosigkeit. Denn während eines Herz-Kreislauf-Stillstandes ist der Mensch nach gängiger Ansicht der medizinischen Wissenschaft ohne jede Gehirnfunktion und ohne erinnerungsfähiges Bewusstsein.

Eine Freundin hatte bei einem Herzstillstand eine Nahtoderfahrung und wertete ihre vermeintliche Bewusstlosigkeit vollkommen anders: »Den Zustand der Bewusstlosigkeit kenne ich von mehreren Vollnarkosen. Das war für mich ein Vakuum, ich war weg und im nächsten Moment, auch wenn dazwischen mehrere Stunden lagen, wieder da. Die Zeit dazwischen war ausgewischt. Daher passt der Begriff ›Bewusstlosigkeit‹ überhaupt nicht zu meinem Erleben während meines Herzstillstands. Denn niemals vorher habe ich einen Zustand so lebendig und bewusst wahrgenommen wie während der sogenannten Bewusstlosigkeit.« Diese wenigen Sätze vermitteln eine Idee von der unglaublichen Andersartigkeit der Nahtoderfahrung. Man hat es offenbar mit einem in jeder Hinsicht außergewöhnlichen Bezugsrahmen zu tun, der in keinem Denkschema unterzubringen ist und unter den Gegebenheiten eines irdischen Lebens so niemals vorkommt.

Das ist das absolut Schockierende jeder Nahtoderfahrung, dass sie auf keine Weise in unser gewohntes Weltbild passt, weil nämlich nicht nur ein, sondern gleich zwei allgemein akzeptierte, fundamentale Grundsätze der Naturwissenschaft, sogenannte Paradigmen infrage gestellt werden:

1. Das Gehirn erzeugt das Bewusstsein.
2. Der Tod ist das Ende.

Aus diesem Grunde werde ich mich im Verlauf des Buches wie angekündigt auf Menschen konzentrieren, die das waren, was man als klinisch tot bezeichnet. Denn bei einem Herz-Kreislauf-Stillstand, ohne Bewusstsein, erscheint eine Nahtoderfahrung am rätselhaftesten. Diese Ausgangssituation ist außerdem ein wichtiges Kriterium, wenn es um die Diskussion über neue Ideen der Beziehung zwischen Geist und Gehirn geht. Der Einwand, dass das Gehirn ohne Sauerstoff und Durchblutung, im Zustand des klinischen Todes, noch irgendwie etwas hervorbringen könnte, ist nämlich vollkommen spekulativ und ohne wissenschaftliche Substanz. Er wird im Lauf des Buches ausführlich und überzeugend widerlegt werden.

5. Was geschieht bei einem Herz-Kreislauf-Stillstand?

Bei einem Herz-Kreislauf-Stillstand tritt nach 4 bis 5 Sekunden Bewusstlosigkeit ein. Jede aktive Hirntätigkeit wird ab diesem Moment schlagartig eingestellt. Nach spätestens 15 bis 20 Sekunden ist keine Gehirntätigkeit mehr messbar. Das lässt sich mit einer Ableitung der Hirnströme, einem EEG, zweifelsfrei nachweisen. Der Monitor oder ein Papierausdruck zeigen ein flaches, ein Flat-Line-EEG.

Das Gehirn ist viel mehr als andere Organe von ständiger Sauerstoffzufuhr abhängig. Wie man aus den Studien zu Wiederbelebungen weiß, stirbt es bekanntlich sehr schnell, wenn diese ausfällt. Deshalb beginnt für die auf jeden Sauerstoffmangel hochempfindlich reagierenden Gehirnzellen sofort und unverzüglich ihr Sterbevorgang, der innerhalb von wenigen Minuten in einen allgemeinen Zerfallsprozess übergeht. Bei Herzstillstand ohne Atmung ist de facto der Tod eingetreten. Das klingt zu Recht sehr endgültig, denn wenn niemand eingreift und die betroffene Person umgehend reanimiert, bleibt der Mensch ab diesem Moment tot. Das steht fest.

Aber der Tod stellt wie das Sterben einen Prozess dar, hat also einen zeitlichen Ablauf, in den man seit etwa 60 Jahren eingreifen kann. Werden nämlich schnellstmöglich Notfallmaßnahmen zur Rettung ergriffen, kann man diesen in manchen Fällen stoppen. Es wird daher nicht im eigentlichen Sinn wiederbelebt, sondern in ein laufendes Geschehen eingegriffen. Dazu wird eine sogenannte kardiopulmonale Reanimation (CPR) durchgeführt. Sie umfasst Herzdruckmassage, Beatmung, Medikamente und Elektrostimulation des Herzens (Defibrillation). Die Defibrillation oder populär Elektroschock ist dabei der eigentliche Garant für das Wiederanspringen des Herzens. Ohne Defibrillator hat man selten eine Chance. Aber auch damit überleben selbst unter besten Bedingungen – zum Beispiel im Krankenhaus auf einer Intensivstation – kaum mehr als ein Drittel aller betroffenen Patienten. Ereilt einen Menschen ein Herz-Kreislauf-Stillstand außerhalb einer medizinischen Einrichtung, sinkt die Überlebensrate auf 10 Prozent. Das Szenario macht noch einmal deutlich, wie fundamental das Ereignis eines Herzstillstandes für einen Menschen ist. Für den Zeitraum, in dem man noch etwas tun kann, hat die Medizin extra den bereits mehrfach erwähnten Begriff erfunden: der klinische Tod.

Durch Weiterentwicklung der Notfallmedizin konnte die Zeitspanne dieses klinischen Todes deutlich über die in den ersten Jahren postulierten ca. 10 bis 20 Minuten ausgedehnt werden. Eine herausragende Rolle spielt dabei Kälte. Kühlpacks schon während der Reanimation lassen die Gehirnzellen länger überleben, solange das Herz noch nicht ausreichend wieder arbeitet. Auf allen Intensivstationen gehört eine frühzeitige Kältetherapie nach Herzstillstand und Reanimation mit Herunterkühlen des gesamten Körpers um ein paar Grad inzwischen zum Standard. Unter der Bezeichnung Postreanimationssyndrom beurteilt die Intensivmedizin diesen bedrohlichen Zustand inzwischen als ein eigenes Krankheitsbild.

Es gibt seltene Ausnahmen, bei denen Betroffene mehrere Stunden nach einem Herzstillstand überlebten[39], wenn es eben kalt genug war. So wurde von einer Japanerin berichtet, die man nach Stunden im Winterwald fand. Bei Umgebungstemperatur, unter moderaten Umweltbedingungen und ohne jedes Eingreifen eines Helfers, also ohne Reanimationsmaßnahmen, ist das Gehirn nach 15 bis 20 Minuten schon so sehr geschädigt, dass der Tod in der Regel unausweichlich ist.

6. Die Nahtoderfahrung bei klinischem Tod

Ohne Intervention von außen ist ein Mensch bei einem Herzstillstand mit Ausfall des Bewusstseins also tot und nicht nur klinisch tot. Diese Schlussfolgerung will ich noch einmal bekräftigen, weil der klinische Tod umgehende, aufwendige Maßnahmen bedingt. Legen wir diese Definition zugrunde, dann muss man bei der Nahtoderfahrung eigentlich von einer Todeserfahrung sprechen. Eben das schlägt der Notfallmediziner und Nahtodforscher Sam Parnia am Schluss seines Buches »Der Tod muss nicht das Ende sein«[40] vor. Das ist von außerordentlicher Bedeutung. Denn während dieses Todes, den wir nur dank der Reanimationsmedizin einen klinischen Tod nennen dürfen, findet die Nahtoderfahrung statt. Sie geschieht also in einer Zeit, in der die Naturwissenschaft jede Fähigkeit des Bewusstseins zur Wahrnehmung oder zu irgendeiner Erinnerung verneint. Ungeachtet dieser Tatsache kommt es zu einem andersartigen, erweiterten Bewusstseinszustand, der hyperreal geschildert wird, wirklicher als unsere normale Wirklichkeit.

Die betroffenen Menschen erinnern in dieser meist nur recht kurzen Phase weitreichende Erlebnisse in strahlender Klarheit und allumfassender Wahrnehmung, oft aus einer Position außerhalb oder oberhalb des leblosen Körpers. Selbst über weiteste Entfernungen kann überscharf wahrgenommen werden, obwohl man vielleicht gerade reanimiert wird oder mit abgedeckten Augen unter Laken auf einem Operationstisch liegt. Nicht nur das Sehen ist ins Extreme verstärkt, auch das Hören hat sich entschieden verändert. Neben dem gesprochenen Wort wird jeder Gedanke aller für den Patienten sichtbaren oder auf sonstige Weise beteiligten Personen von ihm wie durch Telepathie unmittelbar empfangen, als würde er laut geäußert. Das ist vollkommen jenseits vorstellbarer Normalität.

Immer wieder wird in den Schilderungen der Nahtoderfahrenden darauf hingewiesen, wie unzulänglich der herkömmliche Wortschatz sei, um die Andersartigkeit und das Überwältigende des Erlebten angemessen zu beschreiben. Man benötige eigentlich eine ganz neue Sprache für diese andere Welt, so heißt es. Diese Sprachunmöglichkeit der Nahtoderfahrenden hob eine Ärztin schon 1974 in einem Brief an Eckart Wiesenhütter hervor: »Die Worte fehlen, um dies Erleben anderen auch nur annähernd verständlich zu machen.«[41]

Man kann sich gut vorstellen, dass eine solche Erfahrung die betreffende Person dauerhaft und nachhaltig verändert und Einfluss auf die weitere Lebensführung hat. Die Erinnerung an das Ereignis verblasst auch nach langer Zeit nicht und kann noch Jahrzehnte später kongruent, ja fast wortwörtlich erzählt werden. Das bestätigt neuerlich, warum eine Nahtoderfahrung lebensbegleitend ist und eigentlich niemals endet. Da ist zu viel Unvorstellbares geschehen.

II. Nahtoderfahrungen im Licht der aktuellen Wissenschaft

Trotz der vielen Veröffentlichungen zu Nahtoderfahrungen in den Jahrzehnten vor der Jahrtausendwende, fehlten zum Jahr 2001 unter wissenschaftlichen Bedingungen erhobene und belastbare Daten, insbesondere aus der Medizin. Es gab nur die Berichte vom Hörensagen, die von den verschiedenen Autoren zusammengetragen worden waren. Das änderte sich mit der bereits angesprochenen großen prospektiven Studie zu Nahtoderfahrungen, die der niederländische Kardiologe Pim van Lommel auflegte. Sie bezog sich nur auf Patienten mit nachgewiesenem Herzstillstand und erschien zunächst als wissenschaftlicher Bericht, später als Buch[42] mit ausführlichen Erläuterungen.

1. Die niederländische Studie 1988–2000 und ihre Vorgeschichte

Wegen der fundamentalen, bis in die Gegenwart andauernden Bedeutung der niederländischen Studie für die Wissenschaft werden die Ergebnisse und ihre bemerkenswerte Vorgeschichte ausführlich erläutert, um so den Unterschied zu den Untersuchungen in der Zeit davor herauszuarbeiten.

In ihren Arbeiten konnten sich alle bisher genannten Untersucher nur auf ihnen zufällig zugetragene Berichte verlassen. Die betroffenen Menschen hatten zu einer beliebigen Zeit unter vollkommen unterschiedlichen Umständen irgendetwas erlebt, was sie für eine Nahtoderfahrung hielten, und sich dann auf eine Annonce hin gemeldet. Damit konnte man nur sehr begrenzt wissenschaftliche Ansprüche an das Gesamtresultat stellen. Die zufällig gesammelten Nahtoderfahrungen mit diversen Ursachen und Hintergründen ließen sich nur schwer verifizieren und wissenschaftlich zweifelsfrei einordnen.

Pim van Lommels völlig neuer Ansatz und sein Interesse an der Erforschung des Phänomens der Nahtoderfahrung hatte einen ganz persönlichen Grund. Ende der 1970er-Jahre hatte er seinen Dienst in einer holländischen Klinik angetreten, wo er unter anderem auf einer Intensivstation arbeitete. Dort kam es zu einem Schlüsselerlebnis, das ihn tief veränderte und seine wissenschaftliche Laufbahn bestimmen sollte.

Ein Patient mit Herzstillstand konnte von ihm und dem Notfallteam durch Reanimation und Defibrillation ins Leben zurückgeholt werden, und alle waren hocherfreut über den guten Ausgang. Nur der Patient wirkte traurig und enttäuscht. Auf Nachfrage berichtete er van Lommel von einem beglückenden Erlebnis, das er im Zustand der Bewusstlosigkeit während seiner Reanimation gehabt haben wollte. Er erzählte von einem Flug durch eine Art Tunnel, von einem hellen Licht, von wunderbarer Musik in schöner Landschaft. Van Lommel war davon nachhaltig beeindruckt. Aber wie konnte das möglich sein? Erinnerung aus einer Zeit ohne Herztätigkeit und bei Bewusstlosigkeit? So etwas wurde von der geltenden Medizin rundweg ausgeschlossen und lag außerhalb des naturwissenschaftlichen Horizonts. Deshalb konnte er das, was der Patient berichtete, einfach nicht vergessen.

Als er seine Ausbildung zum Kardiologen beendet hatte, befragte er in seiner täglichen Praxis in den folgenden zwei Jahren gezielt all jene Patienten, die einen Herzstillstand überlebt hatten, ob sie irgendetwas aus ihrer Zeit tiefer Bewusstlosigkeit erinnern könnten. Zu seiner Überraschung gaben tatsächlich 12 von 50 Frauen und Männern an, eine Erinnerung zu haben, und schilderten ihm teilweise sehr bewegende und emotionale Details, genau wie es jener seinerzeit von ihm reanimierte Patient getan hatte. Berührt von den Berichten und eingedenk seines persönlichen Erlebnisses auf der Intensivstation, las er im Jahr 1986 zufällig George Ritchies Buch von den 9 Minuten seines klinischen Todes und der in dieser Zeitspanne eingetretenen umfassenden Nahtoderfahrung. Die Lektüre beeindruckte ihn sehr, und er überlegte, wie man dieser Merkwürdigkeit weiter auf den Grund gehen könnte.

Natürlich gaben die Informationen seiner Praxispatienten van Lommel keine zuverlässigen Daten für eine seriöse Veröffentlichung an die Hand. Er hatte sich mit der Patientenbefragung zunächst nur selbst davon überzeugen wollen, dass es das Phänomen eines Bewusstseins bei Herzstillstand im Alltag überhaupt in relevanter Anzahl gab. Dafür lieferte ihm diese Auswahl einen groben, immerhin ermutigenden Überblick. Wissenschaftlich Genaues wusste bis dahin noch niemand. Aber durch seine Befragung in der Praxis kam er auf die Idee, wie man weiter vorgehen könnte.

Dafür wollte er sich in seiner Studie nicht mehr auf rückwärtsgewandte Abfragen verlassen, sondern beabsichtigte die fortlaufende, direkte Einvernahme von allen zukünftigen Betroffenen eines überlebten Herzstillstandes zum frühestmöglichen Zeitpunkt und mit klar definierten Eckpunkten. Eine solche Studie nennt man prospektiv, im Gegensatz zu einer retrospektiven Erhebung, die auch irgendwann Jahre später im Nachhinein erfolgen kann.

Als Startpunkt für seine Erhebung wählte van Lommel die Situation des Herz-Kreislauf-Stillstandes. Denn so lag nicht nur eine immer gleiche Anfangsbedingung für die zu ermittelnden Teilnehmer und Teilnehmerinnen vor, sondern auch die objektiv unstrittige Situation, dass alle Patienten ohne Wachbewusstsein und ohne ausreichende Gehirndurchblutung waren. Wenn das Bewusstsein des Menschen nicht mehr messbar ist, dann scheidet eine auf Gehirnleistung basierende und damit eine einfache und plausible Erklärung für das Phänomen einer Nahtoderfahrung aus. Die grundsätzliche Frage am Beginn seiner Untersuchung lautete daher: Wie kann es möglich sein, im Zustand tiefer Bewusstlosigkeit eine Erfahrung in einem erweiterten Bewusstseinszustand zu haben?

Tatsächlich gelang es van Lommel und seinen Mitstreitern, 10 große Krankenhäuser mit den entsprechenden Intensivstationen samt Personal für eine Zusammenarbeit zu gewinnen, um diese schwierige Frage anzugehen. Alle Leistungen aller Beteiligten wurden freiwillig und ohne finanzielle Unterstützung von irgendeiner Seite erbracht. Der Zeitraum zur Erfassung möglicher Nahtoderfahrungen bei Herzstillstand ohne Bewusstsein wurde auf die Jahre 1988 bis 1992 anberaumt. Diese lange Zeitspanne sollte ausreichende Datenerhebungen möglich machen. Darüber hinaus wurden Kontrolltermine nach 2 und 8 Jahren vorgesehen, um eventuell verspätet eingetretene Veränderungen zu dokumentieren.

Als früheste denkbare Möglichkeit der Abfrage wurde der Moment des Erwachens aus Bewusstlosigkeit oder Koma verbindlich festgelegt. Die erste Frage an die Probanden war stets dieselbe, wie sie van Lommel schon in seiner Praxis gestellt hatte: Haben Sie eine Erinnerung aus der Zeit Ihrer Bewusstlosigkeit? Die Antwort entschied über die Aufnahme in die Gruppe der Patienten mit einer Nahtoderfahrung oder in die Gruppe ohne Erfahrung. Die Gesamtdauer der Untersuchung mit allen Nachfragen ging über 12 Jahre bis zum Jahr 2000.

Nach Auswertung aller Daten wurden die Ergebnisse 2001 in einem der berühmtesten naturwissenschaftlichen Fachblätter der Medizin, dem »Lancet«, veröffentlicht. Damit war das Thema auf einen Schlag aus der esoterischen Ecke herausbefördert worden und ein Ritterschlag für die Arbeit van Lommels und seiner Mitarbeitenden. Zu diesem Zeitpunkt lagen gut 13 Jahre unermüdlicher Datenerhebung hinter ihnen. Das war beste Grundlagenforschung und ein Lebenswerk.

2. Die präzisen Bedingungen und Ergebnisse der Studie

Jeder Patient, der in die Studie aufgenommen wurde, hatte in den 10 angeschlossenen Krankenhäusern dank erfolgreicher

Reanimation einen Herz-Kreislauf-Stillstand in einer Situation des klinischen Todes überlebt. Das waren von 1988 bis 1992 insgesamt 344 Menschen, die zum Teil gleich mehrfach, aber alle jeweils erfolgreich reanimiert worden waren. Alle Überlebenden hatten sich im Zustand tiefer Bewusstlosigkeit befunden, und die Vitalfunktionen von Herz, Atmung und Gehirndurchblutung waren definitiv ausgefallen. Das wurde bei allen Patienten für das Herz durch eine Null-Linie im EKG und für das Gehirn teilweise mit einem Flat-Line-EEG in einer Ableitung der Hirnströme nachgewiesen, wenn gerade ein EEG angeschlossen war. Denn niemals wird bei Patienten mit Herzstillstand, ob von auswärts kommend oder auf einer Intensivstation, ein EEG extra angelegt. Dazu ist keine Zeit, weil die sofortige Wiederbelebung des Patienten unbedingten Vorrang hat. Das grundsätzliche Wissen über die Stromkurve des Gehirns in medizinisch kritischer Situation stammt aus Studien an Patienten mit herbeigeführtem Herzstillstand unter gleichzeitiger EEG-Überwachung. Das geschah im Rahmen der üblichen Schwellen-Tests, wenn einem Patienten mit Herzproblemen operativ ein Defibrillator (ICD)[43] eingesetzt worden war. Über Annahme eines flachen EEGs nach ungefähr 20 Sekunden kann es jedenfalls keine Diskussion geben.

Die erfolgreich reanimierten Patienten wurden direkt nach Erwachen und bei Ansprechbarkeit aufgesucht und zu eventuellen Erlebnissen aus der Zeit während ihrer Bewusstlosigkeit befragt. Manche Patienten waren schon binnen ein paar Tagen bewusstseinsklar, andere erwachten erst nach 3 Wochen aus dem Koma. In Anbetracht unterschiedlicher Schädigung der Gehirnzellen war das zu erwarten.

Aufgrund der sofortigen Befragung nach dem Erwachen bestand für die Patienten weder Gelegenheit, sich auf Fragen vorzubereiten, noch konnten sie von dritter Seite gezielt beeinflusst worden sein. Ein Herzstillstand ist in der Regel auch kein Geschehen mit Ansage, von dem man vorher weiß. Durch dieses Vorgehen erreichte man eine größtmögliche Objektivität.

Bei der Befragung bediente man sich eines immer gleichen Schemas, das sich an bekannten und bewährten Kriterien orientierte. Diese Kriterien für die Normierung und Beurteilung von Nahtoderfahrungen hatten Kenneth Ring (Weighed-Core-Experience-Index = WCEI) und Bruce Greyson (NDE-Scale) herausgearbeitet. Durch Anwenden dieser Skalierung war es möglich, die Dauer der Bewusstlosigkeit mit der Art der Erlebnisse während der Nahtoderfahrung in Zusammenhang zu bringen.

Von den 344 Befragten hatten 282 keine relevante Erinnerung, aber immerhin 62 Patienten berichteten eine sogenannte Nahtoderfahrung. Das waren rechnerisch 18 Prozent aller Überlebenden und damit tatsächlich ein ähnlicher Prozentsatz, wie ihn van Lommel schon bei den Nachfragen in seiner Praxis festgestellt hatte: Ungefähr jeder fünfte Patient hatte etwas mitzuteilen aus einer Zeit, in der sein Herz nachweislich nicht schlug und tiefe Bewusstlosigkeit bestand.

Warum aber besaß nur jeder Fünfte und besaßen nicht alle eine solche Erinnerung? Es gibt dazu eine einfache und einleuchtende Interpretation. Sie wird von führenden Nahtodforschern vertreten, wäre aber durch weitere Studien noch zu untermauern. Lassen Sie mich zum besseren Verständnis dieser Interpretation ein paar der Abläufe im Stoffwechsel des Gehirns rekapitulieren.

Das Gehirn benötigt schon im Ruhezustand gut 20 Prozent der verfügbaren Energie des Körpers, obwohl es nur rund 2 Prozent der Masse ausmacht. Wenn Herz und Kreislauf das Gehirn nicht mehr permanent mit sauerstoffreichem Blut versorgen, bricht dort umgehend das Chaos aus. Die Gehirnzellen stellen bei Herzstillstand den Betrieb nach wenigen Sekunden ein und fallen in eine Art Schockzustand mit Energiesparmodus, was die direkt sichtbare Bewusstlosigkeit nach sich zieht. Dieser Zustand kann aber nur recht kurz durchgehalten werden. Man spricht von maximal 30 bis 40 Sekunden. Dann beginnen die Gehirnzellen ohne Übergang mit ihrem Sterbevorgang.

Der fortschreitend einsetzende Verfall von 86 Milliarden

Nervenzellen[44] führt umgehend zu massiven Veränderungen im Stoffwechselgeschehen des Gehirns. Die Zellwände werden gewissermaßen durchlässig, und es kommt regelmäßig zu einer lebensgefährlichen Hirnschwellung mit Hirndruck, einem Hirnödem. Ein geregelter Abtransport der normalen Stoffwechselprodukte und jetzt zusätzlich noch der zerfallenen Zellbestandteile kann ohne Blutfluss und ausreichende Energiezufuhr nicht mehr stattfinden. Dabei schwellen die Zellen umso mehr auf, je länger der Sauerstoffmangel andauert, und dann sterben sie. Sie können die Zellspannung nicht mehr halten. Durch den rapide zunehmenden Sauerstoffmangel läuft das Geschehen immer schneller ab. Nach spätestens drei Minuten kommt es zu einer Art Schadstoff-Tsunami im gesamten Gehirn, trotz laufender Maßnahmen der Reanimation. Durch diese Maßnahmen wird der totale Sterbevorgang der Gehirnzellen nach Meinung einiger Neurowissenschaftler eventuell geringfügig verzögert. Über den tatsächlichen Einfluss gibt es aber keine Daten, sodass hier eine bloße Vermutung vorliegt, was nichts bedeutet, denn funktionsfähig sind die Zellen damit auf keinen Fall.[45] Darüber besteht wissenschaftliche Einigkeit.

Selbst wenn das Herz dann wieder schlägt und der Blutdruck sich stabilisiert hat, beträgt die Durchblutung des Gehirns infolge Gewebeschwellung zunächst nur etwa 50 Prozent des Normalen. Deshalb lässt sich das Ausmaß eines Hirnschadens erst nach Wiedereintritt des Bewusstseins korrekt und sicher abschätzen. Je früher Sauerstoff in ausreichender Menge zugeführt werden kann, desto schneller erholen sich die Gehirnzellen, aber es erholen sich in Abhängigkeit von der Dauer des Sauerstoffmangels eben nicht alle. Diese Schädigung erklärt zum einen die unterschiedlich lange Dauer des Komas nach einer Reanimation, zum anderen liegt der Verlauf an der unterschiedlichen Sensibilität der allesamt hochempfindlichen Gehirnzellen. Ist eine Zelle jedoch zu lange von jeder Versorgung abgeschnitten, kommt es unweigerlich zum Zelltod. Der ist endgültig und nicht rückgängig zu machen, soweit wir wissen.

Wenn nun aber gerade jene Bereiche des Gehirns nachhaltig ausgefallen und geschädigt oder gestorben sind, die eine Erinnerung an die Zeit der Bewusstlosigkeit bei Herzstillstand erlaubt hätten, dann wird der Patient beim Erwachen nichts erinnern können. Bleiben die betreffenden Strukturen im Gehirn zumindest teilweise erhalten oder sie werden im Lauf der Genesung wiederhergestellt bzw. können ihre Fähigkeiten von anderen Gehirnregionen übernommen werden, dann gibt es die Möglichkeit der Erinnerung. Fest steht, dass die völlige Erholung der Zellstrukturen mit dem Erwachen keineswegs abgeschlossen ist. Das kann unter Umständen Monate dauern. Manche Menschen erinnern sich deshalb zunächst an gar nichts und später vielleicht nur Teilaspekte einer Nahtoderfahrung, während manche Einzelheiten erst Wochen oder sogar Jahre danach aus der Erinnerung auftauchen. Das machte die Nachfragen der van Lommel Studie nach 2 und 8 Jahren absolut sinnvoll.

Dies ist die momentane Erklärung dafür, weshalb ein Mensch eine Nahtoderfahrung erinnern kann und ein anderer nicht. Wir wissen es allerdings auch deshalb nicht genau, weil der anatomische Ort des Erinnerns so unbekannt ist wie der des Bewusstseins. Das wäre ein Auftrag für künftige Forschung. Vorerst müssen wir uns damit begnügen, festzustellen, dass von den 344 Patienten in der niederländischen Studie immerhin 62 etwas zu berichten hatten.

Wie zu erwarten, waren die Erlebnisse sehr unterschiedlich, wobei alle bekannten Elemente einer Nahtoderfahrung auftraten. Auch die Inhalte der Erlebnisse wiederholten sich in bekannt wechselnder Art und Intensität, wenngleich nicht immer allesamt vollständig. Wie schon in den Berichten aus den 1980er-Jahren trat zudem zutage, dass mit den in Bewusstlosigkeit vergehenden Minuten die Komplexität und Vielfalt der Eindrücke zunahm. Man spricht in dem Zusammenhang von der sogenannten Tiefe einer Erfahrung. Das alles bestätigte sich in der niederländischen Studie.

Einzelne Elemente der niederländischen Studie in ihrer Häufigkeit bei den 62 Nahtoderfahrenden (62=100 Prozent)[46]	
Erkenntnis, tot zu sein:	31 (50%)
Überwältigendes Glücksgefühl:	35 (56%)
Außerkörperliche Erfahrung:	15 (24%)
Bewegung durch den Tunnel ins Licht:	19 (31%)
Kommunikation mit dem Licht:	14 (23%)
Farbwahrnehmung:	14 (23%)
Himmlische Landschaft:	18 (29%)
Begegnung mit verstorbenen Angehörigen:	20 (32%)
Lebensrückblick:	8 (13%)
Wahrnehmung einer Grenze:	5 (9%)

Wenn man die Prozentzahlen der einzelnen Elemente addiert, dann kommt man dabei auf weit über 100 Prozent, was mit Überschneidungen bei den Erlebnissen zu tun hat. Das ist so zu verstehen, dass ein Mensch in Abhängigkeit von der Dauer der Nahtoderfahrung sowohl alle Erlebnisteile als auch nur eines bzw. 2, 3 oder 5 gehabt haben kann. Hätte jeder alle Erlebnisse zu 100 Prozent gehabt, kämen wir rechnerisch auf 1000 Prozent. Aber niemand erinnert alle. Indem wir das konstatieren, stellt sich die Frage nach einer Ursache für diese unterschiedlichen Wahrnehmungsmuster. Wiederum bleibt uns als einzig mögliche Erklärung nur die unzureichende Wiederherstellung der Gehirnzellen infolge des Sauerstoffmangels während des Herzstillstandes. Die zu einer kompletten Erinnerung notwendigen Nervenzellen fehlen nach Wiedererwachen in Abhängigkeit von lokaler Gehirnzerstörung, die vom Organismus nicht ausreichend beseitigt werden konnte.

Auf jeden Fall erweist sich eine Nahtoderfahrung entsprechend der obigen Übersicht als absolut individuell. Es ist keineswegs vorbestimmt, welche Elemente erlebt werden und welche nicht. Es gibt kein sich wiederholendes Schema. Das erscheint logisch, weil jedes Leben einzigartig gelebt wird und absolut individuelle Erfahrungen beinhaltet, die sich einer einheitlichen Norm verweigern. Wenn wir den Nahtoderfahrenden Glauben schenken, dann entwindet sich der Mensch in der Stunde des Todes jeder Norm und befreit sich zu ursprünglicher Einzigartigkeit. Poetisch gesprochen ist in der Tat »jeder einzelne Mensch schon eine Welt, die mit ihm geboren wird und mit ihm stirbt, und unter jedem Grabstein liegt eine Weltgeschichte«[47]. Aber das ist erkennbar Interpretation, nämlich die von Heinrich Heine.

Die niederländische Studie versuchte ebenfalls eine Antwort darauf zu finden, ob es Umstände gäbe, die das Auftreten einer Nahtoderfahrung begünstigten oder umgekehrt etwa verhinderten. Gab es Einflüsse, durch welche die Nahtoderfahrung auf irgendeine Weise verändert wurde? Spielte etwa das Alter der Patienten eine Rolle oder die Religion oder das Geschlecht? Fände sich vielleicht sogar eine bislang unbekannte andere Einwirkung auf das Erleben?

Das Ergebnis war auch für die Untersucher absolut überraschend. Weder die Dauer des Herzstillstandes noch die damit verbundene Bewusstlosigkeit hatten irgendeinen Einfluss auf die Nahtoderfahrungen. Die Dauer oder Schwierigkeit der Reanimation oder etwa der Einfluss von Medikamenten spielten ebenfalls keine Rolle. Selbst wenn man das Herz zur Beseitigung von Rhythmusstörungen mit Elektroschock nur für ein paar Sekunden angehalten hatte, so reichte das schon für das Auftreten einer Nahtoderfahrung aus. Die Dauer der Bewusstlosigkeit war ohne jeden Belang.

Das kann ich aus meiner eigenen Erfahrung bestätigen. Bei einem meiner Patienten genügte diese minimale Pause für ein Erlebnis, verursacht durch ein paar Aussetzer zwischen den Herzschlägen. Umgekehrt war im Rahmen eines Herzinfarktes eine meiner Patientinnen für immerhin 3 lange Minuten bewusstlos und ohne Herzschlag, bis die Defibrillation das Herz wieder schlagen ließ. Dennoch berichtete sie keine ausgeprägtere Nahtoderfahrung als der andere Patient mit den wenigen Sekunden.

Faktoren, die das Auftreten einer Nahtoderfahrung nicht beeinflussen[48]:

1. Dauer des Herzstillstandes
2. Dauer der Bewusstlosigkeit
3. Intubation (Schwierige Reanimation)
4. Erzeugter Herzstillstand
5. Verabreichte Medikamente
6. Todesangst
7. Vorkenntnisse über NTE
8. Religion
9. Bildungsgrad

Bei schwieriger Reanimation oder Todesangst oder Vorwissen über solche Erfahrungen hätte man vielleicht gleichfalls annehmen dürfen, dass eine Nahtoderfahrung auftreten würde. Aber auch hier fand sich ebenso wenig ein Zusammenhang wie etwa in Bezug auf unterschiedliche Bildungsgrade. Nichts ergab einen deutlich erkennbaren Unterschied. Am bemerkenswertesten scheint mir in der Auflistung, dass die jeweilige Religion so gar keine Bedeutung hatte, wo doch die Konfessionen entweder ein konkretes, mit vielen Einzelheiten ausgeschmücktes, paradiesisches Jenseits oder alternativ ein erlösendes Nirwana versprechen. Insgesamt würde man bei gläubigen Menschen eventuell mehr glaubensspezifische Erlebnisse als bei Nichtgläubigen erwartet haben. Das war jedoch ebenso nicht der Fall.

Bei der Frage, welche Faktoren das Auftreten einer Nahtoderfahrung begünstigen, schien das Alter von Bedeutung zu sein. Wenn man an einen Herzinfarkt denkt, so ist in jungen Jahren das Gehirn allgemein noch leistungsbereiter, und die Gehirnzellen erweisen sich als erholungsfähiger. Dass eine vorherige Nahtoderfahrung für das Auftreten einer weiteren Erfahrung eine Rolle spielt, trifft tatsächlich zu und wird in diesem Buch noch mehrmals thematisiert werden. Umgekehrt ist es gut vorstellbar und absolut einsichtig, dass durch Altersabbau des Gehirns oder bei manifester Demenz oder durch die direkten Folgen des immer unsicheren Ausgangs einer Reanimation eine ausgeprägte Gedächtnisstörung infolge Zellschädigung vorliegt, die jede mögliche Erinnerung an eine Nahtoderfahrung verhindert. Funktionierende Gehirnzellen erweisen sich also auch unter diesem Blickwinkel erneut als unerlässlich für Erinnerungsfähigkeit.

Faktoren für das Auftreten einer Nahtoderfahrung[49]:

NTE sind häufiger bei:

- Alter unter 60 Jahren
- erstem Herzinfarkt (jüngere Patienten)
- mehr als einer Reanimation im Krankenhaus
- einer früheren NTE

NTE werden seltener bei:

- bleibenden Gedächtnisstörungen

Um Spätwirkungen oder andere unerwartete Veränderungen bei allen Überlebenden mit einer Nahtoderfahrung nachzuweisen, wurde, wie schon erwähnt, 2 und 8 Jahre nach dem Ereignis eine weitere Befragung durchgeführt und das Ergebnis mit einer angepassten Kontrollgruppe ohne Nahtoderfahrung (gleiches Intervall, Geschlecht, Alter) verglichen. Es stellte sich heraus, dass alle Menschen mit Herzstillstand und einer Nahtoderfahrung ihr Leben nachhaltig und vollständig und ganz anders verändert hatten als die ohne eine solche Erfahrung.

Die Menschen mit einer Nahtoderfahrung begannen, viel bewusster zu leben. Was die Welt für wichtig hält, erschien ihnen unwichtig. Besitz, Geld, Erfolg, Ansehen, immer der Erste sein zu müssen, all das trat in den Hintergrund. Sie legten verstärkt Wert auf das Mitmenschliche, auf freundliches und liebevolles Miteinander. Viele von ihnen, Frauen wie Männer, gingen deshalb in soziale Berufe oder engagierten sich gemeinnützig.

Natürlich verursacht die Nahtoderfahrung immer eine tiefe seelische Erschütterung, oft auch ein psychisches Trauma, vor allem, wenn man nicht in der Lage ist, dieses Erlebnis mit jemandem zu teilen. Vielen von ihnen wollte niemand glauben. Die Folge waren teilweise jahrelange Einsamkeit, Depressionen, Heimweh nach der Nahtoderfahrung. Bis es gelingt, eine solche Erfahrung zu akzeptieren und in das tägliche Leben zu integrieren, können Jahre vergehen. Aber es gibt auf jeden Fall auch einen unbedingt befreienden Ausblick, dass nämlich jede Angst vor dem Tod verschwunden ist. Soweit die niederländische Studie.

3. Aktuelle weitere prospektive Studien nach Herzstillstand

Nachdem die niederländische Studie im »Lancet« veröffentlicht worden war und große Aufmerksamkeit erregt hatte, war klar, dass die Zeit der retrospektiven Erhebungen ein Ende gefunden hatte. Angeregt durch diese Studie, legten im Lauf der nächsten Jahre andere prominente Nahtodforscher ebenfalls prospektive Arbeiten vor. Wie in der Wissenschaft üblich, ging es dabei darum, die Aussagen van Lommels entweder zu bestätigen oder zu widerlegen. Dabei kam den Wissenschaftlern entgegen, dass eine prospektiv angelegte Erhebung zu Nahtoderlebnissen durch die Fortschritte der kardiopulmonalen Reanimation (CPR) mit Defibrillation massiv erleichtert wurde. Alle Folgestudien sahen daher gleichermaßen das Vorliegen eines Herzstillstandes mit vor, sodass ein identischer Ausgangspunkt vorlag. Dadurch war die Vergleichsmöglichkeit mit den niederländischen Ergebnissen gegeben.

Die erste Nachfolgearbeit legten der Kardiologe und Notfallmediziner Sam Parnia und der Neuropsychologe Peter Fenwick[50] vor, beide ausgewiesene Forscher für Vorgänge rund um den Tod. Die Untersuchung erschien ebenfalls noch im Jahr 2001 und umfasste die Daten von 63 Patienten. Zwei Jahre darauf folgte eine Erhebung des bereits erwähnten Arztes und Neurowissenschaftlers Bruce Greyson[51], der zu dieser Zeit Vorsitzender der Internationalen Gesellschaft für Nahtoderfahrungen (IANDS) war. Er kam immerhin ungefähr auf die doppelte Patientenzahl von Parnia und Fenwick. Beide genannten Veröffentlichungen bestätigten ebenso wie die 2006 erschienene Folgearbeit von Penny Sartori[52] die Ergebnisse van Lommels. Allerdings lassen alle genannten Beiträge eine vergleichbar aussagekräftige Statistik zu den beobachteten einzelnen Phänomenen wie die der niederländischen Studie vermissen. Der guten Sorgfalt halber habe ich auf zwei weitere Studien hingewiesen. Bedauerlicherweise konnten bei diesen aber nur ein Teil der Patienten befragt werden, sodass die wissenschaftliche Aussagekraft dadurch deutlich eingeschränkt wird.

Prospektive Studien im Vergleich[53]:

Niederländische Studie (van Lommel)	2001	344 P.	18% NTE
Englische Studie 1 (Parnia/Fenwick)	2001	63 P.	11,1% NTE
Amerikanische Studie (Greyson)	2003	116 P.	15,5% NTE
Englische Studie 2 (Sartori)	2006	39 P.	13% NTE
Schwaninger	2002	174 P.	55 Überlebende, nur 30 befragt
AWARE (Parnia et. al.)	2016	2060 P.	330 Überlebende, nur 140 befragt

Die niederländische Studie erweist sich nach Dauer und nach Patientenzahl als die mit Abstand größte.
P = Patientenzahl

Die erste, leider nur eingeschränkt zu bewertende Arbeit veröffentlichten Janet Schwaninger[54] und zwei Kollegen 2002. Sie berücksichtigte zwar 55 Überlebende bei 174 Reanimationen, aber nur 30 Patienten konnte man befragen, von denen 7 eine Nahtoderfahrung berichteten. Das waren rein rechnerisch immerhin 23 Prozent und das gestattete den Autoren eine vorläufige Aussage. Vier von ihnen erwähnten, dass sie schon einmal vorher bei Lebensgefahr ein solches Erlebnis gehabt hatten.

Diese Tatsache bekräftigt die Annahme anderer Studien, dass jemand, der bereits eine Nahtoderfahrung hatte, zu einer neuerlichen Erfahrung neigt.

Janet Schwaninger folgerte aus den Prozentzahlen unter anderem, dass ein Nahtoderlebnis keineswegs selten ist, und hob die Unbeschreiblichkeit des Ereignisses hervor. Auch ihre Befragten berichteten von großer Ruhe, Schmerzlosigkeit, Angstfreiheit, Loslösung vom Körper und fehlendem Gefühl für Zeit oder Raum. Außerdem weist sie in ihrer Untersuchung auf signifikante Unterschiede im psychosozialen Verhalten von Patienten mit Nahtoderfahrung im Gegensatz zu Patienten ohne eine solche Nahtoderfahrung hin. Bei den Menschen mit einer Nahtoderfahrung stellt sie ein erweitertes persönliches Verständnis von Leben und Selbst, eine Veränderung von Einstellungen gegenüber anderen Menschen sowie des sozialen Verhaltens und bei den religiösen bzw. spirituellen Überzeugungen fest.

In einem Interview gab Janet Schwaninger[55] Auskunft darüber, wie sie überhaupt zu Nahtoderfahrungen gekommen war. Laut ihrer Aussage erlebte sie im Jahr 1989 den Herzstillstand eines Kollegen im Zusammenhang mit einer Herzoperation und reanimierte ihn. Es erforderte 7 Defibrillationen, bis er wiederbelebt war. Als er wieder bei Bewusstsein war, erzählte er, dass er das gesamte Szenario seiner Reanimation von einer Position links in der oberen Ecke des Raumes miterlebt hatte. Er beschrieb alle Handgriffe, die getan worden waren, und konnte die genaue Anzahl der Stromstöße angeben. Er erzählte auch von einer Art Geistwesen, das während des gesamten Vorgangs bei ihm war. Das beruhigte ihn wohl sehr, zumal ihm gesagt wurde, dass alles in Ordnung käme, egal wie sich die Dinge entwickeln würden. Obwohl er Arzt war, hatte er vorher noch nie von einer Nahtoderfahrung gehört. Er fühlte sich währenddessen vollkommen klar und war sich absolut bewusst, dass er medizinisch praktisch tot war, weil er sieben Mal defibrilliert worden war.

Die schon erwähnte AWARE-Studie schien nach Zeitraum und Umfang der niederländischen Studie sehr nahe zu kommen. Es sollten dabei vor allem die geistigen Erfahrungen des Bewusstseins bei Herzstillstand und folgender Reanimation systematisch und noch umfassender untersucht werden. Auch für diese Studie erklärten sich viele Krankenhäuser in England und Amerika bereit, sich zu beteiligen. In den Notaufnahmen wurden, unsichtbar für das Personal, Dreieckschilder mit Zeichen oder Ähnlichem angebracht, die Nahtoderfahrende bei einer außerkörperlichen Erfahrung vielleicht sehen würden, was dann als Beweis für eine echte außerkörperliche Erfahrung sprechen sollte.

Nach 4 Jahren gab es 2014 eine erste Veröffentlichung. 2060 registrierte Patienten mit Herzstillstand und Reanimation hatte es in dieser Zeit gegeben, von denen 330 überlebt hatten. Leider konnte auch in dieser Studie nur ein kleiner Teil von ihnen in Interviews befragt werden, wodurch sich kein vollständiges Bild ergab. Wie bei Janet Schwaninger waren es weniger als die Hälfte der Betroffenen, und niemand hatte eines der Schilder gesehen, weil nicht alle Notaufnahmen mit solchen bestückt gewesen waren.

Wenn man das Original der Studie liest, dann fällt auf, dass auch ein Déjà-vu-Erlebnis im Rahmen einer Nahtoderfahrung angegeben wird. Nach der Beschreibung war das als Déjà-vu bezeichnete Vorkommnis aber wohl keines, denn es ging eher darum, dass ein von Herzstillstand Betroffener wusste, »was die Leute tun würden, bevor sie es taten. Dies hielt etwa 3 Tage an«[56], wie es wörtlich in der Studie steht. Das klingt eher nach Hellsichtigkeit, wie sie in der Folge einer Nahtoderfahrung bekanntermaßen auftritt.

Was mich in dieser großen Studie auch überraschte, war nicht etwa die Tatsache, dass kein Nahtoderfahrender eines der zu diesem Zweck in den Notfallaufnahmen angebrachten Schilder mit bestimmten Schriftzeichen gesehen hatte, sondern der Wert, den man darauf legte, dass sie diese sehen würden. Schon in der niederländischen Studie hatten Mitarbeiter ohne ausdrückliche Anweisung von van Lommel nur von oben sichtbare Schilder auf Monitore montiert. In der Studie wird das nicht gesondert hervorgehoben, und überdies hatte keiner der Nahtoderfahrenden diese gesehen. Aber sollte es nicht reichen, wenn bezeugt wird, dass der ganze Raum, das Reanimationsteam, die Schwestern, sogar Menschen und Dinge in anderen Etagen erkannt wurden? Welche zusätzliche Bedeutung kann es haben, wenn ein solches Schild nicht wahrgenommen wird?

In diesem Zusammenhang fallen mir die Berichte des Personals zweier Krankenhäuser ein. In einem Fall erzählte ein Nahtoderfahrender von einer Münze, einem Quarter-Dollar, die er im Zustand der Außerkörperlichkeit oben auf einem Überwachungsmonitor liegen sehen hatte. Beim Nachschauen fand man das stark verstaubte Stück am beschriebenen Ort. Ein anderes Mal wurde die Aufmerksamkeit einer Nahtoderfahrenden während einer außerkörperlichen Erfahrung bei ihrer Reanimation auf ein kleines Schild oben auf einem Überwachungsgerät gezogen, welches die Seriennummer und Herstellermerkmale anzeigte. Diese ziemlich lange Nummer konnte sie nach Erwachen exakt wiedergeben. Für das Personal war es gleichwohl nicht so einfach, die Nummer zu finden. Man holte extra einen Stuhl, um nachzusehen. Doch erst musste eine dicke Staubschicht entfernt werden, bis man die Zahl erkennen und damit die Richtigkeit der Angaben der Patientin bestätigen konnte. Braucht es da noch besondere Schilder? Nicht unbedingt, denke ich, aber sie könnten helfen, das Vertrauen in die Realität der außerkörperlichen Erfahrung zu festigen.

In der Zusammenfassung der Studie heißt es dennoch: »Unsere Daten deuten darauf hin, dass Patienten mit Herzstillstand eine Reihe von kognitiven Prozessen erleben können, die sich sowohl auf die Phase des Herzstillstands als auch auf die Zeit nach der Wiederbelebung beziehen. Obwohl der relativ hohe Anteil der Patienten, die angaben, Erinnerungen und Bewusstsein zu haben, unerwartet war und durch künftige

Untersuchungen bestätigt werden sollte, stimmt die in unserer Studie beobachtete Häufigkeit von Nahtoderfahrungen mit Berichten aus früheren Studien überein.« Und wörtlich ergänzen Autoren von AWARE am Schluss etwas ganz Wichtiges: »Die Feststellung, dass das Bewusstsein während eines Herzstillstands vorhanden sein kann, ist faszinierend und unterstützt andere neuere Studien, die darauf hinweisen, dass das Bewusstsein bei Patienten trotz klinisch nicht nachweisbarem Bewusstsein vorhanden sein kann.«[57]

Und genau um diesen letzten Punkt geht es, denn diese unerwartete Gehirnfunktion bei Herzstillstand und Bewusstlosigkeit dürfte es nach geltender Wissenschaft nicht geben. Die AWARE-Studie wird weiterhin von Sam Parnia betreut und ist bislang unabgeschlossen. Man darf auf weitere Ergebnisse gespannt sein.

Als vorläufiges Fazit bleibt, dass die niederländische Arbeit nach Patientenzahl noch immer die mit Abstand größte abgeschlossene Studie ist. Die Ausführlichkeit, Dauer und Sorgfalt der Beobachtung unter Berücksichtigung aller verschiedenen Zusammenhänge belegen die Qualität der Untersuchung. Sie ist immer noch die einzige Studie mit einer umfassenden statistischen Analyse. Erstmals wurde mit wissenschaftlichem Vorgehen die Existenz von Nahtoderfahrungen bewiesen, die eigentlich Todeserfahrungen genannt werden müssten. Im Folgenden wollen wir uns mit den einzelnen Elementen der Erlebnisse beschäftigen.

III. Die Elemente einer Nahtoderfahrung nach IANDS

Die Internationale Gesellschaft für Nahtodstudien (IANDS) wurde 1978 in den USA gegründet, und Bruce Greyson war ihr erster Präsident. Damit war ein Forum geschaffen, das es erleichterte, die wissenschaftliche Rezeption voranzutreiben und das Wissen um die Nahtoderfahrungen einer breiteren Öffentlichkeit zugänglich zu machen. Es wurden Standards festgelegt, die für die kommende Forschung als verbindlich angesehen werden konnten. Dazu gehörte auch die Einteilung der Nahtoderfahrung in die einzelnen Elemente. Sie trägt den Erkenntnissen sowohl von Moody, Sabom, Ring als auch Greyson Rechnung.

Obwohl die Elemente der Nahtoderfahrungen in den individuellen Berichten der Betroffenen nicht wirklich eindeutig voneinander zu trennen sind, lässt sich darin dennoch ein Gesamtbild erkennen, das die vorgenommene Einteilung sinnvoll und nachvollziehbar macht. Sie entspricht dem internationalen Standard für Nahtodforschung, ist allgemein akzeptiert und soll im Folgenden nacheinander abgehandelt werden.

Elemente einer Nahtoderfahrung[58]

1. Die außerkörperliche Erfahrung
2. Die »Tunnel«-Erfahrung
3. Das Lebenspanorama
4. Die Begegnung mit Verstorbenen
5. Die Expansion des Bewusstseins
6. Die Erfahrung anderer Welten
7. Negative Nahtoderfahrungen
8. Die »Grenze«
9. Die Rückkehr in den Körper

Die Reihenfolge wurde gewählt, weil sie mit dem Ablauf der Nahtoderfahrung korreliert. Wegen ihrer verstörenden Andersartigkeit habe ich den negativen Nahtoderfahrungen im Anschluss an die »Expansion des Bewusstseins« ein eigenes Kapitel eingeräumt, womit meine Einteilung dann insgesamt neun Punkte umfasst. Dabei ist ein Grundproblem zu berücksichtigen, dem sich alle Nahtoderfahrenden vergeblich zu entziehen versuchen. Ausnahmslos alle betonen, dass die irdische Sprache über keine Worte verfügt, das Erlebte auch nur annähernd angemessen auszudrücken. Dessen ungeachtet wird in den folgenden Kapiteln notgedrungen der Versuch unternommen, Worte zu finden und angemessen aus einer Zeit zu berichten, in welcher Menschen mehrheitlich klinisch tot und ohne Bewusstsein waren. Das geschieht auf der Basis von Fakten und konkreter Beispiele zu den einzelnen Elementen.

1. Die außerkörperliche Erfahrung

Es sei, als ob der Schmetterling seinen Kokon verließe, so beschrieb Elisabeth Kübler-Ross[59] den Vorgang, wenn der Körper verlassen wird. Normalerweise ist niemand in der Lage, aus sich herauszutreten und dennoch als Gesamtpersönlichkeit weiter zu existieren. Aber genau das geschieht bei einer außerkörperlichen Erfahrung (AKE), englisch Out-of-Body Experience (OBE), und deshalb ist sie ein absolut fundamentales Erlebnis. Die außerkörperliche Erfahrung bei Herzstillstand mit Bewusstlosigkeit ist auch wissenschaftlich aus einem anderen Grund mehr als bedeutsam: Die ohne messbare Gehirnfunktion in dieser Zeit gemachten Beobachtungen können von dritter Seite bezeugt, d. h. verifiziert werden, und zwar vom anwesenden ärztlichen Personal, vom anwesenden Krankenhauspersonal, von anwesenden Angehörigen. Diese vielstimmige Zeugenschaft beglaubigt das an sich unfassbare Ereignis, und dieses Zeugnis vieler kann mangels möglicher naturwissenschaftlicher Messbarkeit, wenn schon nicht als Beweis, so doch als sicherer Nachweis für die Richtigkeit der Angaben der Nahtoderfahrenden dienen.

Wie der Begriff nahelegt, befinden sich die Erfahrenden in dieser Phase außerhalb ihres Körpers. Auf einmal sind sie in der Lage, schwereloser zu fliegen als jeder Vogel. Sie empfinden sich als vollkommen unversehrt und können manchmal auch den unter sich liegenden eigenen Körper betrachten. Dabei treten häufig erhebliche Schwierigkeiten auf, die leblose Anatomie mit der wunderbaren außerkörperlichen Geistwesenheit in Übereinstimmung zu bringen, die sie in diesem Moment erleben. Das Erkennen scheint nicht selbstverständlich, in der Art: »Ach, das da unten bin ja ich!« Oft braucht es dazu sogar ein Erkennungszeichen wie einen Ring am Finger oder Ähnliches.

Ganz konkret erzählen Betroffene, dass sie ihren materiellen Körper ohne vorherige Ankündigung verlassen, von der Empfindung her manchmal über den Kopf oder auf unerklärliche Weise. Erstaunt bemerken sie ihre Geistwesenheit und stellen ihren Tod fest, jedoch meist ohne Nöte oder Ängste zu empfinden. Vielmehr wird die Erkenntnis begleitet von übergroßem Glücks- und Freiheitsgefühl. Der Mensch fühlt sich als Gesamtperson vollkommen intakt, aber körperlos wie durchsichtig im Raum platziert. Sein Bewusstsein wirkt auf seltsame Weise losgelöst und wie erweitert. Meist befindet er sich oben unter der Decke, in einer Ecke des Raumes oder oberhalb der Personen, die den verlassenen oder narkotisierten Körper gerade bearbeiten. Falls Schmerzen vorhanden waren, wegen einer Krankheit oder etwa durch ein Unfallereignis, falls irgendwelche Behinderungen oder körperliche Defekte bestanden, so sind sie komplett verschwunden. Man empfindet sich vollkommener als jemals zuvor.

Wenngleich die Neugier für das, was geschieht, sofort geweckt ist, richtet sich die Aufmerksamkeit doch eher zufällig auf die direkte Umgebung. Mit Erstaunen registrieren Betroffene, wie an ihrem offensichtlich leblosen Leib gerade eine Reanimation vorgenommen wird. Sie sehen die Bemühungen der Ärzte und Schwestern, das Aufbäumen des leblosen Körpers unter den Stromstößen des Defibrillators oder in einem Operationssaal den Operateur, wie er am eigenen offenen Herzen einen Eingriff vornimmt. Die Wahrnehmung ist über jedes bekannte irdische Maß hinaus ins Überreale verändert. Alles wird gestochen scharf gesehen und gehört, viel deutlicher als Augen oder Ohren es jemals vermögen, ohne irgendwelche Grenzen. Keine Materie hemmt die Wahrnehmung. Wände haben keine Bedeutung. Sie sind wie nicht vorhanden, durchlässig für die ins Unerklärliche expandierten Sinne.

Die Nahtoderfahrenden erreichen in dieser Phase der Außerkörperlichkeit sowohl die gesprochenen Worte als auch alle Gedanken der im Raum anwesenden Personen. Sogar die Gedankenvorgänge von Menschen, die sich weit außerhalb des sichtbaren Umfeldes befinden, werden gehört, wenn die Aufmerksamkeit dahin gelenkt wird. Das Ganze geschieht wie durch Gedankenübertragung, Telepathie. Will man sich selbst äußern, so glaubt man tatsächlich zu sprechen, aber das ist für die realen Menschen in der Umgebung nicht hörbar. Ebenso wenig sind Berührungen möglich. Die ausgestreckte Hand, die den Arm des Operateurs ergreifen will, geht durch den menschlichen Körper einfach hindurch.

Zum besseren Verständnis der Glücksempfindungen kann die Zeichnung eines 6-jährigen Mädchens dienen, die es von seiner Nahtoderfahrung anfertigte. Man erkennt das Kind mit eher indifferentem bis gequältem Gesichtsausdruck zunächst unten auf einer Liege, wo es offenbar gerade von zwei Personen mit Herzdruckmassage bearbeitet wird. Am Fußende steht eine weitere medizinische Fachkraft mit OP-Kopfbedeckung, vielleicht eine Ärztin oder ein Arzt, rechts seitlich vielleicht ein medizinisches Gerät. Dann erblicken wir das Kind noch einmal, hoch oben über der Liege, glücklich lächelnd, mit Wolken, einem Regenbogen und Engelwesen im Hintergrund. Gern hätte man etwas mehr über das Kind und zu den sonstigen Einzelheiten erfahren. Aber es finden sich keine weiteren Ausführungen über den Bildinhalt hinaus, der indes für sich spricht.

Zeichnung eines 6-jährigen Mädchens von seiner außerkörperlichen Erfahrung während der Reanimation[60].

Die Zeichnung entspricht den Schilderungen vieler Nahtoderfahrender vom Schweben über der Szenerie, von dem Gefühl der Freude und Glückseligkeit. Typisch für die Wahrnehmung während der außerkörperlichen Erfahrung ist die Klarheit der Zeichnung in Bezug auf den tatsächlichen Ablauf der Reanimation. Selbst wenn man vor seinem Herzstillstand nichts über Wiederbelebung wusste, also noch nie eine erdulden musste, so wirken die Beschreibungen jeweils unglaublich präzise. Dafür kann die Zeichnung des Kindes als Musterbeispiel dienen.

Schon der Nahtodforscher Michael Sabom war bei seinen Nachforschungen 1982 außerordentlich erstaunt gewesen über die Genauigkeit der Beschreibungen von Reanimationen und wollte deren Wahrheitsgehalt herausfinden. Dazu befragte er zwei Gruppen von Reanimationspatienten. Die einen hatten im Rahmen einer sogenannten außerkörperlichen Erfahrung aus dem Zustand der Bewusstlosigkeit ihre eigene Reanimation mit angesehen. Die anderen waren zwar auch reanimiert worden, hatten aber kein außerkörperliches Erlebnis gehabt und sich deshalb nicht selbst sehen können, geschweige denn die Wiederbelebung beobachten. Während die erste Gruppe mit Nahtoderfahrung exakte Beschreibungen der Abläufe und Handgriffe der bei der Reanimation anwesenden Personen lieferte, wurden von der zweiten Gruppe bei der Schilderung des Vorgangs sehr viele falsche Angaben gemacht. Das war für Sabom der Beweis für eine reale außerkörperliche Wahrnehmung der Reanimation.

Zur Bekräftigung des Dargelegten folgen einige geprüfte Beispiele. Die Nahtodforschung spricht in den folgenden Fällen von »veridical perception«, das heißt von wahrheitsgetreuen, durch Zeugen bestätigte Wahrnehmungen.

a) Wahrnehmung durch die Tür hindurch

Eine Frau fällt durch starke Blutungen während einer Geburt ins Koma. Sie verlässt ihren Körper und erkennt sich selbst unterhalb liegend und wie alle anwesenden Krankenschwestern und die Hebamme aufgeregt anfangen herumzuhantieren. Darauf kann sie sich keinen Reim machen. Dann bemerkt sie draußen auf dem Flur den herbeilaufenden diensthabenden Arzt, ohne in ihrer Sicht von Wänden oder sonstigen Hindernissen eingeschränkt zu werden. Vor der Tür bleibt der Arzt kurz stehen und spricht in Gedanken zu sich selbst, dass ausgerechnet ihm jetzt so ein Notfall passieren muss, und fügt gedanklich einen ordentlichen Fluch hinzu. Daraufhin betritt er den Raum. Nachdem die Frau wieder genesen ist, erscheint derselbe Arzt im Rahmen einer Visite bei ihr am Krankenbett. Als sie ihm die Episode mit dem Fluch vor der Tür in allen Einzelheiten erzählt, bestätigt er es konsterniert und vermag es gleichwohl kaum zu glauben, weil die Patientin tief komatös war und ihn weder sehen noch seinen ja lediglich in Gedanken ausgesprochenen Fluch gehört haben konnte.

b) Durch Wände hindurch in andere Etagen

Ein 74 Jahre alter Mann – nennen wir ihn Chester[61] – erlitt mehrere Herzanfälle und musste wiederbelebt werden. Nach seiner Aufnahme auf die Intensivstation kam es noch drei weitere Male zu einem Herzstillstand. Deshalb wurde ihm zur Vorsicht ein Defibrillator implantiert. Während einem seiner Herzstillstände hatte er eine Nahtoderfahrung. Dabei konnte er über eine größere Distanz Gespräche zwischen seinen Angehörigen verfolgen und deren Gedanken in sich aufnehmen. Deutlich erinnerte er sich an ein Gespräch seiner Frau und seiner Tochter, die sich über einen ungewöhnlichen Baum mit roten Blättern unterhielten, der vom Fenster des Wartezimmers aus zu sehen war, in dem sie sich befanden. Sie überlegten sogar, ob sie ein paar Blätter mit nach Hause nehmen könnten, um den Namen des Baums herauszufinden, und amüsierten sich darüber, ob das wohl als Diebstahl zu werten wäre.

Auf dem Boden des Wartezimmers spielte währenddessen sein Enkel und sprach dabei mit sich selbst über seinen neuen grünen Traktor, mit dem er gerade eine Mauer aus Bauklötzchen zerlegte. Die Tochter hatte das Spielzeug erst kurz zuvor im Geschenkshop des Krankenhauses gekauft. All das vermochte Chester klar und deutlich wahrzunehmen, obwohl das Wartezimmer auf einer ganz anderen Etage und weit entfernt von der Intensivstation lag. Unmöglich konnte er von dem Baum mit den roten Blättern wissen, geschweige denn ihn oder das Wartezimmer von seinem Intensivbett aus gesehen haben. Die Angehörigen bestätigten auf Nachfrage alle Angaben über das, was Chester gehört hatte. Bemerkenswerterweise blieb die Hypersensorik des Hörens nach Entlassung noch ein paar Monate erhalten. Bevor man das allerdings wissenschaftlich nachprüfen konnte, war diese Fähigkeit bei ihm wieder erloschen.

c) Es gibt keine Grenzen

Grenzen oder größere Entfernungen spielen offenbar keine Rolle bei einer Nahtoderfahrung. Ein Inder in Amerika »sah«

und »hörte« währenddessen ein Gespräch von Verwandten in der fernen Heimat, die sich gerade über ihn unterhielten. Die Übertragung funktionierte auch hier so, wie man sich Telepathie vorstellt.

d) Der Mann mit dem Gebiss[62]

Diese Geschichte wurde von Pim van Lommel bekannt gemacht: Ein Patient war in einem Park leblos aufgefunden worden und nach 30 Minuten mit Laien-Reanimation im Krankenhaus eingetroffen. Er war kalt, aschgrau im Gesicht, hatte blaue Lippen und Nägel, starre Pupillen sowie violette Hautflecken. In der Notaufnahme wurde er vom diensttuenden Pfleger für eine effiziente Beatmung sofort intubiert. Dafür entfernte er das Gebiss des Patienten. Mehrfach wurden in den nächsten Minuten während der Reanimation die Pupillenreflexe überprüft, die aber keine Reaktion zeigten. Trotz des desolaten Zustandes setzte man die Wiederbelebungsversuche fort, weil der Mann erst 44 Jahre alt war. Dann, nach weit über einer Stunde, reagierten Herz und Kreislauf endlich doch noch auf die Herzmassage, die Elektrostimulation und die Medikamente.

Der Patient überlebte trotz der langen Zeit ohne ausreichende Herzaktivität und fehlende Gehirndurchblutung. Er blieb zunächst intubiert und lag eine Woche auf der Intensivstation im Koma. Als er erwachte, fehlte sein Gebiss, und man konnte es nicht wiederfinden. Während der Zeit seiner Rekonvaleszenz traf er den Pfleger auf der Normalstation bei der Medikamentenausgabe wieder und meinte erfreut: »Oh, Sie wissen, wo mein Gebiss liegt!« Der Pfleger fragte freundlich zurück, wie er denn auf diese Idee komme. »Ja, Sie waren doch dabei und haben mir das Gebiss aus dem Mund genommen und es in die Schublade von einem Wagen getan, auf dem alle möglichen Flaschen standen.« Das war der Notfallwagen. Erst da erkannte der Pfleger den Patienten wieder.

Er war mehr als überrascht, denn er erinnerte sich deutlich an den katastrophalen Zustand des Patienten bei Einlieferung und das tiefe, lange Koma, aber nicht mehr an die Zahnprothese. Tatsächlich fand er das künstliche Gebiss in der Schublade des Notfallwagens. Auch konnte der Patient, der über seiner Bahre schwebend die gesamte Szene in der Ambulanz beobachtet hatte, vollkommen korrekte Angaben zum Raum, zu den Pflegekräften und Ärzten machen, obwohl er in diesem Stadium tief komatös gewesen war. Der Pfleger wurde 2008 noch einmal von Titus Rivas zu dem Fall interviewt und bestätigte alle Einzelheiten der obigen Geschichte. Leider gelang es so lange Jahre nach dem Ereignis nicht mehr, den Patienten persönlich zu befragen. Dennoch ist dieser Bericht wegen der Klarheit der Schilderung besonders eindrücklich.

e) Schuhe auf dem Dach des Krankenhauses

Zu einem Schuh auf dem Dach gibt es zwei mir bekannte Berichte aus den USA von verschiedenen Autoren mit verschiedenen Patientinnen. Einen kennen wir durch die Sozialbetreuerin Kimberley Clark Sharp[63], die in einem Krankenhaus tätig war. Die spanische Gastarbeiterin Maria äußerte ihr gegenüber, dass sie bei ihrer Nahtoderfahrung auf dem Dach einen dunkelblauen Schuh hatte liegen sehen, mit einem Loch im Kleinzehenbereich und eingeklemmtem Schnürsenkel unter der Sohle. Als Kimberley Sharp sie ungläubig anblickte, forderte Maria sie auf, doch selbst nachzuschauen. Diese hatte große Mühe, den Schuh überhaupt zu finden. Erst als sie im 3. Stockwerk das Gesicht gegen ein Fenster presste, erkannte sie das gesuchte Objekt in einer Ecke, aber das Loch im Schuh war nicht zu sehen. Als sie ihn jedoch hereinholte, fiel es ihr auf, und auch die Position des Schnürsenkels war wie beschrieben. Das konnte Maria niemals von der Ambulanz aus wahrgenommen haben.

Ein weiterer findet sich bei Madeleine Lawrence und Kenneth Ring[64] und stammt von einer Patientin, die anonym bleiben wollte. Sie wurde 1977 ins Krankenhaus eingeliefert und musste reanimiert werden. Nachdem sie überlebt hatte und wieder zu sich gekommen war, konnte sie präzise von ihrer Reanimation und von einem roten Schuh berichten, der auf dem Dach des Krankenhauses liegen sollte. Selbst das Logo des Schuhs hatte sie präzise vor Augen. Natürlich wollte man ihr nicht glauben. Ein wohl besonders irritierter Angestellter der Verwaltung des Krankenhauses besorgte deshalb umgehend eine Leiter und stieg auf das Dach. Tatsächlich fand er den beschriebenen roten Sportschuh dort oben genau an dem Platz, wo ihn die Patientin beim Schweben aus dem Spital zum sogenannten Tunnel gesehen hatte. Zu dieser Wahrnehmung konnte sie wegen ihrer tatsächlichen körperlichen Position mit Reanimation in der Notaufnahme niemals in der Lage gewesen sein.

f) Sensorisches Phänomen – Kurzsichtigkeit

Van Lommel berichtete in einem seiner Vorträge über eine Frau, die eine schwere Blutung erlitten hatte. Sie erzählte ihm, dass sie bewusstlos wurde und während ihrer Nahtoderfahrung über sich schwebte. Sie sah die gesamte Szenerie unter sich und beobachtete mit großer Neugier die Maßnahmen, die das medizinische Personal an ihrem Körper unter sich vornahm. Dabei erblickte sie auf einmal ihre auf dem Nachttisch liegende Brille und wunderte sich sehr, wie scharf und klar sie trotzdem sehen konnte. Im normalen Leben wäre ihr das mit minus acht Dioptrien unmöglich gewesen.[65] Ähnliches werden wir noch von Dianne Morrissey bei den exemplarischen Nahtoderfahrungen hören.

g) Sensorisches Phänomen – Blindheit

Für eine Studie zu Nahtoderfahrungen befragten Sharon Cooper und Kenneth Ring ausschließlich blinde Menschen.[66] So auch die von Geburt an blinde Vicky Umipeg. Sie war als junge Frau in einen Autounfall verwickelt und fiel ins Koma. Während ihrer Nahtoderfahrung schwebte sie nach ihrer eigenen Aussage zunächst über der Unfallstelle und erlebte zum ersten Mal das Licht und dass sie tatsächlich sehen konnte. Sie erkannte, dass es sich beim Unfallbus um einen VW handelte, indem sie das Logo beschrieb, das auf dem Auto angebracht war. Später fand sie sich schwebend oben in der Notaufnahme und sah dort eine Person, die reanimiert wurde. Das war sie selbst, aber das war ihr zunächst nicht klar. Erst als sie ihren Ehering und den Ring ihres verstorbenen Vaters am Finger der Person unter sich bemerkte, erkannte sie, wer da lag. Zum ersten Mal in ihrem Leben sah sie sich selbst.

h) Sensorisches Phänomen – Taubheit

»Dann kam ich an eine Grenze. Selbst mir mit meinen 10 Jahren musste das niemand erklären. Mir war einfach klar, dass ich nie wieder zurückkehren könnte, wenn ich diese Grenze überschritt. Aber einige meiner Vorfahren standen auf der anderen Seite und zogen meine Aufmerksamkeit auf sich, denn sie redeten in einer Art Telepathie miteinander. Ich bin von Geburt an völlig taub. Alle meine Angehörigen können ganz normal hören und verständigen sich mit mir immer in Gebärdensprache. Und nun konnte ich auf einmal mit 20 meiner Vorfahren durch eine Art Telepathie direkt kommunizieren. Das war eine überwältigende Erfahrung.«[67] Es gibt in diesem Fall natürlich keine Bestätigung von dritter Seite, denn wegen der Art der Erfahrung bei Taubheit des Nahtoderfahrenden hätte ein Zeuge zu Telepathie fähig sein müssen. Die Bemerkung über die »Grenze« jedoch darf als konkreter Nachweis für eine Nahtoderfahrung betrachtet werden, denn diese Feststellung kommt wiederholt in den Nahtodberichten vor und ist von großer Bedeutung für die Rückkehr ins irdische Leben.

i) Die Erfahrung C. G. Jungs[68]

In der Tat geht es hier um den berühmten Psychoanalytiker C. G. Jung, der 1944 einen Herzinfarkt erlitt und in der Folge seinen Körper verließ. Er hatte das Gefühl, als befände er sich hoch oben im Weltraum. Er sah unter sich die Erdkugel in herrlichem weißblauem Licht erstrahlen und dazwischen die

Ozeane und die Kontinente silbern schimmernd in tiefem Blau. Seine Position war direkt über Ceylon und der indischen Halbinsel. An manchen Stellen erschien die Erde für ihn farbig oder dunkelgrün gefleckt wie oxidiertes Silber. Der schneebedeckte Himalaya war in Dunst und Wolken getaucht. Er erkannte am linken Rand eine große Ausdehnung. Das war die Wüste Arabiens, die rotgelb leuchtete. Dahinter erblickte er das Rote Meer und ganz oben am Rand, erfasste er im Blick noch einen kleinen Zipfel des Mittelmeers. Weiter nach Europa vermochte er nicht zu schauen. Und nun merkte er, dass er im Begriff war, die Erde zu verlassen. Er wird weiter zu einem lichterfüllten Raum geleitet, wo er Menschen erkennt, die ihm lieb und teuer sind, aber in diesem Moment muss er schon zurück. Da der Bericht von Jung genau mit dem übereinstimmt, was uns die Bilder aus dem Weltraum erst 30 Jahren später zeigen konnten, ist dieses Erlebnis besonders bemerkenswert und beweiskräftig.

j) Der Tod auf dem OP-Tisch

Der bedeutende Herzchirurg Lloyd Rudy[69] berichtet in einem Interview bei einem Zahnarztkongress von einer ihm unbegreiflichen außerkörperlichen Erfahrung eines Patienten während dessen Herzoperation. Rudy war zu dem Kongress eingeladen worden, weil viele Herzklappenentzündungen durch schlechte Zähne verursacht werden. Einem solchen Patienten war eine Zahninfektion derart auf das Herz geschlagen, dass eine Herzklappe zerstört worden war und umgehend ersetzt werden musste. Für die erforderliche Notoperation des Herzens war der Patient wie üblich an eine Herz-Lungen-Maschine angeschlossen worden.

Die Operation selbst verlief ohne Probleme, aber als man den Patienten von der Herz-Lungen-Maschine abkoppeln wollte, gelang es trotz wiederholter Versuche nicht, den Kreislauf normal in Gang zu bringen. Immer wieder aufs Neue versuchte man den Herzmuskel anzuwerfen. Sobald das Herz jedoch ohne Hilfe allein pumpen sollte, entwickelte sich einfach kein Blutdruck. Nach weit über einer Stunde gaben Lloyd Rudy und seine Ärzte erschöpft auf und entschlossen sich schweren Herzens, den Patienten für tot zu erklären. Man mag sich die Verzweiflung darüber kaum vorstellen. Alle lebenserhaltenden Geräte samt Beatmung wurden abgestellt. Der Anästhesist verließ den Raum, unter anderem, wie Rudy sagte, um nach den langen Stunden der Operation etwas zu essen und zu trinken. Alle Anwesenden waren vollkommen konsterniert über den fatalen Verlauf der Operation. Eine Ultraschallsonde zum Messen von Herzaktionen lag noch in der Speiseröhre des Toten und hinterließ kein Signal mehr auf dem Monitor. Auch das Gerät für die EKG-Aufzeichnung lief unbeachtet weiter und bildete einen immer größer werdenden Papierhaufen auf dem Fußboden. Beides hatte man in der Aufregung um den schlimmen Ausgang vergessen zu entfernen bzw. abzuschalten.

Während ein Assistent damit begann, den Brustkorb des für tot Erklärten mit Nähten zu verschließen, standen Lloyd Rudy und sein Oberarzt mit verschränkten Armen in der Tür des Operationssaales und diskutierten, was da wohl passiert sein mochte und was man vielleicht hätte anders machen können. Rudy nimmt für dieses Gespräch eine Zeitspanne von mindestens 20, eher aber 25 Minuten an. Zwischenzeitlich hatte auch das Reinigungspersonal den OP-Raum betreten und damit begonnen, sauberzumachen, während der Assistenzarzt noch den Brustkorb des Patienten zu Ende zunähte.

Rudy und sein Kollege beobachteten im Gespräch so nebenbei einzelne elektrische Ausschläge auf dem EKG-Monitor, wie das bei einem sterbenden Herzen vorkommen kann, ohne dass der Herzmuskel dabei in irgendeiner Weise tatsächlich arbeitet. Aber dann nahmen die Aktionen auf einmal unerwartet Fahrt auf. Es kam zu stark ausgeprägten EKG-Potenzialen, und die Herzaktivität baute sich vollständig funktionsfähig wieder auf. Rudy schrie laut nach dem Anästhesisten und nach der OP-Crew, sie sollten alle sofort zurückkommen. Man trat erneut an den OP-Tisch und setzte die Operation wie vorgesehen fort, während sich Blutdruck und Puls nur mit ein paar Medikamenten normalisierten, ohne dass die Herz-Lungen-Maschine noch einmal hätte angeschlossen werden müssen. So beendete man den Eingriff am Ende doch erfolgreich.

Rudy und alle an dem dramatischen Ereignis Beteiligten besuchten den Patienten danach mehrfach auf der Intensivstation, weil niemand von ihnen den medizinisch außergewöhnlichen Vorgang begreifen konnte. Weit über 20 Minuten, fast eine halbe Stunde also waren Herz und vor allem das Gehirn bei nachgewiesenem Herzstillstand ohne jegliche Blutversorgung und ohne Sauerstoff gewesen. Einmal abgesehen von der Tatsache der wundersam wieder eingetretenen Herzaktivität versprach das nichts Gutes für den Kopf. Dennoch erholte der Patient sich vollständig ohne irgendwelche Defizite.

Als er nach einigen Tagen Koma tatsächlich geistig völlig klar und ansprechbar war, erzählte er Rudy eine unglaubliche Geschichte. Er sprach zunächst von einem Tunnel-Erlebnis und hellem Licht, welchem er begegnet war. Davon hatte Rudy schon gehört und das beunruhigte ihn deshalb wenig. Was ihn aber vollkommen fassungslos machte, waren zwei andere visuelle Aspekte aus der Zeit des Herzstillstandes in Bewusstlosigkeit, die ihm von dem Patienten mitgeteilt wurden: Zum einen konnte er den Operationssaal präzise beschreiben und hatte alle Anwesenden an ihrem jeweiligen Arbeitsplatz agieren sehen, als ob er unter der Decke geschwebt wäre, zum anderen war ihm die lange Reihe von kleinen Merkzetteln aufgefallen, welche an einem Monitor hingen. Diese Zettelchen hatte eine Krankenschwester erst während der Operation an den Monitor geklebt. Darauf standen die Telefonnummern von Anrufern für Lloyd Rudy, die er nach der Operation zurückrufen sollte. Sie kamen also erst an ihren Platz, als der Patient längst abgedeckt und bewusstlos in Narkose auf dem OP-Tisch lag.

Von seiner erhöhten Position erblickte der Patient auch Rudy und seinen Oberarzt, wie sie mit verschränkten Armen diskutierend in der Tür standen. Er hatte sich dann sehr gewundert, wie der Anästhesist auf einmal in den OP-Saal zurückgerannt kam, um mit den anderen die Operation fortzusetzen. Als der Patient das sah, war er über 25 Minuten ohne Herzschlag, ohne Gehirndurchblutung und ohne jede Behandlung gewesen. Rudy stellte fest, dass es für den Patienten objektiv vollkommen unmöglich gewesen war, die Zettel während der Operation zu sehen oder gar ihn und seinen Kollegen im Gespräch an der Tür. Er hätte ja bewusstlos unter seinen Laken hervorgekrochen sein müssen, was erkennbar nicht der Fall war. Unbegreiflich blieb für Rudy auch, dass der Patient die unglaubliche Dauer von mindestens 25 Minuten ohne jeden Herzschlag überlebt hatte und dies für das Gehirn ohne jede Sauerstoffversorgung offensichtlich folgenfrei geblieben war. Medizinisch sei das jedenfalls nicht zu erklären, so Rudy. Er schließt in seinem Interview mit den Worten: »Ich bin jedenfalls davon überzeugt, dass es da draußen etwas gibt.«

Im Rahmen eines Symposions sprach er mit Kollegen und Kolleginnen der Herzchirurgie über dieses Ereignis, das ihn so tief bewegt hatte. Es stellte sich heraus, dass fast alle von ihnen ähnliche Begebenheiten in unterschiedlicher Ausprägung erlebt hatten. Der Bericht von Lloyd Rudy wirft gleichzeitig die Frage auf, was wir aus medizinischer Sicht wirklich über den tatsächlichen Zeitpunkt des Todes und Leben als solches wissen. Dazu kommen wir noch.

k) Bericht des Kardiologen Dr. Richard Mansfield[70]

Während eines Nachtdienstes war Mansfield zu einem 32-jährigen Patienten mit Herzstillstand gerufen worden. Nach über einer halben Stunde Reanimation mit Beatmung, Elektroschock und Medikamenten war immer noch kein Puls oder Herzschlag messbar. Angesichts des Alters des Patienten wurden die Maßnahmen jedoch unbeirrt fortgesetzt. Als sich immer noch nichts tat, entschied sich Mansfield schweren Herzens, die Reanimation abzubrechen, nicht ohne vorher noch einmal sorgfältig alle Elektroden des EKGs, die Kurve auf dem Monitor und den Puls des Mannes überprüft zu haben. Es gab zweifelsfrei keine Lebenszeichen mehr. Das Team beendete daraufhin seine Bemühungen mit großer Bestürzung.

Ein paar Krankenschwestern blieben im Raum, um aufzuräumen und den Toten für die Angehörigen vorzubereiten, während sich Mansfield im Stationszimmer um die nötigen Formalitäten des Krankenberichtes kümmerte. Er notierte die verabreichten Medikamente, die Anzahl der Defibrillationen, die Dauer der Reanimation und die Namen der beteiligten Personen. Da er die Menge des gespritzten Adrenalins nicht mehr genau wusste, ging er noch einmal zurück in den Raum mit dem Patienten, um die verwendeten Ampullen nachzuzählen. Wie erstaunt war er, als er die rosige Gesichtsfarbe des für tot Befundenen wahrnahm. Das hatte vorher ganz anders ausgesehen. Intuitiv prüfte er noch einmal den Puls, der wider Erwarten gut tastbar war. Sofort nahm das Team seine Tätigkeit zur Wiederbelebung wieder auf. Letztendlich gelang es, den Patienten so weit zu stabilisieren, dass man ihn auf die Intensivstation verlegen konnte. Alle waren dennoch weiterhin sehr besorgt, weil man absolut davon überzeugt sein musste, dass das Gehirn des jungen Mannes schweren Schaden genommen hatte.

Als Mansfield den Patienten eine Woche später besuchte, fand er ihn nicht nur vollkommen erholt vor, sondern er war auch ohne jegliche geistige Beeinträchtigung. Vielmehr beschrieb der Patient alle Einzelheiten seiner Reanimation, die Handgriffe der Schwestern und den Einsatz des Arztes, dessen Entscheidung, die Maßnahmen zu beenden, das erneute Erscheinen an seinem Bett und die Pulsmessung. Alles stimmte bis ins kleinste Detail, obwohl der Patient nach Abbruch der lang andauernden Reanimation noch mindestens weitere 15 Minuten ohne jede Behandlung gewesen war. Die Krankenschwestern, die bei der Reanimation mitgewirkt hatten, konnten die Aussage des Patienten umfänglich bezeugen.

Bewusst habe ich die Schilderungen von Dr. Rudy und Dr. Mansfield an den Schluss gesetzt, weil hier erfahrene Ärzte medizinische Verläufe berichten, die im gängigen naturwissenschaftlichen Weltbild nicht unterzubringen sind.

2. Die »Tunnel«-Erfahrung

Die Kenntnis von der sogenannten Tunnel-Erfahrung ist wohl am weitesten verbreitet. Aus dem Mittelalter kennt man die berühmte Darstellung des Hieronymus Bosch vom »Aufstieg der Seligen zum Himmel«. Man sieht darauf Engelwesen zu einer Öffnung an der Spitze eines hellen Trichters streben, durch die ein helles Licht leuchtet. Das wirkt natürlich ebenfalls wie ein Tunnel, wenngleich mit Fug und Recht behauptet werden darf, dass dies auf einem populären Missverständnis beruht, obwohl der Gedanke an einen Tunnel naheliegt, sobald ein Licht in der Ferne auftaucht. Aber genau betrachtet ist die Tunnel-Erfahrung erst einmal eine Raum- und dann eine Lichterfahrung, und sie findet im Zustand der Außerkörperlichkeit des Erlebenden statt. Wenn die Erscheinung von den Nahtoderfahrenden oft mit einem Tunnel verglichen wird, so ist das eher als ein Bild von etwas zu bewerten. Für einen LKW-Fahrer wirkte der Weg zum Licht berufsbezogen wie die Bewegung durch ein großes Auspuffrohr. Dies als Hinweis darauf, wie verschieden die Situation je nach persönlichem Hintergrund interpretiert werden kann.

Häufig beginnt die Erfahrung ohne vorherige andere außerkörperliche Wahrnehmungen direkt mit dem Tunnel-Geschehen. Dieser Bereich oder besser das Umfeld werden zu Beginn eher ambivalent beschrieben. Mehrheitlich wird von grau, von einer Art lichtem Dunkel gesprochen, manchmal von düster bis zu pechschwarz. Vereinzelt treten merkwürdige Geräusche wie etwa Knacken oder Krachen auf, was oft Unruhe und teilweise auch Angst bewirkt. Dieses Element einer Nahtoderfahrung fühlt sich also im ersten Moment nicht immer angenehm an. Der Raum wird grundsätzlich weniger als leer beschrieben, sondern vielmehr wie angefüllt mit irgendeiner zwar fühlbaren, aber nicht zu beschreibenden Stofflichkeit. Manche Nahtoderfahrende finden sich in eine weiche, schwarzsamtene Geborgenheit eingebettet, andere empfinden sich umgeben von einer grauen, nebulösen Wissenssubstanz. Selten werden zu diesem Zeitpunkt Farben wahrgenommen. In der frühen Phase der sogenannten Tunnel-Erfahrung werden also zum Teil deutlich gemischte Gefühle geschildert. Das ist angesichts der außergewöhnlichen Situation nicht verwunderlich. Ist man doch auf einmal ohne seinen gewohnten Körper und befindet sich zudem in vergeistigter Form in einer Art Niemandsland, ausgestattet mit übersteigerter mentaler Klarheit und einem erweiterten Bewusstseinszustand. Spätestens in diesem Stadium nehmen fast alle Nahtoderfahrenden Begleiter wahr oder haben das Gefühl, jemand sei um sie herum. Vielfach stellen sich die Begleiter als Angehörige, Freunde, Bekannte heraus oder seltener als unbekannte Engelwesen. Je nach gelebter Religion tauchen mitunter eine Jesusgestalt oder in Indien z. B. Krishna auf. Man ist jedenfalls ab diesem Moment nicht mehr allein und wird sozusagen willkommen geheißen. Das wirkt in dieser regelmäßig als unsicher empfundenen Lage sofort beruhigend.

Dann entsteht im Irgendwo plötzlich ein heller Fleck, ein Lichtpunkt, der sich ausbreitet. Dieses Licht gerät zum absoluten Sehnsuchtsort, auf den sich jede Empfindung richtet. Die Nahtoderfahrenden fühlen sich magisch angezogen und fliegen dorthin oder werden ins Licht gezogen, dessen Intensität und Helligkeit immer mehr zunimmt. Dieses Erleben der zielgerichteten Bewegung hin zum Licht führt zu dem Vergleich mit einem Tunnel. Das Licht wird heller als die Sonne beschrieben, aber es tue den Augen nicht weh. So sagte Sabine Mehne[71] und prägte den wunderschönen Begriff von einem »Licht ohne Schatten«.

Viele Nahtoderfahrende identifizieren das Licht mit Gott oder dem, was Gott für sie bedeutet. Mitunter erkennen sie sogar eine Art von engelhaften Lichtgestalten oder Jesus, der dem Licht entsteigt. Im Licht und aus dem Licht heraus erstrahlt eine unvorstellbare, überirdische, bedingungslose Liebe, die offenbar zu gewaltig ist, als dass Worte sie auch nur annähernd beschreiben könnten. Diese unvorstellbare Liebe wird als einziger Lebenssinn erkannt und bestimmt das weitere Leben grundlegend.

Bo Katzman, der eine tiefe Nahtoderfahrung hatte, versuchte in einem Interview einen Vergleich für die Größe dieser Liebe zu finden.[72] Er nahm als Beispiel das erste Rendezvous mit der allerersten großen Liebe. Dieses Gefühl wäre es, so führte er aus, aber multipliziert mit Tausend. Das ist auf Erden unvorstellbar.

3. Das Lebenspanorama

In dieser Phase der Nahtoderfahrung entfaltet sich das »Ich« in seiner Gesamtheit und es werden Ausschnitte oder ein Panorama des eigenen Lebens in allen Einzelheiten ausgebreitet. Menschen, die davon berichten, vergleichen das Erlebte mit einem ausführlichen Film oder einer Diashow ihres Lebens. Das ist jedoch ungenau, denn die Betroffenen erleben sich in diesem Schauspiel gleich zweifach: als Beobachter und Teilnehmende zugleich. Jede Handlung, jedes kleinste Detail, jedes jemals gesprochene Wort, jeder gedachte Gedanke ist unmittelbar verfügbar. Man wird geboren, lernt wieder laufen, geht zur Schule. Alle Abläufe ereignen sich wie gleichzeitig und doch chronologisch, sofort und überall rundherum und keineswegs beschleunigt, als ob Raum und Zeit nicht existierten. Wohin sich die Aufmerksamkeit wenden mag oder gerade gelenkt wird, schon erscheint das Gewesene in vollem Umfang und in jeder Einzelheit wie aus dem Nichts. Aber dieses Nichts ist prall gefüllt mit Information über das eigene Leben, über alle Vergangenheit und offenbar auch über die Zukunft und selbst über die fundamentalen Geheimnisse des Universums.

Der Mensch erfährt, was gut oder böse während seiner

Lebenszeit war, und er empfindet sowohl das in vollem Umfang mit, was er sich selbst mit seinen Entscheidungen angetan hat, als auch alle Regungen derer, die es direkt betraf. Ebenso verspürt er alle Auswirkungen, die das eigene Verhalten darüber hinaus bei Dritten verursacht hat. Dabei zählen jede Tat, jedes Wort und jeder Gedanke. Es kann jedoch durchaus geschehen, dass von einem selbst negativ Erinnertes sich als positiv erweist und umgekehrt.

Beim Betrachten schuldbeladener Lebenssequenzen leidet der Betroffene ebenso tief wie das Opfer seiner Taten und Worte, als hätte er sich die körperliche oder seelische Verletzung des anderen soeben selbst beigebracht. Die Leiden, die einem im Leben selbst zugefügt wurden, muss man in der Regel nicht noch einmal erdulden. Diese erlebt nur der Täter bei seiner Lebensrückschau in aller Schärfe. Man wird nicht zum zweiten Mal Opfer. Denn der Sinn des Lebenspanoramas besteht wohl darin, zu lernen, wie man sich als Mensch hätte richtig verhalten sollen. So sagen es uns die Nahtoderfahrenden. Dabei gilt als Maßstab immer das Prinzip der Liebe, des liebevollen Handelns gegenüber jedermann. Nach Abwägung vieler ausführlicher Berichte der Nahtoderfahrenden wird es jedoch am Ende wohl versöhnlich. Vereinzelt liegen allerdings bestätigte Berichte von Straftätern vor, welche die ganze Bandbreite ihrer Vergehen aus der Sicht ihrer Opfer durchlebten. Je nach Lebenswandel dürften die schlimmen Anteile also einen mehr oder weniger großen Raum einnehmen. Dazu kommen wir noch ausführlich im Rahmen der negativen Nahtoderlebnisse.

4. Die Begegnung mit Verstorbenen

Die Begegnung mit geliebten Verstorbenen ist für die Nahtoderfahrenden in der Regel ein ungeheuer beglückendes Ereignis. Das kann zum Teil schon zu Beginn der Nahtoderfahrung geschehen, wo der oder die Verstorbene sich als Begleiter auf dem weiteren Weg dazugesellen. Vielfach sind es der verstorbene Bruder oder die verstorbene Schwester, ein verstorbenes Elternteil, zu früh gegangene Kinder oder Großeltern bzw. besondere Menschen, die man sehr geliebt hat. Sie erscheinen oft wie Lichtgestalten in schönster Umgebung, und die Nahtoderfahrenden werden gleichsam von ihnen willkommen geheißen. Sie werden an ihren Gesichtern, an ihrer Präsenz, an einer Art Schwingung, die nicht irdisch zu beschreiben ist, erkannt. Alle Kommunikation, alle Empfindung mit diesen Geistwesen vollzieht sich telepathisch, einzig durch Gedankenverbindungen.

Auch bei Kindern kommen Nahtoderfahrungen vor. Erstaunlicherweise stellte sich heraus, dass sie im Vergleich zu Erwachsenen sogar viel öfter solche Erlebnisse haben, aber von sich aus jedoch offenbar seltener davon erzählen. Die Ursache könnte meiner Meinung nach darin liegen, dass in frühen Jahren die Kinderwelt sowieso ein wenig magisch scheint und Nahtoderfahrungen daher vielleicht als normaler angesehen werden. Man sollte also ruhig nachfragen. Grundsätzlich haben die Erfahrungen kaum unterschiedliche Verläufe im Vergleich zu denen der Erwachsenen, obwohl die Inhalte etwas unterschiedlich scheinen.[73] Kinder treffen altersbedingt eher auf Verstorbene, seien es Eltern, Großeltern oder mitunter Geschwister, selbst wenn sie von deren Existenz vorher nichts wussten. Durchweg sind Kinder während ihrer Außerkörperlichkeit nicht allein. Häufig werden sie sogar von den meist weiblichen Geistererscheinungen an die Hand genommen und zum Licht begleitet. Es fehlt bei ihnen aber in der Regel der panoramische Lebensrückblick, weil möglicherweise noch zu wenig erlebt wurde. Dafür begegnen sie auffällig oft ihrem geliebten, leider verstorbenem Haustier. Kinder werden oft stiller nach einer Nahtoderfahrung, beobachten Gleichaltrige beim Spielen, machen selbst weniger mit und stellen eventuell ganz andere Fragen als für ihr Alter üblich.

a) Begegnung mit Verstorbenen, die noch leben sollten

Einen Sonderfall stellen die Begegnungen mit Verstorbenen dar, die eigentlich noch leben sollten. Von ihrem Ableben ist also niemand etwas bekannt bzw. der Nahtoderfahrende kann vor seinem Erlebnis nichts von ihrem Tod gewusst haben. Das macht diese Begegnungen so beweiskräftig für die Transzendenz der Nahtoderfahrung, wenn sie sich im Nachhinein als wahr herausstellen. Sie werden unter einem besonderen Begriff zusammengefasst, der ursprünglich von der irischen Schriftstellerin Frances Power-Cobbe stammt. Diese veröffentlichte 1882 einen Essay mit dem Titel »The Peak in Darien: Das Rätsel des Todes«. Darin bezog sie sich auf ein Gedicht von John Keats, in dem Hernan Cortez und seine Männer zum ersten Mal den Pazifik vor sich auftauchen sehen. Sie stehen auf einem Hügel in Ufernähe, den es wirklich gibt, eben dem »Peak in Darien«. Wie in einer Vision liegt der riesige Ozean ausgebreitet vor ihnen, und ihr Blick verliert sich in der Weite des Ozeans. In Wirklichkeit war Cortez wohl nie am Pazifik, aber es geht um das Visionäre des Moments, nicht um die Tatsache. Power-Cobbe will nämlich über eine ganz andere Vision berichten, genau genommen über eine Sterbebettvision und in dem Zusammenhang über das Rätsel des Todes. Sie schildert eine im Sterben liegende Frau, die vor ihrem Tod voll Freude ihre drei längst verstorbenen Brüder um ihr Bett stehen sieht. Dann erscheint ihr auch noch der vierte Bruder. Während die Sterbende darüber überaus beglückt ist, gibt es bei den übrigen anwesenden Angehörigen eine große Aufregung, denn dieser Bruder war nach Meinung aller nicht tot. Er sollte noch leben, und zwar in Indien. Tatsächlich erhielten sie kurz darauf per Brief die Mitteilung und damit die traurige Gewissheit, dass der besagte vierte Bruder in der Ferne verstorben war. Das konnte wegen der Entfernung niemand gewusst haben, am wenigsten die sterbende Schwester. Bruce Greyson kannte Power-Cobbes Essay und etablierte den Begriff »Peak in Darien«-Erlebnis als eine Nahtoderfahrung mit Verstorbenen, die noch leben sollten.

Die Schwester, die nicht dort sein sollte

Diese Geschichte findet sich im Buch »Nahtod« von Bruce Greyson.[74] Der 9-jährige Eddie lag mit einer lebensbedrohlichen Meningitis im Krankenhaus und hatte nach zwei Tagen im Koma das Bewusstsein wiedererlangt. Er berichtete seinen Eltern, die während der langen Stunden an seinem Bett ausgeharrt hatten, dass er im Himmel gewesen wäre, und er hätte zu seiner großen Freude seine Großeltern, seinen Onkel und seine Tante getroffen, die allesamt schon verstorben waren. Doch dann fügte er überraschenderweise hinzu, seine Schwester hätte er ebenfalls dort oben getroffen. Es wäre wunderschön gewesen, sie zu sehen. Sie selbst hätte ihm erklärt: »Ich darf hierbleiben, aber du musst wieder zurück auf die Erde.« Der Vater war wegen der Erwähnung der Tochter beunruhigt und zugleich etwas verärgert. Sie sollte nämlich im College sein, wo der Vater vor zwei Tagen noch mit ihr gesprochen hatte. Der Arzt beruhigte den aufgeregten Vater dahingehend, dass sein Sohn infolge der Hirnhautentzündung lediglich halluziniert habe. Er solle einfach nach Hause fahren und die Tochter anrufen. Als die Eltern sich später an diesem Morgen im College meldeten, wurde ihnen mitgeteilt, dass man die ganze Zeit versucht habe, sie telefonisch zu erreichen. Die Tochter sei in der vorangegangenen Nacht tödlich verunglückt.

Tante Cilla[75]

Renate A. war Weihnachten 1993 schwer krank geworden und ins Koma gefallen. Nachdem der Ehemann sie ins Krankenhaus gebracht hatte, fand er in ihrer Handtasche zufällig einen Arztbericht mit dem Hinweis auf eine lebensbedrohliche Erkrankung, die in der Form nicht bekannt gewesen war. Jederzeit hatte schon vorher eine schwerwiegende Blutung auftreten können, was nun vermutlich geschehen war. Die Patientin wurde daraufhin in eine Spezialabteilung der Universitätsklinik verlegt, wo man sie rettete. Nachdem sie einigermaßen wiederhergestellt war, erzählte sie ihrem Mann, sie hätte während des

Komas den Körper verlassen und ihren verstorbenen Vater und ihre Tante Cilla gesehen. Beide hätten ihr versichert, dass sie wieder in ihren Körper zurückkehren dürfe, denn ihre Zeit wäre noch nicht gekommen. Sowohl Renate A. als auch ihr Ehemann fanden nicht nur die außerkörperliche Wahrnehmung mehr als ungewöhnlich, sondern vor allem die auftretenden Personen. Zwar wussten beide, dass der Vater verstorben war, aber das Erscheinen von Tante Cilla überraschte sie sehr, denn die war, soweit bekannt, völlig gesund und am Leben.

In der Woche nach Weihnachten besuchte der Ehemann die Schwiegermutter, um diese über die Krankheit ihrer Tochter zu informieren. Die Mutter freute sich über die günstige gesundheitliche Entwicklung und fragte, ob sie eventuell zu ihrer Tochter ins Krankenhaus mitkommen könne. Bedauerlicherweise gäbe es traurige Nachrichten, denn sie habe am selben Tag einen Brief erhalten, dass Tante Cilla vor 3 Tagen verstorben sei. Als man den Zeitpunkt zurückrechnete, zeigte sich, dass der Tod der Tante kurz vor dem Nahtoderlebnis ihrer Nichte eingetreten sein musste. Da lag diese aber schon im Koma.

b) Begegnung mit unbekannten Verstorbenen

Der fremde Mann

Ein Mann begegnete bei seinem Nahtoderlebnis seiner verstorbenen Großmutter und einem männlichen Wesen, das ihm vollkommen unbekannt war, welches ihn aber liebevoll und freundlich anschaute. Erst 10 Jahre später gestand ihm seine Mutter auf dem Sterbebett, dass er in einer außerehelichen Beziehung gezeugt worden war, was er bis dahin nicht gewusst hatte. Der Vater war in der Nazizeit aufgrund seiner jüdischen Wurzeln verfolgt und ermordet worden. Als die Mutter dem Sohn das Foto seines leiblichen Vaters zeigte, konnte er es kaum glauben: Es stellte sich heraus, dass dieser freundliche, unbekannte Mann, den er vor 10 Jahren während seiner Nahtoderfahrung gesehen hatte, offenbar sein biologischer Vater war.[76]

Die schwebende Lady

Der kleine Andrew musste sich im Alter von 3 Jahren einer Operation am offenen Herzen unterziehen. Als er nach 2 Wochen halbwegs genesen war, fragte er seine Mutter sofort, wann er denn wieder zu dem schönen sonnigen Platz mit all den Blumen und Tieren zurückkehren könne. Die Mutter verstand zunächst nicht, was er meinte. Dann ergänzte er, dass eine »schwebende Lady« ihn während der Operation an die Hand genommen hätte und mit ihm langsam zu dem beglückenden Ort geflogen wäre. Er sei aber ohne Angst gewesen, denn er habe in jedem Augenblick die Fürsorge und große Liebe der Lady gespürt. Zuletzt befand sich Andrew an der Decke des OP-Saales und sah herunter auf die Ärzte, die dort an seinem Brustkorb arbeiteten. Alles war ihm wunderbar und lichthell vorgekommen. Danach sei er sanft zurück in seinen Körper geschwebt. So erzählte er es der erstaunten Mutter.

Als Andrew im Jahr darauf zusammen mit seiner Mutter zufällig eine Fernsehdokumentation über Herzoperationen bei Kindern anschaute, erkannte er die Herz-Lungen-Maschine wieder. So etwas war bei seiner Operation ebenfalls eingesetzt worden. Er hatte die Apparatur von oben gesehen, als er mit der Lady durch den Raum davonschwebte. Kurze Zeit später schaute die Mutter mit dem Kleinen alte Fotos an und zeigte ihm dabei ein Bild ihrer eigenen Mutter aus jüngeren Jahren. In dem Moment rief das Kind freudig: »Da ist ja die Lady!«[77]

5. Die Expansion des Bewusstseins

Die Betroffenen berichten von einem Zustand der Allwissenheit in einem Allraum, in dem es Antwort auf alle Fragen gibt. Beim Tunnel-/Lichtereignis wurde schon festgestellt, dass das Umfeld eventuell dunkel, aber keineswegs leer ist. Es ist angefüllt mit Wissen. Dieses Wissen über alles eröffnet sich dem Menschen in dieser Phase der Nahtoderfahrung. Auch hier funktioniert die Übermittlung von Sprache nonverbal mit Telepathie. Manchmal wird von einem Wissenshaus berichtet oder von einem Turm des Wissens, wo über jede nur denkbare Information verfügt werden kann.[78] Man erfährt, dass alles auf Erden, vom Kleinsten bis in die Weiten des Alls, aufs Weiseste geordnet ist und alles einen Sinn hat.

Angesichts der Zustände auf der Erde muss diese Botschaft nachhaltig verstören. Selbst wenn wir annehmen, dass sich die Menschen 99 Prozent aller Bosheiten selbst antun, dann gibt es doch mindestens ein Prozent – eine plötzliche schwere Krankheit oder ein Unglück –, dessen Sinn unbegreiflich erscheint. Nach der Rückkehr in den eigenen Körper geht das Allwissen weitestgehend verloren, aber die Erinnerung daran besteht fort. Vielleicht ist unser Gehirn für die gewaltige Menge an Daten einfach nicht geschaffen. Vereinzelt aber bleibt mehr zurück. Eindrucksvoll ist in diesem Zusammenhang der Bericht über die Erfahrung einer jungen Marokkanerin mit Namen Rajaa Benamour[79], den man in einem Buch der Nahtodforscherin Penny Sartori findet[80].

Während eines Narkosezwischenfalls erlebte sie so etwas wie die Geburt des Universums, und das auf der Ebene der Quantenphysik. Nach ihrer Genesung konnte sie sich wider Erwarten umfänglich erinnern. Fasziniert von Quantenphysik, wollte sie ohne jede Vorbildung Physik auf Universitätsniveau studieren. Der Tutor der Universität, ein Physiker, bestätigte, dass die junge Frau sich bei ihm mit einigen eigenen Aufsätzen zur Quantenphysik vorgestellt habe. Ihr Wissen hatte ihn sprachlos gemacht, zumal sie das Fach zuvor nicht studiert hatte. Das sei eigentlich unmöglich, wie er sagte. Tatsächlich verstand er manches in ihren Ausführungen zunächst nicht. Erst später entdeckte er in neueren Veröffentlichungen die Bestätigung für alle theoretischen Ausführungen.

Manchmal werden in dieser Phase der Erfahrung zukünftige Ereignisse mitgeteilt, die tatsächlich eintreten. Das geschah unter anderem der Ärztin Mary Neal[81], die zwar zu ihren vier

Kindern zurückgeschickt wurde, aber während ihrer Nahtoderfahrung erfuhr, dass ein Sohn mit 18 Jahren sterben würde, was auch geschah. Außerhalb von Raum und Zeit scheint die Zukunft verfügbar zu sein, die auch in diesem Fall unabänderlich war. Davon werden wir noch öfter hören.

6. Die Erfahrung anderer Welten

Zwar ist der Ablauf einer Nahtoderfahrung wegen seiner Individualität kaum verbindlich festzulegen, aber wenn man in diese anderen Welten eintritt, ist sie schon weit fortgeschritten. Von diesem Erlebnis wird man deshalb kaum am Anfang hören, sondern fast immer als letztem Eindruck. Die Schilderungen sind ungeheuer vielfältig und lassen sich nicht wirklich einordnen.

Die Nahtoderfahrenden betreten in ihrer Geistwesenheit, oft begleitet von weiteren Geistwesen, eindrucksvolle Gebäude, etwa im Stil alter Universitäten, mit weisen Lehrern, Kugeln und Behältern voll mit Wissen. Die Gestalten werden fast durchweg wie von wallenden Gewändern umhüllt wahrgenommen. Unbekannte menschenartige Wesen erscheinen teilweise engelartig leuchtend. Landschaften mit Wiesen, Blumen, Bäumen, Städte aus Gold, überirdisch schön, werden beschrieben, alles ist hell leuchtend und transzendent.

Einige Erfahrende »sehen« wunderschöne Lichter, andere fantastische Räume oder hören himmlische Musik. Alles ist vertrauenerweckend, von vollendeter Harmonie und gesättigt mit Liebe. Soll diese Episode in Worten dargestellt werden, so merkt der Nahtoderfahrende wieder schmerzlich, dass die irdische Sprache dafür keine Worte hat. Die Schönheit, ja Magie der Umgebung, eingehüllt in ein unbeschreibliches Glücksgefühl, lässt verstärkt den Wunsch aufkommen, auf immer bleiben zu dürfen. Aber der Weg zurück steht nun unmittelbar bevor.

Hier wird deutlich, dass bei diesem Element der Nahtoderfahrung der Bereich absoluter Subjektivität erreicht ist. Das gilt sowohl in Bezug auf Inhalte als auch für die Vielfalt der Beschreibungen. Jegliche Zeugenschaft Dritter für diese Eindrücke scheidet logischerweise aus.

7. Negative Nahtoderfahrungen

Die allermeisten Nahtoderfahrungen werden als überwältigend positiv erlebt, ungeachtet dunkler Bereiche im Hintergrund und beiläufig verspürter Unsicherheit. Das schließt die eventuelle kritische Würdigung einzelner falscher Handlungen im persönlichen Lebenspanorama ein. Eine negative Erfahrung geht weit darüber hinaus. Mindestens 5 bis 10 Prozent der Menschen berichten eine derartige Erfahrung. Zwei Veröffentlichungen von Gracia Fay Ellwood und Nancy Evans Bush zusammen mit Bruce Greyson[82] haben zur notwendigen Klarheit über diese dunkle Seite beigetragen.

Die genannten Autoren halten die vorgeschlagenen Prozentzahlen derer, die eine Negativerfahrung machen, allerdings für sehr unsicher. Das mag zum einen daran liegen, dass man sich an etwas Schlimmes nicht erinnern will und deshalb lieber schweigt, zum anderen möglicherweise daran, dass tatsächlich viel weniger derartige Erfahrungen vorkommen. Es gibt einige Anhaltspunkte dafür, dass die negativen Erfahrungen eventuell mit der grundsätzlichen Lebenssituation oder der Todesart zusammenhängen könnten.

Fragt man nach den konkreten Umständen, so spielt mit großer Wahrscheinlichkeit die augenblickliche Befindlichkeit unbedingt eine Rolle, also ob man sich gerade wohlfühlt und mit sich im Reinen ist oder eher verzweifelt. Man denke an eine Depression oder an den Ausnahmezustand vor einem Suizidversuch. Die Ausgangssituation scheint die Art der Erfahrung mittelbar oder unmittelbar zu beeinflussen. Grundsätzlich jedoch ereignen sich negative Nahtoderfahrungen in demselben Umfeld eines erweiterten Bewusstseins wie die positiven, nur dass hier der Aspekt des Glücks und der Freude ins Hässliche, Beängstigende verkehrt ist.

Bei der negativen Nahtoderfahrung wird mit Eintritt in die außerordentliche Bewusstseinssituation gegebenenfalls auch die eigene Reanimation wahrgenommen. Aber im Gegensatz zum Positiverlebnis ist man erschrocken, seinen toten Leib so zugerichtet zu sehen und sich getrennt von ihm zu finden, während um einen herum vollkommene Leere herrscht oder sich dunkle oder schwarze bedrohliche Räume auftun. Wenn dann das Licht von irgendwoher kommt, wirkt es eher grell, angsteinflößend und verstörend. Die erschreckendste Form stellen zweifellos die höllischen Erfahrungen mit Feuer, Gewaltszenen und teuflischen Fratzenwesen dar. In dem Fall bekommt die Erfahrung beinahe apokalyptische Züge.

Zu den bereits angesprochenen negativen Erlebnissen bei Suizidversuchen gibt es die Schilderung einer schwerstkranken Frau, die auf einer Intensivstation bewusstlos wurde und zunächst eine sehr schöne, geistwesenhafte Nahtoderfahrung hatte. Sie traf auf ihren geliebten, lang verstorbenen Vater, der sie freundlich begrüßte, und war hochbeglückt, ihn zu sehen. Nach kurzem Zusammensein schickte er seine Tochter mit den hinlänglich bekannten Worten in ihren Körper zurück, dass ihre Zeit noch nicht gekommen sei. Aus dem schönen Erlebnis in ihren schmerzenden, schwachen Körper zurückgeworfen, will sie sofort wieder in die andere Welt. Sie beißt den Beatmungsschlauch durch und fällt erneut in Bewusstlosigkeit. Tatsächlich hat sie eine weitere Nahtoderfahrung, aber diesmal ist alles ganz anders. Die lichtvolle Umgebung zeigt sich grau, dunkel und abweisend. Der Vater ist zwar im Hintergrund zu sehen, aber er wendet sich ab und will nichts mit seiner Tochter zu tun haben.

Dann gibt es den Bericht von John W. Price, einem Pastor aus Houston, der sich seit 1969 mit dem Thema der Nahtoderfahrungen beschäftigt. Er kennt die Geschichte eines »erfolgreichen Drogendealers«[83], der viele Leben zerstört hatte. Ins

Gefängnis gesteckt, unternahm dieser einen Suizidversuch und fand sich in höllische Umgebung versetzt. Er berichtete Price darüber, dass ein »wie Tyrannosaurus Rex aussehendes Monster« seinen Leib aufschnitt, den ein anderes Monster dann umgehend zunähte. Die unvorstellbar schmerzhafte Prozedur wiederholte sich ein ums andere Mal. Der Dealer dachte, das wäre unbedingt die Hölle. Als er in seiner Not um göttlichen Beistand flehte, konnte er überraschend ins Leben zurückkehren, mit der Maßgabe, sich zu bessern.

Sind die beiden Beispiele als Hinweis zu bewerten, dass ein Suizidversuch etwas mit belastenden Erfahrungen zu tun haben könnte? In dem konkreten Fall könnte man das sicher so verstehen. Aber das gilt mangels Studien zu dem Thema nicht als wissenschaftlich gesichert. Das Erleben der Nahtoderfahrung scheint jedenfalls darauf abzuzielen, Einsichten über die persönliche Lebensführung zu gewinnen, wie auch der folgende Bericht belegt.

Aus Nordsyrien, aus der Nähe von Ayyash am Euphrat, wurde das Nahtoderlebnis eines IS-Kämpfers[84] bekannt. Den hatten dort ansässige Dominikanermönche beim Aufräumen eines Schlachtfeldes gefunden. Wegen ihrer christlichen Grundhaltung hatte man sie für hervorragend dazu geeignet gehalten, die Leichen aufzusammeln. Aber ein Totgeglaubter zeigte trotz mehrerer Schusswunden während des Abtransports plötzlich Lebenszeichen und berichtete nach Besserung seines Zustandes eine schreckliche Nahtoderfahrung. Das erwartete Paradies war ihm verschlossen geblieben. Er musste sowohl alle Schmerzen erdulden, die er anderen zugefügt hatte, als auch die von ihm verübten Enthauptungen aus der Perspektive seiner Opfer und durch deren Augen erleben. Den immer noch nachwirkenden Schrecken vermochte er kaum zu verbergen. Während des Nahtoderlebnisses vor die Wahl gestellt, endgültig zu sterben und zu leiden oder zu leben und sich zu bessern, entschied er sich für das Leben.

Wie nach solchen Erfahrungen üblich, heilten seine Wunden

in erstaunlich kurzer Zeit. Angeblich ist er konvertiert und hat sich den Mönchen angeschlossen.

Das Beispiel ist trotz einer Nachrichtenagentur als Quelle noch nicht bis ins Letzte verifiziert. Daran jedoch, dass eigene Untaten bis in die Tiefe erlebt werden, besteht eingedenk der Inhalte diverser Lebensrückblicke und dieser Beispiele kein Zweifel. Raymond Moody teilte diese Auffassung, als er einmal äußerte, dass er sich nicht vorstellen wolle, welche »Hölle« Nazi-Mörder zu durchleben gehabt hätten.

Wenn man diesen Gedanken im Hinblick auf eine imaginäre göttliche Gerechtigkeit wendet, so kann man daraus ableiten, dass die »Fegefeuer« der Religionen etwas sind, für das wir durch unser Tun und Lassen ganz allein verantwortlich sind. Allerdings darf in dem Zusammenhang nicht unerwähnt bleiben, dass es auch Beispiele von Schwerverbrechern gibt, die ein eher positives Erlebnis hatten. Grundsätzlich bleibt im Hinblick auf die Berichte aller Nahtoderfahrenden festzustellen, dass über das bisherige Leben bilanziert wird und man am Ende irgendwann seinen Frieden mit sich und der Welt macht. Jedenfalls gibt es in keiner der vielen Schilderungen einen Anhaltspunkt für so etwas wie ewige Verdammnis, sehr wohl aber wiederholt für dunkle, belastende Bereiche.

Ob negative Erfahrungen scheinbar grundlos, auch ohne vorhergehendes irdisches Fehlverhaltens auftreten, ist bislang nicht bekannt. Zudem ist der Einfluss einer Hirnschädigung bei Koma bislang ungeklärt, wenngleich es eine Untersuchung von Vanessa Charland-Verville an hirntraumatisierten Patienten gibt, bei der negative Erscheinungen öfter aufzutreten schienen.[85] Die untersuchte Gruppe war aber zu klein für eine endgültige Aussage. Ebenso gibt es Hinweise darauf, dass das Erleben einer negativen Nahtoderfahrung zu Symptomen einer posttraumatischen Belastungsstörung führen kann, was auf die Bedeutung einer psychologischen Nachbetreuung hinweist.[86] Hier sind etliche Fragen offen, die durch weitere Studien untersucht und geklärt werden müssten. Einstweilen kann man nur konstatieren, dass es die guten wie die negativen Erfahrungen gibt und dass die einen häufig und die anderen nicht so selten sind, wie man vielleicht hofft.

8. Die »Grenze«

Wie der Begriff nahelegt, kommen wir ans Ende der Nahtoderfahrung. Man darf sich diese Art von Grenze jedoch nicht wie einen Schlagbaum oder etwa ein Grenzschild vorstellen. Jeder erfährt sein Grenzzeichen auf individuelle Art. Mancher erkennt sie als einen Zaun, ein Tor, eine Linie, einen Graben, eine Schlucht, einen Fluss, einen Nebel oder einfach nur als ein unbestimmtes Gefühl, ein Spüren, dass man nicht weitergehen darf. Ich erinnere an die Worte des tauben Jungen: »Dann kam ich an eine Grenze. Selbst mir mit meinen 10 Jahren musste das niemand erklären. Mir war einfach klar, dass ich nie wieder zurückkehren könnte, wenn ich diese Grenze überschreiten würde.« Seine Worte sind eindeutig und überzeugend.

Vielen Nahtoderfahrenden wird von den sie begleitenden Geistwesen, verstorbenen Angehörigen, verstorbenen Freunden oder engelhaften Lichtwesen direkt und wortwörtlich telepathisch mitgeteilt: »Du kannst nicht hierbleiben. Deine Zeit ist noch nicht gekommen.« Vielfach mit der Begründung: »Du hast auf Erden noch eine Aufgabe.« Besonders Mütter hören wiederholt den direkten Hinweis auf wartende Kinder und Familie, um die Einsicht in die notwendige Rückkehr zu erleichtern. Dafür gibt es viele Beispiele. So geschehen bei der erwähnten Ärztin Mary Neal[87] oder bei Pam Reynolds, die beide wieder zu ihren Kindern sollten.

Einige gehen bewusst zurück, weil sie selbst an ihre Kinder oder den Ehepartner denken. Aber auch Kinder denken an die traurigen Eltern, an eine zurückbleibende Mutter[88]. Oft wird man jedoch auch einfach so zurückgeschickt oder hineingezogen in den Körper. Welche Aufgabe man im Einzelfall auf Erden hat, wird nicht jedem konkret gesagt und bleibt so verborgen. Aus Indien wurde sogar die Merkwürdigkeit einer Namensverwechslung berichtet, die zur sofortigen Rückkehr führte. Es hat nie ein Überschreiten der Grenze gegeben, was den Schluss zulässt, dass nach Passieren derselben der irdische Körper unerreichbar wird.

Eine Frage eher philosophischer Art drängt sich zum Abschluss des Kapitels auf: Wenn man mit der Begründung zurückgeschickt wird, dass man noch nicht dran sei und eine Aufgabe warte, was bedeutet das für jene, die hier auf Erden leben? Könnte es sein, dass alle Lebenden eine Aufgabe haben und nur aus diesem Grund in ihrem Erdenleben festgehalten werden? Die Antwort auf diese Frage muss jeder für sich allein finden und sie wird sich erneut im Anschluss an das Kapitel mit den exemplarischen Nahtoderfahrungen stellen.

9. Die Rückkehr in den Körper

Der Eintritt in den Körper erfolgt ebenso abrupt wie der Austritt. Schlagartig werden Körperschwere oder Kältegefühl etwa nach OP mit Unterkühlung oder nach Beinahe-Ertrinken im Eiswasser empfunden. War man soeben noch federleicht und schmerzfrei, sind jetzt alle Schmerzen einer vorangegangenen Verletzung durch Unfall oder infolge einer bestehenden schweren Erkrankung wieder da. Gerade kam man aus himmlischer Umgebung und sieht sich nun mit der unveränderten irdischen Enge und der banalen Wirklichkeit konfrontiert. Die Erinnerung an die zurückliegende Erfahrung ist durchweg noch sehr lebhaft präsent und hat stärkste Empfindungen hinterlassen. Kurz gesagt: Je intensiver und schöner das Nahtoderlebnis war, desto komplizierter wird es, in die alte Welt zurückzufinden. Man denke an Pim van Lommels oder auch meine erste Begegnung mit Nahtoderfahrenden. Die von uns wiederbelebten Patienten waren nicht begeistert von ihrer Rückkehr ins Leben.

IV. Leben mit der Nahtoderfahrung und exemplarische Erfahrungen

1. Leben mit der Nahtoderfahrung

Um den Vorgang eines solchen Erlebens in seinem ganzen Ausmaß zu begreifen, muss man sich klar darüber werden, dass es sich bei jeder Nahtoderfahrung um ein zutiefst traumatisches Erlebnis handelt, das die Persönlichkeit grundlegend verändert. Dabei ist es bedeutungslos, ob der Inhalt der Erfahrung nun beglückend oder doch eher bedrückend war. Die Qualität des Erlebens, so leicht über alle Horizonte hinausgetragen worden zu sein, und dann das Zurück in die scheinbare Schwere des Körpers, das bedeutet im Leben des betroffenen Menschen einen gewaltigen Bruch, der in jedem zukünftigen Moment präsent bleibt. Ausführlich beschreibt Sabine Mehne in ihrem Buch »Licht ohne Schatten«[89], wie schwer sie sich nach ihrer Nahtoderfahrung im Umgang mit ihrem Körper tat, den sie wie ihr Erdenleben nur noch als einengend empfand.

Besonders unmittelbar nach der Rückkehr kommt es nicht selten aufgrund der Nachwirkungen der ungeheuren Schönheit des Erfahrenen zu lang andauernden depressiven Zuständen. Zudem fühlen sich die Menschen mit ihrem Erlebnis vollkommen isoliert, denn wem kann man davon erzählen? Nicht nur, dass einem wahrscheinlich niemand glauben wird, man muss darüber hinaus vielmehr damit rechnen, für verrückt gehalten zu werden oder man glaubt am Ende sogar selbst, dass etwas mit einem nicht stimmt. Dabei hat man doch alles real erlebt. So fühlen die Nahtoderfahrenden sich häufig fremd und fehl am Platz. Ihre echte, wahre Existenz liegt zu einem wesentlichen Teil in dieser anderen Welt. Das irdische Umfeld erscheint ihnen mitunter wie provisorisch. Erfüllt von dem Gefühl, in vollendet liebevoller Umgebung gewesen zu sein, verschieben sich die Wertvorstellungen zum Menschlichen hin. Das Streben nach den üblichen Lebenszielen – Erfolg, Geld und Besitz – ist nicht mehr stimmig.

Die Lebenspartner stehen den Veränderungen meist ratlos oder oft sogar ablehnend gegenüber. Glaubte man einen Menschen eben noch gut zu kennen, so reagiert dieser nun ganz anders als gewohnt. Der Nahtoderfahrende Al Sullivan sagte: »Meine Frau will nichts davon hören. Sie will überhaupt nichts über meine Erfahrung hören. Sie sagt, sie hat einen liebenswerten, lustigen, fleißigen Kerl geheiratet, keinen Propheten aus dem Alten Testament.«[90] Mehr als jede wortreiche Beschreibung es vermag, erlaubt diese Bemerkung das Ausmaß der Veränderung zu verdeutlichen, die bei Nahtoderfahrenden vor sich geht. Die Scheidungsrate schnellt bis auf erstaunliche 70 Prozent nach oben.[91]

Margret Atwater[92] hatte selbst mehrere Nahtoderfahrungen und forschte lange Jahrzehnte intensiv zu dem Thema. Sie stellt fest, dass eine solche Erfahrung ausnahmslos lebensverändernd ist, und zwar tatsächlich für die gesamte Lebenszeit. Diesen Aspekt nimmt auch die Internationale Organisation für Nahtoderfahrungen ausdrücklich auf und betont, dass die Nacheffekte der Nahtoderfahrung nicht nur lebenslang andauern, sondern sogar noch zunehmen können. Es gibt also ein Leben vor der Nahtoderfahrung und eines danach, welches erst einmal gefunden und dann mit den neuen Erkenntnissen gelebt werden muss. Viele benötigen dazu über Jahre die Hilfe eines Psychotherapeuten. Andere lesen sich zusätzlich durch alle Literatur, um eine Erklärung und einen Weg zu finden, so zum Beispiel Sabine Mehne oder Bo Katzman. Von beiden wird im Rahmen exemplarischer Nahtoderfahrungen noch die Rede sein.

Ein paar Gesichtspunkte, die mit paranormalen Fähigkeiten nach einer Nahtoderfahrung zu tun haben, will ich hier nur kurz anreißen. Sie treten relativ häufig in verschiedensten Formen auf. Da gibt es eine erhöhte Sensibilität für Empfindungen von Mitmenschen, die teilweise bis ins Hellseherische reichen. Man weiß, was das Gegenüber sagen wird, oder liest sogar seine Gedanken. Vereinzelt haben die Menschen dann die quälende Gabe, den bevorstehenden Tod anderer durch einen Lichtschein an ihrem Äußeren zu erkennen. In meiner friesischen Heimat gab es in meiner Kindheit einen Mann, dem man das nachsagte.

Manchmal verbleibt auch Gutes, wie die Fähigkeit, heilen zu können oder für andere Menschen günstige Voraussagen zu treffen. In einem mir bekannten Fall war der Vorhersagende als Kind im Bombenhagel des Zweiten Weltkrieges lebensbedrohlich verschüttet worden und entdeckte als Erwachsener bei sich zufällig diese seherische Gabe. In zwei Fällen sagte er große Lottogewinne in einem bestimmten Zeitraum vorher, und sie traten tatsächlich ein. Die minimale Wahrscheinlichkeit für einen solchen Gewinn ist bekannt. Wer mehr erfahren will, mag das Buch von Ulrich Warnke »Quantenphilosophie und Spiritualität«[93] oder von Dean Radin »Supernormal«[94] lesen, die sich mit dem Thema wissenschaftlich auseinandersetzen.

2. Exemplarische Nahtoderfahrungen

Im Zusammenhang mit der Auflistung der verschiedenen Elemente von Nahtoderfahrungen wurden bereits etliche Beispiele angeführt. Sie sollten spezielle Einzelheiten beleuchten und dienten der Einführung in die Materie. Für das Gesamtbild erscheint es mir unerlässlich, einige vollständige Erlebnisberichte vorzulegen und nicht nur Bruchstückhaftes. Zu diesem Zweck werden gut dokumentierte, exemplarische Fälle angeführt, die durch die Umstände und ihren Ablauf besonders beeindruckend waren und daher größeres Interesse auf sich gezogen haben. So kann ein Gesamteindruck vom vollständigen Ablauf einer Nahtoderfahrung entstehen, wie ihn die Betroffenen subjektiv empfinden.

Die erste Schilderung fällt jedoch gleich ein wenig aus dem

Rahmen, weil sie generell nicht als Nahtoderfahrung wahrgenommen wird. Es geht um das Damaskus-Erlebnis oder die sogenannte Bekehrung des Saulus zum Paulus. Aber das nicht als Nahtoderfahrung zu werten, halte ich für einen Irrtum, der sich aus medizinischer Sicht sogar schlüssig widerlegen lässt. Schon 1999 hatte Herbert Knoblauch[95] in Paulus einen Kandidaten für eine Nahtoderfahrung erkannt. Auch Bo Katzman, dessen Nahtoderfahrung weiter unten geschildert werden wird, stimmte mit mir darin überein, dass die Paulus-Geschichte aus seiner Sicht ein solches Erlebnis darstellt. Versuchen wir also eine Analyse der Umstände, wie sie im Neuen Testament geschildert werden.

a) Paulus – Drei Tage im Koma

Vor knapp 2000 Jahren befand sich eine Reihe von Männern auf dem Weg von Jerusalem nach Damaskus. Ihr Anführer war der mächtige jüdische Pharisäer Saulus, der sich als brutaler Christenverfolger einen Namen gemacht hatte. Man darf ihn etwa im Rang eines Generals ansiedeln, ausgestattet mit römischem Bürgerrecht, das ihn in Palästina unantastbar machte. Er erkannte seine Aufgabe darin, die Anhänger einer neuen Sekte von Gotteslästerern zu vernichten, die sich nach ihrem gekreuzigten Anführer Christen nannten. Diesmal führte ihn sein Auftrag ins 320 Kilometer entfernte Damaskus, wo sich eine namhafte Anzahl von ihnen befinden sollte.

Ich selbst war im Jahr 2015 oben auf dem Golan an der syrischen Grenze, mit Blick auf den Horizont in Richtung Damaskus. Man sieht unter sich eine von der Sonne verbrannte Landschaft, die man sich baumarm und wüsten- bis steppenartig vorstellen muss. Für Saulus und seine Männer war der Weg unter damaligen Bedingungen sicherlich eine außerordentliche Herausforderung. Auch heute, mit modernen Fortbewegungsmitteln, ist die Strecke lang und beschwerlich. Vielleicht hatte Saulus Pferde oder Esel dabei. Man weiß es nicht genau.

Nach etlichen Reisetagen kommt es vor Damaskus zu einem

Zwischenfall. Es ist gegen Mittag, zur heißesten Zeit, als Saulus plötzlich von einem Licht »umleuchtet« wird. Er stürzt fast zeitgleich zu Boden, und aus dem Licht hört er eine Stimme fragen: »Saul, Saul, was verfolgst du mich?« Saulus ist zutiefst verwirrt und spricht ins Licht: »Herr, wer bist du?« Die Antwort lautet: »Ich bin Jesus, den du verfolgst.« Mit Zittern und Zagen, so heißt es, fragt der soeben noch mächtige Mann zurück: »Herr, was willst du, dass ich tun soll?« Und ihm wird bedeutet, in die Stadt zu gehen: »Da wird man dir sagen, was du tun sollst.«

Der von dem Ereignis offenbar schwer mitgenommene Saulus kann nicht mehr ohne Hilfe weiter. Er muss geleitet werden und mindestens gestützt, aber vermutlich wird er sogar nach Damaskus hineingetragen. Drei Tage ist er blind und taub und wird nichts essen und trinken. Was war das für ein Sturz? Und wie ist die darauffolgende massive Schwäche zu deuten?

Die Medizin hat sich lange auf Epilepsie als Ursache festgelegt, aber das war in Kenntnis der Symptome und der Vorgeschichte kein epileptischer Anfall. Wesentliches passt einfach nicht. Denn was zeichnet einen solchen Anfall aus? Eine Erinnerungslücke, eine Amnesie über das jeweilige Anfallsgeschehen! Es gilt geradezu als diagnostisches Kriterium für eine Epilepsie, nichts zu erinnern. Saulus erinnert die Einzelheiten seines Erlebnisses klar und deutlich. Ein epileptischer Anfall erlaubt das nicht. Zwar wurde in 2018 über seltene Déjà-rêvé-Epilepsien berichtet, bei denen im Anfall Traumbilder aus der Vergangenheit auftauchten. Aber es gibt absolut nichts Neues, nichts dem Saulus Vergleichbares, schon gar keine Lichterscheinung mit einer Botschaft. Sehr wohl kennen wir hingegen solche Botschaften von Nahtoderfahrungen. Was käme alternativ als Diagnose infrage?

Die Männer hatten immerhin mehr als 300 Kilometer Weg von Jerusalem nach Damaskus hinter sich. Auf dem Marsch war es sicher sehr heiß. Wie wir aus dem Text erfahren haben, geschahen der Sturz und die Lichterscheinung um die Mittagszeit bei höchsten Temperaturen. Handelte es sich eventuell um einen Hitzschlag? Einen Exsikkose-Kollaps, ausgelöst durch zu geringe Flüssigkeitsaufnahme? Eine totale Erschöpfung mit Kollaps? Alle drei Ursachen oder eine Kombination aus allen dreien käme nach der Vorgeschichte infrage.

Eine logische Annahme wäre daher, dass Saulus zuerst auf die Erde fiel und dann mit dem Licht Bekanntschaft machte. Sicher konnte er sich danach nicht allein erheben. Nachfolgend wird nämlich beschrieben, dass er bei seiner Ankunft in der Stadt nicht ansprechbar war und drei Tage keine Nahrung oder Flüssigkeit zu sich nehmen konnte. Den Zustand kennen wir gewöhnlich von Intensivstationen, wenn es einen lebensbedrohlichen Zusammenbruch gab, aufgrund welcher Ursache auch immer. So etwas nennt die moderne Medizin ein Koma. Es grenzt an ein Wunder, dass Saulus diese existenzielle medizinische Krise ohne Flüssigkeitsaufnahme überhaupt überlebt hat. Aber von Überlebenswundern nach einer Nahtoderfahrung ist in diesem Buch ja hinreichend berichtet worden. Insofern ist das nicht wirklich überraschend.

Das eigentlich Unfassliche geschieht anschließend und unterstreicht die Annahme einer echten Nahtoderfahrung: Die lichtvolle Botschaft hat den Saulus zutiefst erschüttert, und er beschließt, eine einschneidende Lebensveränderung vorzunehmen. Der mächtige, hochangesehene, wohlhabende Saulus, mit römischem Bürgerrecht und allen denkbaren Privilegien ausgestattet, nur dem Kaiser in Rom untertan, gibt umgehend alle Ämter und allen Besitz auf. Saulus steigt aus seinem Beruf aus, aus dem Leben eines Reichen, aus seiner Religion als Pharisäer und ultraorthodoxer Jude. Er ändert sein Leben komplett. Da macht sich ein Mann quasi ohne Not vogelfrei. Wie intensiv musste dieses Erlebnis auf ihn gewirkt haben?

Nicht einmal seinen Namen will er behalten. Paulus nennt er sich ab sofort und wird einfacher Prediger für die Sache derer, die er eben noch gnadenlos verfolgt und getötet hat: »Saulus aber schnaubte mit Drohen und Morden wider die Jünger des Herrn.«[96] So hatte es über ihn noch vor dem Aufbruch nach

Damaskus geheißen. Man darf annehmen, dass ihn sein römisches Bürgerrecht ein wenig vor Nachstellungen schützte. Dennoch folgten ein paar Mordversuche ehemaliger Weggefährten gegen ihn, die die Wende vermutlich nicht verstanden.

Aber Paulus hatte während der Erfahrung unmissverständlich seinen neuen Beruf zugewiesen bekommen. Er selbst spricht ab sofort davon, dass er »zum Apostel berufen, nicht von Menschen oder durch einen Menschen, sondern durch Jesus Christus und durch Gott, den Vater, der ihn von den Toten auferweckt hat«[97]. Es scheint ihm also durchaus bewusst gewesen zu sein, dass er praktisch tot gewesen war.

Zwar ändern durchweg alle Menschen nach einer Nahtoderfahrung ihr Leben von Grund auf, und meist erkennen sie ihre Mitmenschen als Aufgabe, aber eine so fundamentale Lebensänderung wie die des Saulus zum Paulus ist mehr als außergewöhnlich. Auch heute noch erscheint so ein Wandel nachgerade unvorstellbar. Das stützt die Annahme einer Nahtoderfahrung nachhaltig.

Was mich ebenfalls überzeugt, steht in einem kurzen Text im 1. Korintherbrief. Dort schreibt der gewandelte Paulus: »Wir sehen jetzt durch einen Spiegel in einem dunklen Bild; dann aber von Angesicht zu Angesicht. Jetzt erkenne ich stückweise, dann aber werde ich erkennen, gleichwie wie ich erkannt bin.« Präziser und prägnanter kann man eine Nahtoderfahrung kaum umschreiben.

Nach Abwägung aller Argumente, gestützt auf medizinische Kriterien der Diagnostik und mit Blick auf die Lebensveränderung, ist das Damaskus-Erlebnis des Paulus mit an Sicherheit grenzender Wahrscheinlichkeit als Nahtoderfahrung einzustufen. Deshalb muss man in Zweifel ziehen, dass die Gefährten angeblich auch etwas gehört hatten, wie es in der Apostelgeschichte erzählt wird. Das widerspräche den Erkenntnissen zu Nahtoderfahrungen und dürfte zeitgenössischem Fabulieren zuzuschreiben sein.

Bis vor nicht allzu langer Zeit konnte man beim Aufsuchen

der Website der »Deutsche Gesellschaft für Epileptologie« nachlesen, dass der Apostel Paulus bei seinem Damaskus-Erlebnis einen epileptischen Anfall hatte. Im Jahr 2017 schrieb ich einen Brief an die Gesellschaft mit der obigen medizinischen Begründung, dass Paulus eigentlich keinen epileptischen Anfall gehabt haben kann. Zwar erhielt ich keine Antwort, aber man findet den Eintrag nun nicht mehr auf der Website.

b) George Ritchie – Der Ring am Finger

Wie schon erwähnt, wurde Raymond Moody durch einen Vortrag von George Ritchie[98] zu seiner berühmten Untersuchung veranlasst. 1943 war der 20-jährige Ritchie in die Armee eingetreten. Er hoffte, während seiner Militärzeit ein Medizinstudium absolvieren zu dürfen und verletzten Soldaten zu helfen. Der für ihn wichtige Studienbeginn in der Stadt Richmond stand unmittelbar bevor, als Ritchie lebensbedrohlich an einer Lungenentzündung erkrankte. Zu der Zeit befand sich die Herstellung von Antibiotika wie Penicillin gerade im Anfangsstadium, sodass die Behandlung vorwiegend in Fiebersenkung und Bettruhe bestand. Bei einem Kontrollgang auf der Isolierstation, wo Ritchie lag, konnte bei ihm kein Herzschlag oder Puls mehr festgestellt werden, und er wurde für tot erklärt. Man breitete ein Laken über ihm aus, und das wäre das Ende für den jungen Mann gewesen, hätte nicht ein Pfleger aus Mitleid noch einmal nach dem Toten geschaut und das merkwürdige Gefühl gehabt, als hätte sich die eine Hand bewegt. Er rief nach dem Arzt, der gerade den Totenschein fertigmachte, und bat diesen, es doch mit einer Adrenalinspritze direkt ins Herz zu versuchen. Das war ohne Defibrillatoren in derartigen Fällen gängige Praxis. Ungewöhnlich genug, dass ein Pfleger einen Arzt zum Handeln aufforderte, kam dieser dem Wunsch dennoch umgehend nach. Das Spritzenset wurde geholt, und der Arzt drückte das Medikament mit einer langen Nadel zwischen den Rippen hindurch direkt ins Herz, worauf es tatsächlich wieder zu schlagen begann. So kehrte George Ritchie ins Leben zurück. Da waren aber ausweislich des Krankenblattes schon mindestens 9 Minuten vergangen, in denen er ohne Herzschlag und damit ohne Hirndurchblutung tot gewesen war. Diese 9 Minuten wurden für ihn die bedeutendsten seines Lebens.

Ritchie wusste zunächst nicht, dass er gestorben war. Er glaubte sich körperlich aus seinem Bett zu erheben, sah eher gleichmütig eine mit einem Laken zugedeckte Gestalt auf dem Bett liegen, das er soeben verlassen hatte. Er dachte nur daran, dass er jetzt doch zum Studienbeginn nach Richmond müsse, während er zugleich seine Kleidung suchte, die sämtlich verschwunden war. Als er sich aus dem Zimmer bewegte und auf dem Flur einen Vorgesetzten um Hilfe ansprach, hörte und sah der ihn nicht, vielmehr ging er unerklärlicherweise irgendwie durch ihn hindurch. Das irritierte Ritchie sehr. Er musste doch sein Studium aufnehmen.

Im Gedanken an Richmond und die Universität verließ Ritchie unversehens das Hospital, flog vogelgleich über Landschaften hinweg in eine große Stadt und fand sich auf dem Gehsteig vor einem Café wieder. Auch dort wurde auf seine Stimme von den Passanten, die er ansprach, nicht gehört, und es konnte ihn offenbar niemand leiblich sehen. Verzweifelt wollte er seine Hand auf die Schulter eines Vorbeigehenden legen, aber sie ging durch dessen Körper einfach hindurch. Jetzt dämmerte Ritchie etwas. »Und plötzlich erinnerte ich mich an den jungen Mann, den ich im Bett in dem kleinen Krankenzimmer gesehen hatte. Wie, wenn das womöglich ... ich gewesen wäre?«[99] Er eilte in seiner Geistwesenheit unverzüglich zurück ins Hospital und hatte die größte Mühe, seinen Körper wiederzufinden. Er blickte in verschiedene Räume, in denen abgedeckte Körper lagen, aber welcher war der seine? Zum Glück schaute unter einem Laken eine Hand hervor und Ritchie erkannte den Ring am Finger, seinen Ring. Doch der Träger des Ringes dort unter ihm im Bett war tot. So kennen wir das von außerkörperlichen Erfahrungen: Der Körper wird dem Geistwesen während der Nahtoderfahrung umgehend fremd.

»Aber ich war doch nicht tot! Wie konnte ich tot sein und gleichzeitig hellwach? Ich dachte. Machte Erfahrungen. Der Tod war etwas anderes. Tod war … ich wusste es einfach nicht. Verbleichen. Nichts.«[100] Ritchie erlebte sich schließlich vollkommen intakt und absolut hellwach, nur ohne seinen leiblichen Körper, in dem er sich sonst bewegte. Wie wahnsinnig versuchte er an dem Bettlaken herumzureißen und es zurückzuziehen, um die Gestalt darunter im Bett zu enthüllen. War er das oder doch nicht? Aber alle seine Anstrengungen bewirkten nicht einmal die geringste Luftbewegung in dem kleinen Raum. »Voller Verzweiflung sank ich letztlich vor dem Bett nieder. Oder besser gesagt, ich tat es im Geiste. … War das der Tod? Die Trennung eines Teiles der Persönlichkeit von dem Rest? Ich war mir nicht sicher.«[101] Dann begann sich auf einmal das Licht in dem kleinen Raum zu verändern. Er merkte, wie es immer heller wurde, viel heller, als es vorher gewesen war: »Alle Glühbirnen dieser Station konnten nicht so viel Licht ausstrahlen. Alle Birnen der Welt konnten es nicht. Es war unmöglich hell: Es war wie das Licht von einer Million Schweißbrennern, die auf einmal arbeiteten.«[102]

Ebenso wie die Nahtoderfahrenden vor und nach ihm stellt Ritchie erstaunt fest, dass das blitzhelle Licht seinen Augen nicht wehtut. Da löst sich aus dem Licht eine hellleuchtende Gestalt, die ihn mit bedingungsloser Liebe überstrahlt. Er identifiziert sie als Jesus, der ihm sodann diese jenseitige Welt zeigt. Der magisch schönen Ansicht mit so etwas wie einem Himmel steht eine Art dunkle höllische Umgebung gegenüber, in der Menschen verzweifelt kämpfen und leiden. Und wieder erinnert man sich an »Die göttliche Komödie« mit Dante Alighieris Beschreibung der Unterwelt.

Als Nächstes wird Ritchies Leben in allen Einzelheiten vor ihm ausgebreitet. Was gut war und was schlecht war, alles ausschließlich unter dem Gesichtspunkt beurteilt, ob es in liebevoller Absicht geschah oder nicht. Dabei hat er das Gefühl, als würde er gefragt und solle sein Leben selbst mitbewerten, ohne dass er dabei auf irgendeine Weise für etwaiges Fehlverhalten verurteilt wird. Während der ganzen Zeit leuchtet das Licht der Jesusgestalt beruhigend und stärkend um ihn. Als es langsam zu schwinden beginnt und er in seinen Körper zurückkehren soll, will er in der schönen Welt bleiben. Aber auf einmal spürt er unvermittelt seine Hände, und tastend findet er den Ring an seinem Finger. Er ist zurück im Leben, obwohl er laut Krankenbericht 9 Minuten vorher für tot erklärt worden war. Dann bricht die Dunkelheit über ihn herein.

Wie üblich nach Herzstillstand mit einer Nahtoderfahrung war Ritchie in den nachfolgenden Tagen weitgehend bewusstlos. Überflüssig festzustellen, dass er seine Krankheit ohne irgendwelche Folgen für das Gehirn überstand. So kennen wir das von den Rückkehrern vom Tod. Als er Monate später zum Studium in Richmond eintrifft, findet er tatsächlich die Straße mit dem Café, vor dem er bei seiner Nahtoderfahrung gelandet war. Ritchie wurde Arzt, dessen einziges Bestreben es war, den Menschen zu helfen und möglichst vielen von seiner wunderbaren Reise und Heilung zu berichten.

c) Bo Katzman – Zwei Minuten Ewigkeit

»Hätte ich geahnt, dass ich an diesem Tag Gevatter Tod ins Auge blicken würde, wäre ich wohl gar nicht erst aufgestanden.« So beginnt der bekannte Schweizer Musiker Bo Katzman, der so heißt, weil er in jungen Musikerjahren mit Lederjacke und einer Katze auf der Schulter herumlief, seine tiefgehende Autobiografie »Zwei Minuten Ewigkeit«.[103] Darin schildert er sein außerordentlich vielschichtiges Nahtoderlebnis, welches viele übliche Elemente beinhaltet. Einige Veränderungen bemerkt er erst viele Monate später. Sie setzten sich lange über das Erlebte hinaus fort.

Eigentlich sollte Katzman an dem besagten Tag zu einem Seminar in die Universität. Aber verlockt durch wunderbares Wetter, lenkte er sein Motorrad kurzerhand in die Berge. Hinter einer unübersichtlichen Kurve erwartete ihn ein Stau, in den er ungebremst hineinraste. Samt Motorrad fand er sich unter einem großen amerikanischen Wagen wieder. Weil seine Rippen sich in die Lunge gebohrt hatten, konnte er nicht mehr atmen. Er verspürte starke Schmerzen. Panik und Todesangst überfielen ihn. So jung war er noch und sollte schon sterben. Aber dann öffnete sich für ihn, wie er sagt, ein »Zeitfenster«, in dem alles stillstand, nur er allein konnte sich darin bewegen. Er durchlebte sein gesamtes bisheriges Leben bis in kleinste Einzelheiten noch einmal. »Jeden Gedanken, jeden Geruch, jedes gesprochene Wort und jeden Traum erlebte ich noch einmal, aber nicht etwa in einem Zeitraffer, sondern in voller Länge und Intensität. (...) Ich war also zwei Personen: eine, die das Ganze erlebte, und eine, die es beobachtete, zugleich war es ein und dieselbe Person.«[104]

Zu Beginn der Lebensrückschau nahm er ein »liebevolles Wesen« neben sich wahr, das ihn begleitete. Er konnte es zwar nicht sehen, aber ganz deutlich spüren. Ähnlich wie Ritchie wurde er telepathisch von dem Wesen gefragt, was er denn nun von den 20 Jahren seines Lebens hielte? Ernüchtert stellte Bo Katzman fest, dass er nicht allzu viel hinbekommen hatte und erhielt statt einer tadelnden Antwort so etwas wie ein verständnisvolles Lächeln. Kein Verweis, keine Strenge oder gar Strafandeutung für Fehlverhalten, vielmehr sollte er aus dem Rückblick Einsichten gewinnen, um es in Zukunft besser zu machen. Während dieser Momente wusste er sich ganz und gar von einer ungeheuren Liebe umfangen. Dann schloss sich das Zeitfenster und er lag wieder unter dem Auto. Er hörte das Signal des Notarztwagens, der den nunmehr Bewusstlosen ins Krankenhaus transportierte.

Als er erwachte, befand er sich in einer außerkörperlichen Erfahrung, oben über einem Operationstisch. Dort unter ihm lag sein lebloser Körper in tiefer Narkose, zu dem er keine Beziehung mehr hatte. »Das war nicht ›ich‹«, so schreibt er. Wie viele Nahtoderfahrende vor ihm, konnte auch er aus seiner erhöhten Position alles gestochen scharf sehen und neben den gesprochenen Worten die Gedanken aller Anwesenden »hören«, als würden sie laut ausgesprochen. Auf einmal nahm er eine große Hektik unter sich wahr und hörte den Professor nach einem Defibrillator rufen, weil das Herz des Patienten auf dem OP-Tisch aufgehört hatte zu schlagen. »Jetzt hat es ihm die Pumpe abgestellt!«

Katzman beunruhigte das gar nicht. Er wusste, dass er tot war, und fühlte sich großartig. Das wollte er dem Professor gern mitteilen. Alles sei gut und er solle ihn einfach in Ruhe lassen. Als der ihn offenbar nicht hörte, versuchte er ihn am Arm zu greifen, aber seine Hand ging buchstäblich durch den Arzt hindurch. Natürlich, dachte Katzman, er hatte ja gar keinen Körper mehr.

Dann verließ er den OP-Saal nach oben, hinein in einen hellgrauen Nebel von Allwissenheit, wo er sich als Teilchen eines universellen Bewusstseins außerhalb von Zeit und Raum erfuhr. Von irgendwo schien ein Licht auf, das immer stärker und leuchtend hell wurde. Er fühlte dieses Licht, das von einer Wesenheit ausging, bestehend aus vollendeter Liebesenergie ungeheuren Ausmaßes. Er konnte nichts genau wahrnehmen vor lauter Licht und Liebe. Aber: »Ich erkannte, dass meine langfristige Aufgabe darin bestand, im Verlauf von Äonen mein Liebesgefäß so zu vergrößern und meine Liebesfähigkeit zu entwickeln und zu steigern, dass ich irgendwann mit dieser Liebesquelle verschmelzen könnte. Ich hatte den Sinn des Lebens entdeckt.«[105] Liebe als Sinn des Lebens, so empfand er die Lichterscheinung. Zurück im Körper, dauerte es lange Monate, bis Katzman wiederhergestellt war. Dank der Nahtoderfahrung wurde auch er körperlich ganz gesund. Er fragte den Professor, der ihn behandelt hatte, nach den Vorgängen bei seinem Herzstillstand im OP und dem, was er dort gehört und gesehen hatte. Alles erwies sich als zutreffend.

Bo Katzman war tief verstört durch die Nahtoderfahrung. Um wieder ins Leben zurückzufinden, benötigte er dennoch zusätzlich eine Psychotherapie. Es war gerade erst Anfang der

1970er-Jahre und das Wort »Nahtoderfahrung« nicht einmal erfunden. Um mit dem Erlebnis fertig zu werden, las er nach seiner Genesung alles an Büchern, was ihm eine Erklärung zu versprechen schien, von den Heiligen Schriften und den Philosophen der Welt bis zu fernöstlicher Mystik und Esoterik.

Katzman wehrt sich seither vehement gegen das Attribut »nah« für diese Todeserfahrung. »Wie tot muss man sein?«, so fragt er. Und er wusste, dass er ohne Zweifel tot gewesen war. Halluzinationen als Erklärung für sein Erlebnis schließt er aus eigener Erfahrung kategorisch aus. Denn im Umfeld der Musik ist er in jüngeren Jahren mit allen möglichen Drogen, inklusive LSD, in Berührung gekommen. Keinesfalls waren diese Gaukeleien mit seiner Erfahrung vergleichbar. Was er erlebt hatte, war absolut real und wahr. Der Begegnung mit dem Licht entnahm er eine für ihn eindeutige Aufgabe. Ohne ausgesprochen worden zu sein, begleitet sie seither sein Leben. Die Botschaft lautet: Liebe lernen. Er erfuhr sogar einen Moment der Hellsichtigkeit, als es um einen Freund ging, der mit Streukrebs im Sterben lag. Telepathisch bekam Katzman die Nachricht, dass der Freund überleben werde – und er lebt noch heute.

Es gab bei ihm auch eine weitere merkwürdige Begebenheit mit einer stehen gebliebenen Uhr, die ihm das Leben rettete und die Katzman auf seine Nahtoderfahrung zurückführt. Die Tatsache stehen bleibender Uhren oder anderer elektronischer Geräte ist jedoch nicht nur von Nahtoderfahrenden bekannt und belegt. Keinem Geringeren als Wolfgang Pauli schrieb man ähnliche Eigenschaften zu und nannte das »Pauli-Effekt«. Er war sich dessen sehr wohl bewusst und wurde von den Kollegen aus Experimentallaboren weggeschickt. John Oppenheimer, Leiter des amerikanischen Atomwaffenprojekts, schloss ihn deshalb von der Mitarbeit aus.[106] Da sieht also selbst die gestandene Physik einen unerklärlichen Sachverhalt.

d) George Rodonaia – Ein Wochenende im Kühlfach

Die Geschichte von George Rodonaia ist wegen der langen Zeit, in der er erwiesenermaßen tot war, außergewöhnlich. Sie wird von verschiedenen Quellen zitiert.[107] Er selbst hat sich mehrfach in längeren Interviews geäußert, die zum Teil auf YouTube[108] zu finden sind. Einige besonders auffällige Teile seiner Darstellung sollen näher beleuchtet werden.

Rodonaia war ein russischer Neuropathologe. Als er 1976 die vormalige Sowjetunion in Richtung USA verlassen wollte, wurde er nach seiner Aussage von Mitarbeitern des russischen Geheimdienstes KGB absichtlich von einem Auto überfahren. Sie vermuteten bei ihm wohl medizinische Erkenntnisse, die »der Feind« im Westen nicht erhalten durfte. Rodonaia überlebte den Unfall nicht. Da der Anschlag an einem Freitag passiert war, wurde der Leichnam übers Wochenende im Kühlfach eines Leichenschauhauses deponiert.

Zu irgendeinem nicht näher bestimmbaren Zeitpunkt hatte Rodonaia sich von seinem toten Körper gelöst und fand sich angsterfüllt und verzweifelt in beklemmender Schwärze wieder. Im Nirgendwo der Dunkelheit schien ein kleines, unglaublich helles, immer stärker werdendes Licht auf. Als er merkte, dass das Licht ihn nicht bedrohte und positive Gefühle vermittelte, wollte er sich aus dem Dunkel sofort in dessen Richtung bewegen. Auf dem Weg durchlebte er sein ganzes bisheriges Leben noch einmal: Er konnte seinen Unfallhergang genau beobachten, obwohl er da schon bewusstlos auf dem Gehweg gelegen hatte. Zugleich vernahm er eine wunderbare Musik und erkannte im Licht die Liebe als das Wesen der Dinge. Er bemerkte, dass sein Zustand ihm erlaubte, alle Gedanken und Gefühle der Menschen wahrzunehmen, die um ihn herum waren. Es schien ihm, so sagte er, als wären ihre Gedanken »in ihm drin«. Auch die Gedanken seiner Frau Nino erreichten ihn.

Während diese ihren Mann tot in einer Kühlbox wähnte, sah jener sie an der für ihn geplanten Grabstätte stehen. Dort bekam er mit, wie sie in Gedanken mehrere Männer durchging, die eventuell als zukünftiger Ehemann für sie infrage kämen. Im Geist stellte sie sogar eine Art Liste mit Pro und Contra auf, welcher Mann wohl am besten zu ihr passen würde. Ins Leben zurückgekehrt, erzählte Rodonaia seiner Frau von den potenziellen Ehemännern, von der Liste und den Gedanken, die sie sich zu jedem Einzelnen gemacht hatte. Das irritierte sie dermaßen, dass sie sich zunächst weigerte, in der unmittelbaren Gegenwart ihres Mannes zu bleiben.

Margret Atwater[109] berichtet von einem Gespräch mit Frau Rodonaia zu dieser Begebenheit, als sie diese und ihre beiden Kinder in ihrem Haus in den USA besuchte. Sie fragte sie ganz direkt, ob sie mit ihr über diesen Vorfall sprechen könne. Tatsächlich bestätigte Rodonaias Frau, dass sie all dies wirklich überlegt hatte. Als ihr plötzlich wieder lebendiger, ehemals toter Ehemann mit ihr über diesen sehr persönlichen Moment an seiner Grabstätte sprach und ihr sogar die Namen der Männer aufzählte, war sie zutiefst schockiert. Woher kam dieses Wissen und wie konnte er überhaupt in der Lage sein, das herauszufinden? Das empfand sie wie einen persönlichen Affront, einen Eingriff in ihre privateste Sphäre. Ein Jahr lang wollte sie nur wenig oder gar nichts mit ihrem Mann zu tun haben. Sie war nicht einmal in der Lage, mit ihm in demselben Raum zu schlafen, weil sie um die Freiheit ihres Geistes fürchtete. Aber die Fähigkeit ihres Mannes zur Telepathie war nach dem Nahtoderlebnis sofort erloschen.

Irgendwann nach dieser Begebenheit hatte George Rodonaia das Gefühl, zurück in seinen Körper zu müssen. Doch auf dem Weg dorthin zog es ihn unversehens in ein nahegelegenes Krankenhaus, wo die Frau eines Freundes gerade ein Baby bekommen hatte. Das Neugeborene weinte beständig und konnte nicht beruhigt werden. Die Eltern und das Klinikpersonal waren ratlos. Rodonaia bewegte sich in seiner Geistexistenz zu dem Baby, einem kleinen Mädchen, hin und wie mit Röntgenstrahlen vermochte er direkt durch den Körper hindurchzuschauen. Als Arzt erkannte er, dass dem Baby die Hüfte gebrochen worden war. Auch konnte er mit ihm in einer Art Telepathie kommunizieren. Als er dem Baby freundlich mitteilte: »Weine nicht. Niemand kann dich verstehen«, hörte das Baby zum Erstaunen der am Bett stehenden, ahnungslosen Eltern sofort auf zu weinen.

Nach dem Wochenende, also nach fast 3 Tagen, wurde der Körper Rodonaias aus der Kühlbox geholt und zur Autopsie in die Pathologie gebracht. Mit dem ersten Schnitt fuhr er zurück in seinen kalten Körper. Er zuckte durch den Schmerz zusammen und öffnete wohl die Augen ein wenig. Zuerst dachten die Ärzte an irgendeinen obskuren Reflex, aber George Rodonaia war tatsächlich nach fast 3 Tagen von den Toten zurückgekehrt, obwohl er eiskalt und sein Tod bestätigt worden war. Als er einige Tage später wieder sprechen konnte, galten die ersten Worte dem Baby, das wegen der verletzten Hüfte dringend Hilfe brauchte. Auf seinen Hinweis wurden umgehend Röntgenaufnahmen angefertigt, die den Knochenbruch bestätigten. Die verantwortliche Hebamme wurde daraufhin eindringlich befragt und bestätigte das Unglück, welches ihr bei der Entbindung unterlaufen war.

Bis George Rodonaia wieder halbwegs genesen war, dauerte es 9 Monate. Vor seinem Nahtoderlebnis arbeitete er als Neuropathologe. Er war niemals gläubig gewesen, eher ein Idealist und Agnostiker, wie er sagte. Nach seiner Nahtoderfahrung änderte er sein Leben vollständig. Er absolvierte ein Studium der Religionspsychologie und wirkte bis zu seinem Tod als Pastor.

e) Pam Reynolds – Der herbeigeführte klinische Tod

Pam Reynolds arbeitete als Sängerin und Songwriterin, als sie 1991 plötzlich Sprachstörungen und Schwindel bekam. Bei Untersuchungen wurde eine in Ausdehnung begriffene, große Ausbuchtung eines Blutgefäßes unten innen am Schädel, ein sogenanntes Aneurysma, festgestellt. Es war klar, dass dessen Platzen vermutlich den sofortigen Tod bedeuten würde. Zu dieser Zeit gab es nur einen Spezialisten, der einen solchen Befund operieren konnte, nämlich Professor Robert Spetzler in Phoenix. Er gilt bis heute als Pionier für die Entwicklung von Operationstechniken des Gehirns, die bei Hypothermie, also in Unterkühlung und bei Herzstillstand, durchgeführt werden.

Vor der Operation wurde die Patientin in Vollnarkose versetzt. Dabei legte man Tupfer auf ihre Augen, die gegen Austrocknung der Hornhaut zusätzlich abgeklebt wurden. Danach deckte man die Patientin bis auf den hinteren Schädelbereich vollkommen ab. Die starken Medikamente bewirkten eine tiefe Narkose. Dennoch vernahm sie auf einmal ein sirrendes Geräusch wie bei einem Zahnarztbesuch und verließ ihren Körper. Unter sich sah sie die gesamte OP-Szenerie in allergrößter Klarheit und auch ihren Körper. Das begriff sie zunächst nicht ganz. »Ich war nicht dieser Körper. Ich, das war das, was von oben herunterblickte.«[110] In der Hand des Operateurs bemerkte sie etwas wie eine »elektrische Zahnbürste« und auf einem Tisch eine Art »Baukasten« mit Ersatzteilen, wie ihn ihr Vater für sein Werkzeug besaß.

Wer jemals eine chirurgische Knochensäge gesehen hat, weiß, dass sie einer elektrischen Zahnbürste sehr ähnlich sieht, und der von Pam Reynolds als Baukasten bezeichnete Behälter enthielt die vielen verschiedenen Aufsatzstücke für die Säge. All diese Instrumente waren aber noch abgedeckt gewesen, als man die Patientin in den OP brachte. Sie hörte etwa gleichzeitig eine Frauenstimme unter dem OP-Tisch sagen, dass die Adern sehr eng seien und es schwierig werden würde, das Blut auszuleiten. Offenbar suchte eine Ärztin an den großen Blutadern in den Leisten nach einem Zugang für den Anschluss an die Herz-Lungen-Maschine. Der Operateur Spetzler empfahl der Ärztin daraufhin, beide Seiten zu nutzen. Pam Reynolds meinte, unter dem Tisch die Stimme ihrer Kardiologin erkannt zu haben. Das stellte sich später tatsächlich als wahr heraus, aber das hatte die Patientin nicht gewusst.

Laut Dr. Sabom[111], der Pam Reynolds dazu befragte, konnte

sie das auch unmöglich mit ihren Ohren gehört haben, weil darin Stöpsel für Signalgeber steckten, die extrem laute Klicktöne von sich gaben. Damit kontrolliert man die Gehirnfunktion bis zum Hirnstamm.[112] Eine Gehirnaktivität war ausweislich der Ohrenklicks nicht messbar. Als der Körper auf ca. 16 °C heruntergekühlt war – bei Kälte überleben Gehirnzellen länger –, schaltete man die Herz-Lungen-Maschine ab. Das Herz wurde sodann mit Elektroschock vollends gestoppt und die Patientin für die eigentliche Operation hochgesetzt. Da waren schon ein paar Stunden vergangen. Jetzt gab es keinen Blutfluss mehr. In dieser Situation eines bewusst herbeigeführten klinischen Todes hat man ohne Herzschlag (Null-Linie EKG), ohne Blutfluss und ohne messbare Hirnaktivität maximal 50 Minuten Zeit für die Operation. Unter diesen Gegebenheiten hält jede Wissenschaft Bewusstsein oder gar Erinnerung für unmöglich. Die Patientin war aber aus ihrem Körper herausgetreten und hatte bis dahin das ganze Geschehen unter sich beobachtet.

Irgendwann bemerkte sie hinter sich auf einmal ein hellstrahlendes Licht. Sie wurde magisch dorthin gezogen und begegnete unterwegs ihrer verstorbenen Großmutter, die selbst lichtstrahlend aus dem Licht auf sie zukam und sich freundlich zu ihr gesellte. Dann nahm sie weitere Menschen wahr: verstorbene Freunde, die sie alle begleiteten. Die Kommunikation erfolgte über Gedanken. Von Glücksgefühlen überwältigt, bewegte Pam Reynolds sich hin zu dem Licht. Auf die Frage, ob das Licht Gott sei, erhielt sie eine sehr schöne Antwort: Das Licht leuchte nur, wenn Gott atme. So wähnte sie sich im Atem Gottes. Sie wollte weiter, aber die Begleiter hielten sie auf. Vielleicht könnte sie dann nicht mehr in ihren Körper und sie hätte doch noch ihre Kinder. Sie wollte auch zurück, denn es wartete ja ihre Familie auf sie, aber der Eindruck war so überwältigend schön, dass ihr die Trennung sehr schwerfiel.

Vielleicht erschien darum zusätzlich ihr ebenfalls verstorbener Bruder. Er bedeutete ihr unmissverständlich, dass sie nun wirklich umkehren müsse, und begleitete sie zum OP-Saal.

Beim Anblick ihres toten Körpers, der dalag »wie ein Wrack«, schauderte es sie. Der Bruder musste sie ermuntern. Es sei wie das Springen in einen Pool, sagte er. Als sie zögerte, hatte sie das unbestimmte Gefühl, als ob der Bruder sie in den immer noch kalten Körper hineinschubsen würde. Das fand sie im Nachhinein sehr merkwürdig. Es war exakt der Moment, in dem der Defibrillator ihr Herz mit Elektroschock wieder anwarf.

Der gesamte OP-Verlauf ist im OP-Protokoll vermerkt. Kein Fall eines herbeigeführten klinischen Todes ist so gründlich dokumentiert und im Nachhinein bezeugt. Während der ganzen Zeit der Operation gab es ausweislich EEG keine messbare Gehirntätigkeit, laut EKG keinen Herzschlag und daher keinen Blutfluss im Gehirn. Über die Tiefe der Narkose besteht kein Zweifel. Alle skeptischen Einwände, dass ihr Gehirn bei 16 °C ohne Sauerstoffversorgung wie auch immer die Nahtoderfahrung produziert haben könnte, sind damit überzeugend widerlegt. In einer BBC-Dokumentation bestätigte Professor Spetzler[113] den Ablauf der Operation samt allen Beobachtungen, die seine Patientin im OP gemacht hatte und dass ihm mangels Allwissenheit absolut keine Erklärung dafür einfiele.

f) Sabine Mehne – Licht ohne Schatten

Das ist auch der Titel eines zutiefst bewegenden Buches *über ein Leben mit und nach einer Nahtoderfahrung,* in dem Sabine Mehne versuchte, sich von ihrem Erlebnis freizuschreiben und es gleichzeitig noch besser zu verstehen. Nirgends habe ich die lebensverändernde Qualität eines Nahtoderlebnisses deutlicher gespürt als in ihrem Buch. Zwar hatte die Patientin keinen Herzstillstand, aber nach allen vorherigen Informationen sollte man wissen, dass dies eine Nahtoderfahrung keineswegs ausschließt.

Sabine Mehne erkrankte im Jahr 1995 schwer. Zunächst war nicht klar, um was es sich handelte. Aber sie selbst hatte eine Ahnung, dass es diesmal ans Leben gehen könnte. Die Medizin brauchte lange, um die Ursache der rapiden Verschlechterung ihres Allgemeinzustandes herauszufinden. Letztendlich diagnostizierte man eine relativ seltene Krebserkrankung. Da hatten die Kräfte der Patientin schon sehr nachgelassen. Zudem plagten sie allerschlimmste Schmerzen. Bei einer Ultraschalluntersuchung war es dann wohl genug: Sie verließ auf einmal ihren Körper über den Kopf und konnte ihre körperliche Hülle unter sich sehen, wo ein Arzt gerade den Ultraschallkopf an einen zweiten Arzt übergab und sagte, dass eine Blasen- und Darmlähmung vorläge. Die Blase sei so groß wie ein Kindskopf.

Sabine Mehne war das egal. Sie fühlte sich losgelöst, frei und glücklich, ohne Schmerzen, sofort umfangen von einem Licht, welches so hell leuchtete, wie man es sich nicht vorstellen kann, eben ein »Licht ohne Schatten«. In dieses Licht ging sie. Sie war das Licht und gleichzeitig immer noch sie selbst. Außerhalb von Raum und Zeit breitete ein Lebensrückblick alle Einzelheiten aller Lebensjahre vor ihr aus, mitsamt den Auswirkungen ihrer Worte und Taten, nicht nur auf die direkten Adressaten, sondern auch auf deren Umfeld. Das war je nach Art beglückend oder schmerzvoll. Sogar die Zukunft wurde ihr gezeigt, die ihr einen schweren Verkehrsunfall vorhersagte. Aber das Licht und ein Gefühl des Aufgehens in einer unvorstellbaren Liebe, »die es auf Erden nicht gibt«, machte ihr alles leicht. Doch dann änderte sich die Richtung. Sie näherte sich wieder ihrem Körper, sah die Ärzte, das Ultraschallgerät, das Zimmer und sich im Bett liegen. Schlagartig fuhr sie zurück in ihren Körper, mit all dem Horror von Schwäche und Schmerz. Niemand hatte ihre Geistreise bemerkt. Sie erhielt eine Spritze und versank in tiefen bewusstlosen Schlaf.

Sabine Mehne wurde anschließend geheilt. Sie bekam eine Chemotherapie, dann eine Knochenmarkstransplantation und wurde körperlich wieder gesund, wie wir das nach Nahtoderfahrungen inzwischen kennen. Doch die Seele wollte nicht mit. Die Welt war ihr so fremd. Sie las sich Tag und Nacht über Jahre in ihrer »Bett-Universität«[114], wie sie das nannte, durch alles, was es zum Thema Bewusstsein und Nahtoderfahrungen, Spiritualität gab und heilte sich damit von tiefen depressiven Gefühlen als Folge des Erlebnisses.

Sehr hilfreich waren für sie die Begegnungen mit dem Physiker und Professor Günter Ewald, der für Nahtoderfahrungen offen war. Er lud sie zu Wochenendtreffen mit anderen Nahtoderfahrenden ein. Da fühlte sie sich endlich aufgehoben und akzeptiert. Als der niederländische Nahtodforscher Pim van Lommel von Sabine Mehne hörte, bat er sie, ihn zu seinen Vorträgen zu begleiten und dort zu berichten. Der Umgang mit ihm und seinem Wissen erlaubte ihr, alles viel besser zu verstehen und sich mit ihrer Nahtoderfahrung auszusöhnen.

Im Rahmen des Lebensrückblicks wurde sie übrigens gewahr, dass sie als Kind ein Nahtoderlebnis gehabt hatte, als sie kopfüber in ein Regenfass gefallen war. Ihre ältere Schwester konnte sie gerade noch rechtzeitig herausziehen. Das war tatsächlich so geschehen. Auch damals nahm sie schon ganz kurz etwas von diesem überwältigenden Licht wahr. Das jetzige Erlebnis war jedoch viel länger und tiefer. Das stützt ganz nebenbei die Erkenntnis der niederländischen Van-Lommel-Studie, dass Menschen, die bereits einmal eine Nahtoderfahrung gemacht haben, viel leichter eine weitere haben können. Die Folgen ihrer Nahtoderfahrung verarbeitete Sabine Mehne später noch in einem zweiten Buch mit dem Titel »Der große Abflug«.[115]

g) Al Sullivan – Die Flügel des Operateurs

Die Geschichte Al Sullivans haben wir Bruce Greyson[116] zu verdanken. Der Patient kam eines Tages in Greysons Selbsthilfegruppe für Menschen mit Nahtoderfahrungen. In einem nachfolgenden persönlichen Treffen berichtete er von seinem ungewöhnlichen Erlebnis während einer Herzoperation.

Vorangegangen waren massive Schmerzen in der Brust, die er nicht deuten konnte. Man brachte ihn ins Krankenhaus, wo eine akut aufgetretene Verstopfung einer der großen Blutadern festgestellt wurde, die das Herz zu versorgen haben. Dies stellt immer eine medizinische Notfallsituation dar, die einen sofortigen operativen Eingriff nach sich zieht, weil der betroffene Mensch sonst sterben könnte. So auch bei Al Sullivan, der für einen sogenannten vierfachen Bypass vorgesehen wurde. Darüber klärte ihn der Operateur auf und dass man dafür direkt an seinem Herzen operieren müsse. Eine Herz-Lungen-Maschine würde in dieser Zeit übernehmen.

Als der Patient wieder zu sich kam, befand er sich oberhalb des Operationstisches und sah links unter sich seinen Körper liegen, abgedeckt mit blauen Laken und weit geöffnetem Brustkorb. Er erkannte sein Herz in der Brusthöhle, was ihn nicht weiter beunruhigte. Aber der Operateur am Tisch erschien ihm merkwürdig und irgendwie ratlos. Denn er hatte seine beiden Hände mit den Gummihandschuhen fest an die Brust gelegt und flatterte mit den Ellenbogen immerzu hin und her, als ob er davonfliegen wollte. Darauf konnte sich Al Sullivan absolut keinen Reim machen. Noch etwas Merkwürdiges nahm er wahr, was er nicht verstand und nicht wissen konnte: Während die Brust mit großen Metallklammern offen gehalten wurde, arbeiteten zwei weitere Chirurgen unten an seinem Bein. Hier entnahm man die Venenstücke, wie man sie für einen Bypass am Herzen braucht, um die verschlossenen Adern zu überbrücken.

Dann wurde seine Aufmerksamkeit unvermittelt nach rechts gezogen, und er fühlte sich auf einmal »wie eingehüllt in Wärme, Freude, Frieden und das Gefühl geliebt zu werden«[117]. Aus einem hellen Licht schwebte eine Gestalt auf ihn zu, und überglücklich erkannte er seine Mutter. Sie war in jungen Jahren verstorben, als er erst 7 Jahre alt gewesen war. Verwundert sah er die Mutter sich auf den Operateur zubewegen und dessen eine Hand auf die linke Seite des Herzens ihres Sohnes legen. Die Szene endete mit einer schwingenden Rückwärtsbewegung des Armes des Chirurgen, »als wollte der seine Umgebung von einem lästigen Insekt befreien«[118].

Aber im Anschluss daran geschah noch etwas: Ein Geistwesen offenbarte Al Sullivan eine traurige Wahrheit. Ein kleiner Junge aus seiner Umgebung habe Krebs, und er sei erwählt, es der Familie zu sagen. Das bedrückte ihn sehr. Wie sich diese Einzelheit der Geschichte weiterentwickelte, kommt nicht zur Sprache.

Bruce Greyson suchte mit Erlaubnis von Al Sullivan den Operateur auf, um sich nach den rätselhaften Flatterbewegungen zu erkundigen, die ihm doch zu absonderlich vorkamen. Der Herzchirurg schien ihm nicht jemand zu sein, der dazu neigte, während einer Operation irgendwelche merkwürdigen Sachen zu machen. Zur großen Überraschung von Greyson bestätigte er die Bewegungen mit den Armen. Er hatte sich das mit den Händen in Gummihandschuhen auf dem sterilen Kittel vor der Brust so angewöhnt, damit diese nicht durch eine versehentliche Berührung verunreinigt werden könnten. Die Bewegung der Ellenbogen diente dazu, den mitoperierenden Ärzten Hinweise zu geben, was als Nächstes zu tun sei.

Al Sullivan wusste weder von der Eigenart seines Operateurs noch war es ihm möglich gewesen, etwas von dessen Flatterbewegungen im Lauf des Eingriffs mit »normalen« eigenen Augen zu sehen. Denn über die Dauer der Bypassoperation am offenen Herzen befand sich der Patient in tiefer Narkose. Beide Augen waren mit Tupfern belegt und abgeklebt. Der Körper lag abgedeckt unter OP-Laken bei laufender Herz-Lungen-Maschine. Trotzdem bekam er alles mit, wie die Zeugenschaft des Operateurs belegt.

h) Dianne Morrissey – Einmal Ewigkeit und zurück

Dianne Morrisseys Nahtoderfahrung 1977 war Folge eines Unfalls bei der Reinigung ihres Aquariums, weil das Wasser durch ein beschädigtes Kabel der Elektropumpe in Kontakt mit der Stromversorgung gekommen war. Als ein Schwall Aquariumwasser ihren Kopf und ihr Gesicht traf, bekam sie einen Stromschlag, der ihr Herz augenblicklich stillstehen ließ, und sie fiel zu Boden. Schon während sich ihr Körper unter dem Stromschlag krümmte, wurde Dianne Morrissey klar, dass der Tod sie erwartete. Über die Dauer des Herzstillstandes kann nichts Genaues gesagt werden, aber Tatsache ist, dass sie etwa 45 Minuten bewusstlos war.

In dieser Zeit erlebte sie etliche typische und sehr intensive Elemente einer Nahtoderfahrung, die sie in allen Einzelheiten in einem Buch beschreibt.[119] »Ich begann den Verlust von allem zu betrauern, was ich kannte: die Erde, mein Zuhause, meine Freunde – alles, was ich kannte, was ich liebte. Alles, was ich für wahr hielt und was noch länger andauern sollte, entglitt mir.«[120] Mit großer Wucht stürzte sie zu Boden, aber der hielt sie nicht auf, denn sie hatte ihren Körper schon verlassen. Sie beobachtete die Folgen ihres Stromschlags von oben und sah sich leblos auf dem Teppich liegen. Eine tiefschwarze Dunkelheit umhüllte sie sodann, die aber nichts Furchterregendes hatte: »Ich war durchsichtig, aber ich sah immer noch aus wie ich selbst. Ich war übervoll von Glück! Nun körperlos, war ich ohne Nöte, ohne Sorgen. Niemals, als ich noch ›lebendig‹ war, hatte ich mich so gefühlt. Mein ganzer Geistkörper war durchsichtig, und ich befand mich in einem leuchtend weißen Licht, das sich etwa einen Meter um mich erstreckte.« Aus der Dunkelheit ging sie wieder in ihr Haus. Auch hier war alles durchsichtig und durchlässig. Sie sah ihren Hund ins Wohnzimmer kommen, wo ihr toter Körper am Boden lag. Sie war erstaunt, wie klar und deutlich sie ohne ihre Brille sehen konnte, denn in ihrem Erdendasein war sie stark kurzsichtig. Ihr Hund stupste sie mit der Pfote an und knabberte an ihrem Arm, damit sie aufstehen möge. Sie wusste, das wird nichts nützen, und wollte Hilfe holen.

Sie flog in den Garten, wo sie einen anderen Hund erblickte, den Spielkameraden ihres eigenen Tieres. Aber der nahm sie nicht wahr. Also machte sie sich auf Richtung Straße hin zu einem Mann, der dort gerade entlangging. Sie schaute ihm tief in die Augen und sprach laut und deutlich zu ihm, dass sie Hilfe brauche. Aber er hörte und sah sie ebenfalls nicht. Die Hand, mit der sie ihn festhalten wollte, fuhr durch ihn hindurch. Jedoch immer dann, wenn sie Beunruhigung verspürte, wurde die

Umgebung sofort angenehm. Als sie in das gezogen wurde, was als Tunnel beschrieben wird, erkannte sie, dass ihr Geistwesen mit ihrem darniederliegenden Körper durch ein silbern glänzendes Band verbunden war. Mehrere Male ging es hin und her.

Obwohl der Tunnel von einer alles verzehrenden Dunkelheit erfüllt war, wie sie sagte, fühlte sie sich friedlich geborgen und ohne jede Angst. Den sogenannten Tunnel musste sie gleich mehrfach absolvieren. Jedes Mal, wenn sie wieder daraus auftauchte, wurde sie von einem strahlenden Engelwesen empfangen, das sie anlächelte und eine Liebe verströmte, die jeden Gedanken und jedes Gefühl in ihr ausfüllte: »Ich fühlte mich vollkommen getröstet und beruhigt.«[121]

Nun wird ein Panorama ihres Lebens mit allen Details ausgebreitet. Sie erfährt eine lebendige, dreidimensionale, farbige Darstellung ihres gesamten Lebens. Jedes Detail, jede einzelne Sekunde, jedes Gefühl, jeder Gedanke aus ihrer Erdenzeit wurde ihr in perfekter chronologischer Reihenfolge aufgezeigt, von ihrer Geburt bis hin zu ihrer »Hinrichtung« durch den Stromschlag, wie sie es nennt. »In einem einzigen Moment erlebte ich zu meinem Erstaunen meine gesamten 28 Jahre gleichzeitig!«[122] Wo sie gütig und liebevoll war, wurde ihr von dem überirdischen Wesen bedeutet, dass es im Leben darauf ankomme, in diesem Sinn zu handeln. In einer weiteren Dimension erfuhr sie sich in mehrfacher Wesenheit. Einmal nahm sie sich als transparentes Wesen auf einem Bett wahr, dann liegend als lebloser physischer Körper im Wohnzimmer und in einer dritten Form als das Geistwesen, das seinen Körper verlassen hatte und alles beobachtete: »Dieser Teil von mir blieb bei Bewusstsein und war sich all meiner Erfahrungen bewusst, sowohl hier als auch auf der Erde.«[123] Umfangen von der Empfindung vollkommener Liebe, fühlte sie sich in ein hell aufscheinendes Licht gezogen, welches sie als Gott identifizierte.

Dianne Morrissey beschreibt einen weißen Lichtstrahl, um ein Vielfaches heller als die hellste vorstellbare Sonne. Dorthin will sie, vollkommen überwältigt von dem Licht und der Liebe, die von ihm ausgeht und die in sie nur so hineinströmt. Sie empfindet dieses Licht als die Gegenwart Gottes. »Ich wusste, dass ich in dieses Licht gehen konnte, das Teil einer gewaltigen Kraft war. Und obwohl das Licht heller war als tausend Sonnen, tat es meinen Augen nicht weh.«[124] In diesem Augenblick wurde ihr aber auch bewusst, dass sie nie wieder in ihren Körper zurückkönnte, wenn sie jetzt weiterginge. Sollte sie im göttlichen Licht bleiben oder zur Erde zurückkehren?

Das Licht lockte zu sehr. Sie verschmolz mit ihm und wähnte sich in das Licht Gottes eingetreten. Jedes Gefühl für ihren Geistkörper war verschwunden, aber ihr Bewusstsein von sich als Person war noch vorhanden. Im Licht erfuhr sie das, was sie Gott nennt. Sie spürte die Fähigkeit dieses Lichts zur Heilung von allen Gebrechen, und alles Wissen über jeden Planeten, jede Galaxie, jede Einzelheit um und über das gesamte Universum war verfügbar, vermittelt durch eine unendliche Liebe über jedes Begreifen hinaus. Über die Weisheit aller je geschriebenen Bücher konnte sie frei verfügen, alles und jedes ergab einen Sinn. Nichts vergeht wirklich, Mensch, Tier, Pflanze oder ein Sandkorn, weil es diese andere Seite gibt. So vermochte sie zu empfinden.

Aber Dianne Morrissey hatte vorher schon tief in sich gefühlt, dass eine Entscheidung gefallen war, denn plötzlich befand sich ihr Geistkörper wieder im Tunnel. Dort erwartete sie erneut das Engelwesen, welches sie nun als schöne Frauenfigur mit braunen, schulterlangen Haaren wahrnahm. Sogar das Gesicht wurde deutlicher sichtbar, aber es war ihr unbekannt. Dianne wunderte sich, dass weder sie noch der weibliche Engel zu atmen brauchten und dennoch beide so voller Leben waren. Dann wurden ihr telepathisch viele Fragen gestellt, wie sie das Erlebte beurteilte und was sie selbst am liebsten wollte. Überwältigt von unvorstellbarer Liebe, Wärme und Freundlichkeit, möchte sie eigentlich sofort wieder »ins Licht gehen und all diese Dinge berühren«. Aber sie wird unversehens zurückgeschickt.

Letztendlich fand sie sich in ihrer Geistigkeit in ihrem Haus wieder und erblickte ihren dort unverändert liegenden, reglosen Körper. Diesmal aber merkte sie, dass dieses Relikt dort unter ihr noch das Potenzial hatte, weiterzuleben. Wie viele Nahtoderfahrende hatte sie sich mit zunehmender Dauer der Erfahrung immer weniger Gedanken darüber gemacht, ob sie in den physischen Körper zurückkehren würde. Als sie in diesem Augenblick auf ihre körperliche Hülle schaute, wurde sie sehr nachdenklich. Sie erkannte, dass die Dianne dort unten auf dem Teppich zu Lebzeiten nicht so vielen Menschen in deren Not beigestanden hatte, wie sie es hätte tun können. Denn diese Dianne lebte ein Leben voller Annehmlichkeiten in einem schönen Haus, mit einer wunderbaren Familie, einem guten Job, einem schönen Auto, Freunden und einer musikalischen Karriere. Aber all das war auf einmal unwichtig geworden. Nur das Licht war wichtig, das sie mit Gott gleichgesetzt hatte. Doch es zog sie unweigerlich zurück: »Einen Moment lang sah ich mich tatsächlich zur Hälfte innerhalb und außerhalb meines Körpers.«[125] Ruckartig fuhr sie wieder in ihn hinein. Sie konnte nicht verstehen, dass sie sich selbst so entschieden haben sollte, und weinte bitterlich darüber. Aber war es wirklich allein ihre Wahl gewesen? Daran hatte sie unbedingt Zweifel.

Zurück im Leben, wurde ihr nämlich schnell klar, dass sie zurückgeschickt worden war, »um den Menschen zu helfen, mit dem Sterben besser umzugehen – und zu begreifen, dass der Tod nicht das Ende, sondern ein neuer Anfang ist«[126]. An ihren schon trocknenden Haaren erkannte sie, dass sie längere Zeit tot gewesen sein musste. Aber der Tod schreckte sie nicht mehr, und sie war sich von nun an sehr bewusst, dass »Gott mich zurückgeschickt hatte und mir eine zweite Chance gab«[127]. In der Tat arbeitete Dianne Morrissey danach als Coach mit Menschen, die mehr wissen wollten. Jenseits aller durchscheinenden Religiosität, lässt auch sie in ihrer Schilderung bewusst die Frage offen, wer oder was das ist, was sie Gott nennt, außer dass es sich um eine strahlende Urkraft aus Liebe handelt.

i) Vinzenz Hensle – »Maler der Seele«

Das Leben des Pferdehofbesitzers und Weinbauern Vinzenz Hensle verläuft in ruhigen Bahnen, bis zu dem Tag, an dem er 2011 mit seinem Weinbergschlepper auf eine Hangwiese fährt, um etwas Gras für seine Pferde zu mähen. Eine Mücke fliegt ihm ins Auge. Ein paar Sekunden ist er abgelenkt, kommt zu nah an eine Böschung, der Traktor gerät in Schräglage und kippt um. Hensle schafft es noch, vom Fahrzeug wegzuspringen, hofft, dass der Schlepper weiterrollen wird, aber dann sieht er das tonnenschwere Gerät auf einmal über sich. Der Aufprall zerquetscht ihm Brustkorb und Lunge. Dann purzelt der Schlepper ungebremst ohne ihn den Abhang hinunter. So hat er es mir am Telefon erzählt.

Aber Vinzenz Hensle ist noch bei Sinnen, weiß sofort um die Lebensgefahr. Er schaffte es gerade noch, seinen Bruder per Handy zu informieren, dann wird er bewusstlos und findet sich unversehens außerhalb seines zerschmetterten Körpers in einer großen Lichterscheinung wieder. Er ist nicht allein, spürt ihn begleitende Geistwesen, die er nicht genau erkennen kann. Sie wirken auf ihn wie verstorbene Verwandte, die ihn erwartet haben. Er nimmt in der Umgebung viele andere umherschwebende menschenartige Geistwesen wahr wie auf einer Suche, und ihm wird bewusst, dass er tot ist und offenbar in einer anderen Welt. Er begreift nicht, wie das möglich sein kann und was das bedeuten mag.

In diesem Augenblick spürt er von oben, von einem Licht her eine Kraft, wie er es mir gegenüber nannte, und seine Beunruhigung legt sich. Alles ist krafterfüllt und golden leuchtend, hell. Telepathisch wird er gefragt, ob er in der anderen Welt noch etwas zu erledigen habe. Nach kurzer Überlegung antwortet er ebenfalls telepathisch, dass er sehr wohl ein paar Dinge zu regeln hätte. Daraufhin wird ihm von der leuchtenden Kraft mitgeteilt, er dürfe zurückkehren, müsse jedoch dafür in der anderen Welt etwas tun, nämlich Bilder von seinem Erlebnis malen, Ausstellungen organisieren und den Menschen so alles berichten, was er gesehen und erlebt hat. Vinzenz Hensle ist verblüfft, denn er hat noch nie irgendetwas gemalt. Nun soll er darüber hinaus auch noch Ausstellungen veranstalten. Das kommt ihm unerreichbar vor. »Wie soll das gehen?«, denkt er sich. Aber weil er im selben Moment die Versicherung erhält, dass ihm geholfen wird, vertraut er der Kraft und nimmt den Auftrag an. Nach der Entscheidung wird er sich der magischen Anziehung dieser Kraft bewusst und wie nahe er an einer gefährlichen Grenze ist. Es dämmert ihm, dass er bei noch längerem Verweilen in diesem Kraftlicht vielleicht gar nicht mehr zurückwill. Als sich die Umgebung langsam ins Dunklere verändert, fragt er sich, ob er nun vom Licht in die Hölle komme. In weiterer Umgebung erblickt er nämlich wie »verschleiert gute Bereiche und dunkle Bereiche«, wo er Menschen auf mühsamem Wege erkennt. Das brennt sich ihm tief ein. Im Gefühl der großen Kraft fährt er »wie mit einem Lebensstrom« wieder in seinen Körper zurück. Als er Stimmen wahrnimmt, weiß er sich zurück auf der Erde. Dann kommt der Notarzt, der ihn mit dem Rettungshubschrauber in die Universitätsklinik nach Freiburg bringt.

Es dauert Monate, bis alle Knochenbrüche so weit verheilt sind, dass man ihn in eine Reha-Klinik verlegen kann. Das Erlebte ist für ihn vollkommen real, so »real wie die Welt«, und lebensbegleitend. Ständig ist er sich des ungeheuren Erlebnisses ebenso bewusst wie seines Versprechens zu malen, und er hat nicht die geringste Ahnung, wie er diesen Auftrag »der anderen Welt« ausführen soll. Aber zur Beschäftigung und als Therapie werden in der Reha-Einrichtung unter anderem Malkurse angeboten. Also geht Hensle dorthin, um sich beraten zu lassen. Der Sozialpädagogin in der Reha erzählt er von seinem Erlebnis und seinem Auftrag. Sie ist offen dafür, und er bekommt Pinsel, Farben und eine Leinwand. Aber sie kann ihm natürlich nicht sagen, welche Objekte er malen soll und wie. Was jetzt? Tagelang sitzt er vor der leeren Leinwand, weil er nicht weiß, womit er anfangen könnte. Dann spürt er auf einmal in sich etwas von »der Kraft von der anderen Seite«, der versprochenen Hilfe, und fängt mit zaghaften Pinselstrichen an. So entsteht noch in der Klinik das erste Bild.[128]

Aber es soll ja weitergehen mit dem Malen. Die Pädagogin der Reha-Klinik rät ihm verständnisvoll, wo er sich in einem Fachgeschäft alles für die Malerei Nötige kaufen könne, was er auch umfänglich tut. In häuslicher Umgebung überkommt ihn erneut Ratlosigkeit, was er auf die Leinwand bringen könnte. Eines Nachts folgt er neuerlich einer unbestimmten inneren Empfindung und beginnt das nächste Bild. So geht es nächtelang weiter. Am Morgen schaut er jeweils an, was sich in der Nacht an dem Bild verändert hat, was da mit ihm »passiert ist«. Als würde seine Hand geführt, wie er im Gespräch wiederholt betont, und »immer mit der Hilfe von der anderen Seite«. Nun entsteht Bild auf Bild in ruhiger kraftvoller Arbeit.

Inzwischen hat Vinzenz Hensle tatsächlich einige Ausstellungen gehabt und ein Buch ist in Planung. Selbstverständlich malt er weiter, aber er verkauft seine Bilder nicht. Er würde einzelne Arbeiten abgeben, wenn sie denn dem Zweck dienten, die Botschaft der Kraft zu verbreiten, so steht es auf seiner Website. Wenn er sich poetisch »Maler der Seele« nennt, so scheint mir der darin versteckte Doppelsinn wunderbar. Malt da doch ein Mensch aus seiner eigenen Seele heraus und bringt mit den Farben zugleich Spuren der leuchtenden Kraft-Seele auf die Leinwand, die jene tief in der seinen hinterlassen hat.

An dieser Stelle möchte ich mit den Berichten über die exemplarischen Nahtoderfahrungen abschließen. Selbstverständlich könnten noch weitere, ebenso beeindruckende Erlebnisse von Bewusstsein über den Tod hinaus folgen. Das würde jedoch den Rahmen dieses Buches sprengen.

3. Eigene direkte Begegnungen mit Nahtoderfahrungen

Während der Zeit als niedergelassener Arzt in meiner Praxis und danach wurde ich selbst Zeuge von Nahtoderfahrungen. Einige will ich präzise nach meiner Erinnerung berichten. Jedes Erlebnis offenbart dabei eine Einzigartigkeit, deren Faszination mich bei der bloßen Schilderung einholt.

a. Der Traum, der keiner war

Vor vielen Jahren rief frühmorgens ein alter und gebrechlicher Patient in der Praxis an und verlangte einen umgehenden Hausbesuch. Die Angestellte am Empfang gab den Anruf als dringlich direkt an mich weiter, und ich erfuhr, dass meinem Patienten etwas ganz Schlimmes geschehen war, er hatte »einen Traum gehabt«. Auf meine verdutzte Nachfrage, was denn so schrecklich daran wäre, entgegnete er aufgeregt, es sei völlig anders als sonst gewesen, ich müsste sofort kommen. Aufgrund meines Wissens um seine Erkrankungen und um Nahtoderfahrungen hatte ich eine gewisse Ahnung. Da keine akute Situation vorlag, beruhigte ich ihn und versprach, nach der Sprechstunde bei ihm vorbeizuschauen. Damit war er einverstanden.

Am Nachmittag erzählte er mir dann, dass er mitten in der Nacht aus einem Traum erwacht war, den er nicht als einen normalen Traum empfunden hatte. Es sei ihm alles wie in der Wirklichkeit vorgekommen, vollkommen lebendig und eben ganz klar. Ein helles Licht habe er gesehen, alles sei warm und liebevoll gewesen und begleitet von einer wunderbaren Musik. Während er so zu mir sprach, leuchteten seine Augen in Gedanken an die Erinnerung. Also fragte ich ihn, ob er irgendeine Idee hätte, was da passiert sein könnte. Er hatte keine. Ich ließ ihm einen Moment, bevor ich fortfuhr. »Nun«, begann ich, »dann muss ich Ihnen etwas sagen, was zunächst sehr merkwürdig klingt. Aber Sie brauchen keine Angst zu haben, denn der Traum hat Ihnen nur eine Zukunft gezeigt, die Sie vermutlich ganz anders erwarten. Ich glaube, dass Sie letzte Nacht für ein paar Augenblicke sozusagen ein wenig gestorben sind.«

Für einen Moment herrschte Stille, jedoch ohne Erschrecken, eher mit Verwunderung. Mein Patient ging wohl in Gedanken den Eindruck des Traums noch einmal durch, der ihn ja über die Maßen beglückt hatte. Vorsichtig erläuterte ich ihm, dass sein Herz womöglich für mehrere lange Sekunden stehen geblieben und er dadurch mitten im Schlaf in Bewusstlosigkeit gefallen war. Und genau in diesem Moment hätte sich dieser ganz besondere Traum zugetragen, den er zu Recht nicht als solchen empfunden hatte. Für einen Augenblick sei ihm der Übergang in das erlaubt worden, was uns erwartet, wenn das Herz aufhört zu schlagen. Um objektive Klarheit zu gewinnen, schlug ich ihm vor, ein Langzeit-EKG[129] des Herzens machen zu lassen.

In der Tat zeigten sich in der Aufzeichnung seines EKGs Pausen von bis zu 9 Sekunden zwischen den einzelnen Herzaktionen. Einer dieser langen Augenblicke zwischen zwei Herzschlägen, ein Herzstillstand von nachweislich nur wenigen Sekunden, musste also gereicht haben, um das umwerfende Erlebnis dieses »Traums« bei ihm hervorzurufen. Damit wird das Ergebnis aller prospektiven Studien nochmals bestätigt, dass die Dauer von Herzstillstand und Bewusstlosigkeit für das Auftreten einer Nahtoderfahrung keine Rolle spielt.

Die einzige Frage war nun: Implantation eines Herzschrittmachers oder nicht? Der bleibt selbst dann noch aktiv, wenn das Herz eigentlich gar nicht mehr will. Das habe ich meinem Patienten dargelegt und ihm dazu gesagt, er wüsste jetzt ja, was »danach« käme. Obwohl der alte Herr darüber hinaus sehr krank war, nach dem Tod seiner Frau zurückgezogen lebte und wegen seines Traums keine Angst mehr vor dem Tod hätte haben müssen, entschied er sich nach einer Woche doch für den Herzschrittmacher. Ein paar Jahre danach besuchte ich ihn im Krankenhaus, als er eigentlich im Sterben lag und der Schrittmacher das Herz immer noch antrieb. Es war wohl um die Weihnachtszeit. Ich weiß nicht, ob er seine Entscheidung bereute. Ich habe ihn nicht gefragt und saß einfach nur eine Zeit lang bei ihm. Heute kann jeder in seiner Patientenverfügung festlegen, dass ein Herzschrittmacher deaktiviert werden darf.

b. Das Licht im Dunkel

Ein einziges Mal war ich bei einer eher negativen Nahtoderfahrung zugegen. Eine ältere Patientin hatte zu Hause ziemlich unerwartet einen schweren Asthmaanfall bekommen. Nur durch Glück konnten wir ihren Telefonanruf orten, denn sie vermochte nicht mehr zu sprechen. Als ich bei ihr eintraf, fand ich sie ohne messbaren Puls vor, tief bewusstlos und ohne Atmung. Es gelang mir, sie zu reanimieren und mit dem hinzugekommenen Notarzt Herz und Blutdruck zu stabilisieren, sodass sie auf eine Intensivstation gebracht werden konnte. Nach zwei Tagen im Koma erwachte sie und berichtete eine beunruhigende Erfahrung: Sie war in einem grabähnlichen Raum zu sich gekommen, in düsterer, beängstigender Atmosphäre, nur mit einer Art Lichtschacht über sich. Dort oben bemerkte sie zu ihrem Schrecken zwei dunkle Gestalten, die den Lichtschacht mit einer großen Steinplatte zudecken wollten, was Panik bei ihr auslöste. Aber plötzlich sei ich dazugekommen. Ich hätte den Männern mehrfach laut und deutlich klargemacht, dass sie noch nicht dran sei, und die Platte immer wieder weggeschoben, bis die Männer von ihrem Tun abließen. Damit endete ihre Erinnerung.

Aus langjähriger Kenntnis weiß ich um die Angst dieser Patientin vor dem Tod und dass sie zu Lebzeiten eine mehr als problematische Person war. Ob ihre Lebensweise oder persönliche Befindlichkeit der Grund für die negative Nahtoderfahrung war, vermag ich nicht zu entscheiden. Selbstverständlich weiß ich nur von den Maßnahmen zur Wiederbelebung und nichts vom Wegschieben einer Platte. War das eine Nahtoderfahrung? Ich denke ja, unbedingt, aber wie wäre dann meine Doppelexistenz als Reanimierender und als Plattenschieber zu deuten? Darauf muss ich die Antwort schuldig bleiben. Aber Dianne Morrissey berichtete ebenfalls von ihrer zweifachen Erscheinung und weiter unten wird noch einmal von einer Doppelexistenz die Rede sein. Das Rätsel kann in diesem Buch allerdings nicht gelöst werden.

c. Blick in eine andere Welt

Im Folgenden geht es um eine Art Sterbebettvision, die einer Nahtoderfahrung aber sehr ähnelt. An mehreren Tagen nacheinander war ich bei einer alten, sehr liebenswürdigen, gütigen Patientin in ihrem Haus zugegen. Ihr Mann war ein paar Jahre zuvor gestorben. Jetzt fühlte sie sich müde und einsam. Die Verschlimmerung einer auszehrenden Krankheit hatte ihr im letzten Jahr längst alle Kraft genommen. Sie wusste um ihren nahen Tod und schien eher erwartungsvoll. Mehrfach befragte sie mich über das kommende Ende. Dabei sprachen wir eingehend über Nahtoderfahrungen, sodass sie keine Angst vor dem Tod hatte. Nun wollte sie endgültig nicht mehr und der Natur ihren Lauf lassen – kein Krankenhaus, keine Medikamente, keinen Sauerstoff mehr. Die anwesenden Kinder und Enkel achteten den Willen der Mutter und beschlossen, gemeinsam im Haus ihre Versorgung zu übernehmen. Für eventuelle medizinische Komplikationen wünschte sich die Patientin den Arzt dazu. Das war ich. Als alle um sie um ihr Krankenbett herum standen, nahm sie die Sauerstoffmaske ab und warf sie zur Seite.

Irgendwann in diesen Tagen blickte sie auf einmal ziemlich starr geradeaus und sagte mit fester Stimme: »Ich krabbel da jetzt einfach durch.« Eine Tochter wusste durch einen Hospizkurs von so etwas wie einer Zwischenwelt um den Tod herum und fragte sie: »Ist das denn so eng?« Da antwortete sie fast freudig: »Nein, ganz weit!« Und in Gedanken an alle anwesenden Kinder und Enkel ergänzte sie mit Bedauern: »Am liebsten würde ich euch alle mitnehmen, aber das geht ja nicht.« Dann verschwand das Bild wohl. Kurz darauf schloss die alte Dame die Augen und verfiel in eine Art Dämmerschlaf. Immer war jemand nahe bei ihr, und könnte man Liebe sichtbar machen, das Haus hätte im Dunkeln geleuchtet. Nach ein paar Tagen verstarb sie friedlich, ohne das Bewusstsein wiedererlangt zu haben, in einer Umgebung, die randvoll angefüllt war mit Liebe und Vertrauen.

d. Drei Minuten Ewigkeit

Eine Freundin erlitt an einem Sonntag, ziemlich genau um 9.45 Uhr, so sagte sie, eine Herzattacke und machte eine typische Nahtoderfahrung. Der Krankenwagen hatte sie gerade im Schockraum der Uniklinik abgeliefert, als sie durch ein komplett verschlossenes Blutgefäß des Herzens einen Herzstillstand erlitt. Unter mehrfachem Einsatz eines Defibrillators gelang nach 3 Minuten die Reanimation. Ihren Zustand in diesen 3 Minuten ohne Herzschlag und Gehirndurchblutung beschrieb sie mir für dieses Buch sichtlich bewegt mit folgenden Worten: »Den Zustand der Bewusstlosigkeit kenne ich von mehreren Vollnarkosen. Das war für mich immer ein Vakuum. Ich war weg und im nächsten Moment wieder da, selbst wenn dazwischen mehrere Stunden lagen. Die Zeit dazwischen war ausgewischt. Daher passt der Begriff ›Bewusstlosigkeit‹ überhaupt nicht zu meinem Erleben während meines Herzstillstands. Denn niemals vorher oder nachher habe ich einen Zustand so vollkommen bewusst wahrgenommen wie den während der sogenannten ›Bewusstlosigkeit‹. Um mich herum war eine absolute Schwärze, die aber nicht bedrohlich war. In mir war eine Ruhe, für deren Vollkommenheit und Wohltat mir bis heute die Worte fehlen. Statt von Liebe würde ich von absoluter, liebevoller Geborgenheit sprechen.

Mein Wunsch, den ich sehr bewusst, wenn auch im Stillen geäußert habe, war, dass dieser Zustand bitte nie mehr enden möge. Dann wurde es unvermittelt hell, und im Licht standen viele Menschen zusammen, die ich allerdings nur schemenhaft wahrgenommen habe. Mein erster Gedanke war, mich auf einer Party zu befinden. Gern hätte ich mehr erfahren, aber dann endete meine Erfahrung abrupt mit meinem Wiedereintritt ins Leben. Die Reanimationscrew wunderte sich in dem Moment sehr über meine gute Laune.

Dass sich ein Leben nach einer Nahtoderfahrung möglicherweise komplett wandelt, ist mir zu abgegriffen. Aber es vergeht kein Tag, an dem ich nicht mindestens einmal von den damaligen Gefühlen eingenommen werde. Insofern kann ich eine Art Wandlung wohl nicht ganz in Abrede stellen. Und Angst vor dem Tod hatte ich schon vorher nicht, da ich zutiefst davon überzeugt bin, dass wir nicht verloren gehen. Kein Tunnel, kein Licht an dessen Ende, kein Sog zurück, aber eine Erfahrung, von der ich bis heute täglich zehre!«

e. Aus dem Koma ins Licht

Die folgende Begebenheit ereignete sich während der Diskussion nach einem meiner Vorträge zu Bewusstsein und Nahtoderfahrungen. Der Vortrag fand in Corona-Zeiten als Video-Konferenz statt. So konnte ich alle Zuhörer direkt auf dem Bildschirm beobachten. Die Resonanz war hervorragend und die Diskussion wie üblich geprägt von Nachfragen zu bestimmten Punkten. Eine junge Dame fiel mir besonders auf, da sie während meiner Ausführungen sehr unruhig wirkte. Als die Diskussion zu Ende ging, schien sie noch eine letzte Frage anbringen zu wollen – so dachte ich jedenfalls. Stattdessen stellte sie mit Nachdruck laut und vernehmlich fest: »Ich will Ihnen mal was sagen! Alles, was Sie über Nahtoderfahrungen gesagt haben, ist absolut wahr. Ich hatte eine Nahtoderfahrung. Darüber habe ich bis jetzt noch nie gesprochen. Dies ist das erste Mal. Es geschah nach einem Infarkt des Kleinhirns. Ich lag 11 Tage im Koma, und dann bin ich aufgewacht. Ich hatte eine Nahtoderfahrung, und ich versichere Ihnen, dass alles, was Sie gesagt haben, wahr ist. Meine sehr gläubige Mutter hatte Kontakt zu Gott, so sagte sie mir später. Er hätte ihr versichert, ich würde gesund werden. Das ist auch geschehen. Die Erwartungen der Ärzte waren genau das Gegenteil. Die Ärzte und Schwestern konnten meine rasche Genesung innerhalb von 3 Monaten nicht fassen. Meine Heilung war ein Wunder.«

Das Publikum war so sprachlos wie ich, und alle merkten, dass hier etwas ganz Ungewöhnliches stattgefunden hatte. Die Dame willigte ein, sich mit mir zu treffen, und vertraute mir ihre Geschichte an. Sie war in jungen Jahren von einer Leiter gefallen und ihr Kopf dabei sehr hart auf dem Boden aufgeschlagen. Die Ursache für den Sturz dürfte jedoch eine Blutung im Kleinhirn und nicht der Sturz selbst gewesen sein. Sie verlor sofort das Bewusstsein und brauchte eine Reanimation, um Blutdruck und Herzschlag wiederherzustellen. Trotzdem blieb sie im Koma, in dem sie eine Art von »Träumen« erlebte, die für sie absolut real waren und an die sie sich bis heute präzise erinnert. Sie fühlte, wie sie ihren auf dem Bett liegenden Körper, die Station, die Schwestern und Ärzte zurückließ. Sie ging eine schöne Straße entlang, die derjenigen sehr ähnelte, die sie aus der Stadt kannte, in der sie lebte. Aber nun erstrahlte das Ganze in farbiger Pracht. Alles schien von einem Licht durchströmt, das angefüllt war mit unvorstellbarer Liebe, und sie empfand sich als Teil dieses überwältigenden, liebevollen Gefühls. Bis heute kann sie keine Worte dafür finden.

An diesem wunderbaren Ort nahm sie eine Menge Leute wahr. Zwar konnte sie deren Gesichter nicht wirklich erkennen, wusste aber, dass es Freunde waren. Einer von ihnen, den sie ebenfalls nicht kannte, sagte zu ihr: »Mach dir keine Sorgen, ich werde bei dir sein und dich beschützen. Alles wird gut.« Nach 11 langen Tagen erwachte sie langsam aus dem Koma. Ein Vierteljahr später konnte sie wieder joggen gehen, was bei der Diagnose eines Kleinhirninfarktes mit Blutungen medizinisch eigentlich unvorstellbar ist. In der Regel wird man zum Pflegefall.

Nach ihrer Nahtoderfahrung war sie so erfüllt von dieser unbeschreiblichen Liebe, von der sie ein Teil sein durfte, dass sie die ersten Monate alle Menschen anlächelte. Bis heute kann sie dieses Gefühl aufrufen, wenngleich nicht mehr so stark wie damals.

In der Folgezeit kam es wie bei den meisten Nahtoderfahrenden zu einer Scheidung. Sie traf jedoch einen neuen Partner, den sie später als denjenigen identifizierte, der während der Nahtoderfahrung so freundlich mit ihr gesprochen hatte. Der wusste von dieser Doppelexistenz natürlich nichts. In der Nichtlokalität, außerhalb von Zeit und Raum, im Reich aller Möglichkeiten, war die Zukunft bereits verfügbar gewesen. Angst vor dem Tod, die zuvor ganz intensiv bei ihr bestand, hat die Dame nicht mehr.

Wie fast alle Nahtoderfahrenden änderte auch sie ihr Leben und wird in Zukunft mit Kindern und jungen Erwachsenen arbeiten, um ihnen zu helfen, zu sich selbst zu finden. Zuletzt schrieb sie mir auf die Frage, ob ich ihre Geschichte weitergeben dürfe, in einer E-Mail: »Sie können meine Geschichte erzählen, wenn Sie meinen Namen nicht sagen. Letztlich freue ich mich, wenn die lichtvolle Botschaft, die hinter meiner Nahtoderfahrung steht, den Menschen Grund zu großer Hoffnung, Urvertrauen und Zuversicht gibt sowie das Gefühl vermittelt, von Gott ewig geliebt und getragen zu sein. Denn durch meine Erfahrung weiß ich, dass es Gott gibt und dass Gott uns alle unsagbar liebt und wir immer geborgen bei ihm sind. Puh, das rührt meine Augen gerade zu Tränen.« Ihr Glaube hat sich spürbar in tiefes Wissen verwandelt.

4. Der Hirntod und das Bewusstseinsphänomen des transplantierten Herzens

Um die Fragwürdigkeit der Annahme eines auf das Gehirn zu reduzierenden Bewusstseins aufzuzeigen, ist es unerlässlich, sich mit dem sogenannten Hirntod und Organtransplantationen zu beschäftigen. Das Gehirn ist in der Situation des Hirntodes nachhaltig geschädigt. Der Grund kann ein Gehirnschlag oder ein Unfall sein. Häufig folgt dieser Zustand auf eine Reanimation nach klinischem Tod, wenn sich das Gehirn nicht so erholt, wie wir es bei den Nahtoderfahrungen mit Herzstillstand und Bewusstlosigkeit kennengelernt haben. Der Hirntod meint den anatomischen Tod des Gehirns und ist ein Begriff der Transplantationsmedizin. In diesem Stadium kann man mit wissenschaftlichen Methoden kein Bewusstsein mehr messen oder es auf andere Art feststellen. Erst nachdem sicher festgestellt ist, dass keine Gehirnaktivität mehr nachweisbar ist, dürfen Organe zwecks Transplantation entnommen werden. Denn ein Hirntoter ist ja nicht wirklich tot, weil sein Herz in der Regel noch schlägt. Niemand würde einen Hirntoten etwa bestatten wollen.

Wenn ein Organ eines Hirntoten transplantiert wird, dann geht man ganz allgemein davon aus, dass es sich nur um die anatomische Einheit Herz, Niere, Lunge handelt, die übertragen wird, und sonst nichts. Es mehren sich aber ernstzunehmende Anhaltspunkte dafür, dass Bewusstseinsaspekte der Spenderperson ebenfalls transplantiert werden, weil Persönlichkeitsanteile des Spenders auf einmal bei der Empfängerperson auftauchen. Darauf machte eine betroffene Patientin[130] bereits 1997 aufmerksam. Hier gibt es also seit Langem ein Fragezeichen.

Aus dem Jahr 2002 liegt eine Arbeit[131] von drei Wissenschaftlern – Paul Pearsall, Gary Schwartz und Linda Russek – vor, die auf die Frage zu Bewusstsein und dessen fraglicher Transplantation bei Spenderorganen eingehen. Pim van Lommel nimmt das Thema 2009 ebenso in seinem Buch auf wie der Kardiologe Paolo Bavastro 2018 in seinem bahnbrechenden Werk »Organ-Transplantationen«.[132] Die beunruhigende Frage lautet: Befindet sich in den einzelnen Organen der Spenderpersonen ein dort verbliebenes Bewusstsein, das sich bei den Empfängerpersonen nachweisen lässt?

Die Untersuchung dieser Fragestellung wurde nur möglich, weil es in den USA üblich ist, dass nach einiger Zeit die Anonymität von Spender- und Empfängerpartei auf Wunsch aufgehoben werden darf. Normalerweise erfährt der Empfänger nur Alter, Geschlecht, Todesursache und in den USA eventuell die Ethnie, sonst nichts. Von den 74 untersuchten Fällen wurden die 10 aussagekräftigsten Berichte von den 3 Autoren ausgewählt und in einer Studie veröffentlicht.

Die einzige kleine Schwäche der Arbeit scheint mir die gleiche wie bei Moody: dass sie notgedrungen retrospektiv angelegt ist, also im Rückblick und nicht direkt ab dem Moment der

Übertragung des Organs. Deshalb steht erneut der Vorwurf »zu unwissenschaftlich« oder gar »esoterisch« im Raum. Bei Moody wurde das inzwischen umfangreich widerlegt und bei der oben genannten Untersuchung ist es meines Erachtens nur eine Frage der Zeit, bis das geschieht. Gegen das Argument versteckter Verabredungen stellen die Autoren nämlich kategorisch fest: »Die persönlichen Veränderungen bei den Empfängern gingen in jedem Fall einem Kontakt mit Familienmitgliedern oder Freunden des Spenders voraus.«[133] Keiner hätte also zwischendurch einem anderen etwas verraten können, und es waren nach der Transplantation mindestens Monate, wenn nicht Jahre vergangen. Zwei Fälle will ich hierzu vorstellen. Dabei habe ich mich eng an den englischen Originaltext angelehnt. Die Aussagen der Beteiligten sind mehr als erstaunlich.

Die Spenderin eines Herzens war eine 19-jährige Frau[134], die nach einem Autounfall starb. Die Mutter der Spenderin berichtete von ihrer Tochter als von einem sehr liebenswerten Mädchen. Sie besaß schon ein eigenes Naturkostrestaurant und war strenge Vegetarierin, die gern mal anderen Vorwürfe machte, die sich nicht so ernähren wollten. Sie lebte ein sehr unabhängiges, offenes Leben, glaubte an freie Liebe und hatte viele, wechselnde Beziehungen. Die Mutter verbrachte nach dem Unfall lange Stunden am Bett ihrer Tochter auf der Intensivstation. Sie war noch soeben bei Bewusstsein, aber vom Tod gezeichnet, und erzählte vom Aufprall des Autos, das in ihrer Empfindung wieder und wieder durch ihren geschundenen Körper hindurchging. Als sie kurz darauf starb, wurde ihr noch gesundes Herz zur Transplantation freigegeben.

Die Empfängerin, eine 29-jährige Frau, die an Herzschwäche nach einer Herzentzündung litt, gab sehr offen Auskunft über Veränderungen in ihrer Persönlichkeit nach der Organübertragung, die sie so niemals erwartet hatte. Zum einen erlebte sie anfangs jede Nacht, später seltener den Unfall, den die Spenderin gehabt hatte, und jede Nacht spürte sie förmlich den Einschlag des Autos in ihrer Brust. Zum anderen begann sie sonderbarerweise Fleisch »zu hassen«[135], obwohl sie bis zu dem Zeitpunkt eine wahrhaft passionierte Fleischesserin gewesen war und sozusagen Stammgast in Burger-Restaurants.

Aber eine andere Veränderung brachte sie vollkommen durcheinander, nämlich dass sich ihre sexuelle Orientierung offensichtlich mit veränderte. Bis zum Zeitpunkt ihrer Transplantation war sie bekennend lesbisch gewesen und sie hatte nicht das geringste Interesse an Männern gehabt. Nun hatte sie einen Freund, mit dem sie sich verloben wollte, und sprach wörtlich von »großartigem Sex«[136]. Frauen fand sie immer noch attraktiv, aber es fehlte im Gegensatz zu vorher jedes Verlangen. So kam sie für sich zu dem erstaunlichen Schluss, dass mit der Herztransplantation gleichzeitig eine Geschlechtstransplantation bei ihr vorgenommen worden war.

Der Bruder der Empfängerin bestätigte diese Darstellung in allen Punkten, ohne über die Aussagen seiner Schwester informiert worden zu sein. Er erklärte seine Schwester für »neuerdings hetero«[137]. Das erstaunte ihn umso mehr, weil seine Schwester vorher im Zusammenhang mit ihrer Orientierung hin zu Frauen auch vor seiner Freundin regelrecht gegen die Schlechtigkeit der Männer agitiert hatte und nichts mit ihnen zu tun haben wollte. Überdies war er mehr als verwundert, dass seine Schwester nicht nur kein Fleisch mehr aß. Vorher war sie in seinen Augen die »Königin des Big Mac«[138] gewesen, jetzt duldete sie nicht mal mehr Fleischprodukte im Haus, weil ihr davon übel wurde und sie Herzrasen bekam.

Man könnte nun den Einwand erheben, die Empfängerin hätte auf Umwegen doch erfahren, dass die Spenderin vegetarisch aß, so wäre sie zur Vegetarierin geworden. Laut den Autoren konnte sie aber bis zum viel späteren Kontakt zu den Angehörigen der Spenderin nichts davon wissen. Und würde man deshalb beginnen, Fleisch im wahrsten Sinn des Wortes zu hassen, dass einem allein der Geruch oder Anblick Übelkeit verursacht?

Dann spürt dieselbe Empfängerin jede Nacht den Aufprall

des Autos in ihrer Brust, wie es der Spenderin widerfahren war, und nur deren Mutter war das bekannt gewesen. Woher sollte die Empfängerin davon gewusst haben und das dann jeden Abend spüren? Vermutlich seien es Folgen der Operation, so ihre Ärzte. Aber Schmerzen von Operationsnarben richten sich nicht nach Tageszeiten. Und bis zum Kennenlernen lag da noch eine lange Zeit vor beiden Parteien.

Mehr noch, die Empfängerin war vor der Transplantation eine lesbische Frau. Sie engagierte sich sogar für ihre lesbische Orientierung, indem sie sich kämpferisch mit männlichem Sexismus auseinandersetzte. Der Bruder bezeichnete sie in der Richtung sogar als »militant«. Nach der Herztransplantation fühlte sie sich plötzlich nicht mehr von Frauen sexuell angezogen, sondern von Männern. Sie verlobte sich und wollte einen Mann heiraten, der sie sexuell erregte, und sie war offensichtlich völlig verwirrt über diese »Geschlechtstransplantation«, wie sie es nannte. Dazu muss man wissen, dass nach aktuellem Stand bzw. Meinung der Wissenschaft jede individuelle Sexualität, wenn nicht doch genetisch bedingt, so zumindest bestimmend biologisch angelegt ist. Da gibt es also keine individuelle Wahl, aus was für einem Grund auch immer.

Im zweiten Fall ist der Spender ein 34-jähriger Polizist[139], der bei dem Versuch, einen Drogendealer festzunehmen, erschossen wurde. Der Empfänger war ein 56-jähriger Professor an einem College, der an Gefäßverstopfung und der koronaren Herzkrankheit litt.

Die Ehefrau des Spenders berichtete von dem ersten Treffen mit dem Empfänger des Herzens ihres Mannes und dessen Frau. Sie schilderte ihre Gefühle, diesem Fremden gegenüberzustehen, der so fremd ja eigentlich nicht war, als ob ihr Mann irgendwie noch lebte. Sie erfuhr von dessen Frau, dass die einzige wirkliche Nebenwirkung nach der Herzoperation bei ihrem Mann merkwürdige Lichtblitze vor seinem Gesicht seien. Das konnte die Frau sich nicht erklären. Was sie bis dahin nicht wusste: Es entsprach präzise der Sterbesituation des Spenders, dem der Kriminelle bei der Verfolgung direkt ins Gesicht geschossen hatte. Das Letzte, was der Spender also vor seinem Tode gesehen haben konnte, musste der Lichtblitz des Mündungsfeuers einer Pistole gewesen sein. Die Polizei hatte danach mit einem Phantombild nach dem Täter gefahndet, auf dem ein friedlich dreinblickender Mann mit langen Haaren, tiefliegenden Augen und einem Bart abgebildet war. Die Ehefrau des Spenders verglich es mit einer Darstellung von Jesus.

Der Empfänger der Herzspende stand den Autoren der Studie ebenfalls ausführlich Rede und Antwort. Dabei berichtete er ein Detail, das er seinen Ärzten verschwiegen hatte. Über seinen Spender war ihm nur bekannt geworden, dass es sich um einen 34-jährigen, sehr gesunden Mann handelte. Ein paar Wochen nach der Operation traten bei dem Empfänger des Herzens merkwürdige Träume auf. Er sah einen grellen Lichtblitz vor sich, gefolgt von einem brennend heißen Gefühl in seinem Gesicht, und kurz davor erschien ihm das Antlitz von Jesus. Seit der Transplantation hätte er diese Träume auch tagsüber, erst der Jesus, dann ein heller Blitz und die Hitzewelle. Abgesehen von dieser unangenehmen Begleiterscheinung ginge es ihm zum ersten Mal im Leben körperlich richtig gut.

Die Frau des Empfängers erzählte den Autoren, dass sie sehr froh sei, dass sie ihren Mann nach seiner Transplantation gefragt hatten. Er wäre nämlich viel besorgter wegen dieser Lichtblitze, als er zugäbe. Er sagte ihr, er sähe Jesus und danach einen hellen Blitz. Ihren Mann belaste das sehr. Den Ärzten hatte er das mit den Blitzen gesagt, aber nichts von Jesus. Die taten das als mögliche Nebenwirkungen der Medikamente ab.

Der Professor, also ein rationaler Wissenschaftler, wusste von dem Spender nur, dass er 34 Jahre alt war und Polizist, mehr nicht. Die Details über den mutmaßlichen Mörder konnte er zum Zeitpunkt des Auftretens seiner Träume definitiv nicht kennen, ebenso wenig die Todesart. Dass der Täter aussah wie Jesus, fand die Polizei zudem erst später heraus.

Es gibt etliche weitere Beispiele zum transplantierten

Bewusstsein durch ganze Organe, die einen allesamt sprachlos machen. Inzwischen wissen wir, dass sogar einzelne Zellen ein Bewusstsein besitzen, das z. B. Stammzellen erlaubt, sich in alle möglichen Zellen, unter anderem in bewusste Gehirnzellen, zu entwickeln[140], die sogar Ping-Pong spielen können[141]. Um wie viel mehr muss Bewusstsein dann für ganze Organe möglich sein?

Beim Übersetzen machte mich die Erkenntnis sprachlos, dass diese Berichte von Bewusstseinstransplantation in Kreisen der Neurowissenschaft bis heute nicht wirklich zur Kenntnis genommen worden sind. Fakt ist, dass es bislang immer noch keine prospektive Studie gibt, um diese offene Frage zu untersuchen. Dabei wäre es ganz einfach, ab sofort bei jeder Transplantation eines großen Organs persönliche Merkmale des Spenders und Empfängers aufzuschreiben und die Daten z. B. in vierteljährlichem Abstand abzugleichen.

Über die Ursache der Unterlassung kann man spekulieren, aber ich bin mit Paolo Bavastro und auch Pim van Lommel der Ansicht, dass wohl Probleme bei Empfängern von Organen befürchtet werden, wenn sie erfahren, dass eventuell mehr übertragen wird als ein Zellhaufen. Zumindest würde das beunruhigen, und wie sollte man die Legende vom erloschenen Bewusstsein bei Hirntod aufrechterhalten? Es sieht so aus, als solle allein der Zweck die Mittel heiligen. Dabei müsste es gerade in diesem Fall der Sinn sein, der den Zweck heiligt. Solange die Fragen offen sind, verwende ich bei Empfängern von Organen bis zum Vorliegen weiterer Daten das Wort »Bewusstseinsphänomen« im Zusammenhang mit Transplantationen. Genau genommen zeigt der Hirntod nur das Aufhören dessen an, was wir von Bewusstsein glauben, verstanden zu haben.

V. Mögliche Erklärungen für eine Nahtoderfahrung

Das Interessante ist doch das,
was man noch nicht versteht.[142]
ANTON ZEILINGER

Gibt es eine wirklich einfache Erklärung für eine Nahtoderfahrung? Sagen wir einmal so: Es gibt eine Menge Versuche. Zunächst sollen der guten Ordnung halber die klassischen Erklärungsmuster für Nahtoderfahrungen auf ihre Richtigkeit überprüft werden. Dann wird es etwas kompliziert, weil Vorschläge aus dem Bereich der Quantenphysik ins Blickfeld rücken, um diese außerordentlichen Bewusstseinszustände bei Bewusstlosigkeit und Herzstillstand einzuordnen und zu erklären, wie sie naturwissenschaftlich zu verstehen sein könnten. Damit soll der Versuchung entgegengewirkt werden, eine Nahtoderfahrung ungeprüft entweder als Hirnprodukt oder Hirngespinst abzutun, wie es noch vielfach geschieht. Das machte es nach allem, was der Leser bis hierher schon wissen kann, denn auch zu einfach.

1. Klassische naturwissenschaftliche Erklärungsversuche

Im Rahmen der klassischen Physik seit Newton hat sich eine Denkweise entwickelt, die davon ausgeht, dass es für alles eine natürliche physikalische Erklärung geben muss. Logischerweise muss das unter dieser Prämisse ebenso für die Nahtoderfahrung gelten. Dies entspricht dem Vorgehen einer weitgehend materialistisch-reduktionistisch orientierten Naturwissenschaft.

Während meines Studiums an der Universität habe ich das so gelernt.

Auf der Basis dieser Denkweise wurde für das Tunnel-Erlebnis der Nahtoderfahrungen, mit der Bewegung zum Licht als Erklärung sogar die Erinnerung an den Geburtsvorgang bemüht, weil es dabei ja durch eine Art anatomischen Tunnel ginge. Das war ernsthafter Vorschlag, der bei nur kurzer Überlegung umgehend hätte beiseitegelegt werden können, denn was soll man dann bei den Menschen vermuten, die durch einen Kaiserschnitt zur Welt kamen? Vergleichbares gilt für den postulierten Rückzug des Sehens auf den Sehnerv während des Sterbens, wodurch die Tunnel-Empfindung anatomisch begründbar sein soll. Auch das ist rundweg abzulehnen, weil Blinde ohne Anlage eines Sehnervs ebenfalls eine Nahtoderfahrung haben können. Lassen Sie uns jedoch systematisch vorgehen. Was lässt sich zu den gängigen Erklärungsversuchen einer Nahtoderfahrung sagen, sie seien durch Sauerstoffmangel, Drogen oder Medikamente etc. verursacht?

a. Sauerstoffmangel

In Bezug auf Nahtoderfahrungen gilt für die meisten Wissenschaftler und Wissenschaftlerinnen unverändert die These vom sterbenden Gehirn, indem Sauerstoffmangel zu chemischen Reaktionen mit sogenannten Endorphinausschüttungen führen soll. Der Vorgang ruft dann eine Tunnel-Situation und Glücksgefühle hervor und ist für die darauffolgenden Bilderscheinungen verantwortlich. Nach der großen niederländischen Studie in 2001 und in Kenntnis der anderen prospektiven Studien bei Herzstillstand ohne Bewusstsein stellt sich die offensichtliche Frage, weshalb dann nur um die 18 Prozent der Betroffenen von Nahtoderfahrungen berichten, wie es das Ergebnis der Studie zeigt? Warum haben lediglich ein Fünftel oder Sechstel von allen eine Nahtoderfahrung? Unzweifelhaft liegt in der Phase des klinischen Todes bei jedem davon betroffenen Patienten ein schwerer Sauerstoffmangel vor, und bei Sauerstoffmangel als

Ursache der Tunnel- und Nahtoderfahrung müssten es logischerweise viel mehr bzw. alle Patienten sein. Denn es ist ja gerade der Mangel an Sauerstoff, der Bewusstlosigkeit herbeiführt. Als Begründung für eine Nahtoderfahrung scheint das schon aus diesem Grund nicht schlüssig.

Auch unter einem weiteren Gesichtspunkt erweist sich ein Sauerstoffmangel als ersichtlich untauglicher Erklärungsversuch: Es gibt schließlich unzählige Beispiele von Menschen, die eine Nahtoderfahrung bei nachweislich ausreichender Sauerstoffversorgung des Gehirns erleben. Im Zustand tiefer Meditation, bei Absturz am Berg, bei drohendem Verkehrsunfall, bei Depressionen liegt erkennbar kein Sauerstoffmangel vor. Das dürfte logischerweise nicht der Fall sein, wenn dieser Mangel als Bedingung für eine Nahtoderfahrung formuliert wird. Damit scheidet ein wie auch immer gearteter Einfluss von Sauerstoff für das Auftreten einer Nahtoderfahrung definitiv aus.

b. Medikamente

Ein anderes, oft vorgebrachtes Argument zielt auf die Gabe von Medikamenten. Nahtoderfahrungen kommen jedoch mit Medikamenten wie in tiefer Narkose und ohne Medikamente wie in den beschriebenen lebensbedrohlichen Situationen oder bei Versenkung in tiefe Kontemplation vor. Der schon in Bezug auf den Sauerstoffmangel erhobene Einwand kann diesbezüglich in Abwandlung wiederholt werden: Menschen können eine Nahtoderfahrung sowohl mit Medikamenten als auch ohne Medikamente erleben, sogar ohne Herzstillstand und ohne Flat-Linie im EEG und bei klinischem Tod mit Herzstillstand und Bewusstlosigkeit, wenn mangels Blutfluss nichts mehr wirken kann und sich damit jeder Medikamenteneinfluss erkennbar erledigt hat. Medikamente haben definitiv keinen Einfluss. Das stimmt mit den Ergebnissen der prospektiven Studien überein.

c. Halluzinationen

Diese werden ebenfalls als Inhalt und Erklärung für eine Nahtoderfahrung angeführt. Aber wann haben Halluzinationen, Sinnestäuschungen je eine Entsprechung in der Realität gehabt wie die Wahrnehmungen bei Nahtoderfahrungen? Wann gab es je Zeugen, die eine Halluzination analog einer Nahtoderfahrung in allen Einzelheiten bestätigen konnten? Der Musiker Bo Katzman[143] hat die Annahme von Halluzinationen aus gutem Grund überzeugend zurückgewiesen, weil er beides aus eigener Erfahrung kannte und zwischen Realität und Fiktion klar zu unterscheiden vermochte. Gleiches gilt für den Gebrauch von sonstigen Psychedelika, die Halluzinationen und keine realen Bilder erzeugen, wie auch für DMT[144], Dimethyltryptamin, das mit der Zirbeldrüse in Verbindung gebracht wird und bei nahem Tod eine Nahtoderfahrung auslösen können soll.

Dazu gibt es eine einzige Arbeit aus 2018[145], bei der 13 Probanden diese Substanz verabreicht wurde, die natürlich alle bei Bewusstsein waren. Sie verspürten inneren Frieden, wähnten sich von hellem Licht umgeben und mit der Welt eins zu sein. Sofort wurde von Nahtoderfahrung gesprochen. Aber diese Ergebnisse unterscheiden sich doch zu sehr von der Vielfalt der echten Nahtoderfahrungen und sind eher psychedelischer Natur. Jedenfalls lassen sie ebenso wie Versuche an Ratten keinen Schluss darauf zu, dass DMT unter den Bedingungen eines klinischen Todes auf natürliche Weise überhaupt in relevanter Menge vorkommen könnte[146], um eine Nahtoderfahrung zu generieren. Die Daten dazu sind zudem dürftig, um nicht zu sagen nicht vorhanden.

Es ist sicherlich unstrittig, dass Drogen etwas an der Bewusstseinssituation verändern wie auch Medikamente oder andere Psychedelika. Aber bei den auftretenden Veränderungen und Halluzinationen ist nichts real oder bezeugbar oder echt, und niemals kommt darin etwas Komplexes vor wie ein Lebenspanorama oder eine reale Selbstreflexion, wie das bei einer Nahtoderfahrung auftritt. Bei jedem Drogenkonsum ist der Patient bzw. Konsument zudem bei Bewusstsein, im Gegensatz zu den Betroffenen in den prospektiven Studien bei Herzstillstand und Bewusstlosigkeit. Halluzinationen erfordern zwingend ein funktionsfähiges Gehirn, was bei Herzstillstand nach 10 bis 20 Sekunden nicht mehr der Fall ist.

d. Frontalhirnreizungen

Frontalhirnreizungen sollen ebenfalls eine Nahtoderfahrung auslösen können. In der Tat sieht der Mensch hier sich selbst in maximal einem Meter Abstand, wenn das Gehirn beispielsweise im Frontalbereich direkt elektrisch stimuliert wird.[147] Gleiches ereignet sich ebenfalls sehr selten bei massiven Migräneattacken oder bei einer sogenannten Depersonalisation[148], bei der der Mensch sozusagen glaubt, neben sich zu stehen. Dabei handelt es sich aber eindeutig um auf diese enge Wahrnehmung begrenzte Illusionen, die ersichtlich hirninduziert sind. Die AWARE-Studie nimmt explizit auf hirninduzierte Bilder Bezug: »Unsere Studie deutet darauf hin, dass die wahrheitsgetreue Wahrnehmung während des Herzstillstandes nicht mit der Autoskopie[149] vergleichbar ist, da die Patienten nicht beschrieben, ihr eigenes Double zu sehen.«[150]

Die Wahrnehmungen entsprechen jedoch nicht einmal im Ansatz dem erweiterten Bewusstseinszustand einer Nahtoderfahrung mit all ihren Facetten – und der Patient ist bei diesem Vorgang wiederum bei Bewusstsein im Gegensatz zu den prospektiven Studien bei Herzstillstand und Bewusstlosigkeit. Man benötigt für eine erzeugte Illusion zudem ebenfalls ein funktionierendes Gehirn. Um es noch einmal zu wiederholen: Bei einem Herzstillstand, bei klinischem Tod liegt diese Bedingung nicht mehr vor.

e. Postmortale EEG-Aktivitäten

Besonderes Aufsehen erregten vor ein paar Jahren Versuche an Ratten, bei denen nach herbeigeführtem schnellem Tod für Sekunden eine starke Reaktion der Gehirnwellen im EEG auftrat. Das wurde als Beweis für eine Gehirnaktivität nach dem Tod gesehen und, übertragen auf den Menschen, als Ursache der Nahtoderfahrung propagiert. Warum die Entladungen im Tierversuch auftraten, könnte mit den besonderen Umständen zu tun gehabt haben, denn die Ratten wurden geköpft. Nahtoderfahrende sterben erkennbar nicht auf diese Weise.

Das hinderte ein paar Autoren und vor allem die Presse nicht, in einem recht aktuellen Fall aus dem Jahr 2022 im EEG einer 87-jährigen Frau[151], angeblich direkt nach dem Tod, ein ähnliches Phänomen einer massiven Reaktion in Bezug auf die Gehirnwellen zu erkennen, und das wurde umgehend mit einer Nahtoderfahrung in Verbindung gebracht. Da bei letzterem Fall scheinbar ein erster »Beweis« beim Menschen vorliegt, will ich kurz darauf eingehen.

Es gibt zwei prominente Stellungnahmen, die eindeutig sind und die Darstellung überzeugend widerlegen. Pim van Lommel weist zunächst zu Recht darauf hin, dass bei der Patientin zum Zeitpunkt des fraglichen Ausschlags der Hirnstromkurven kein Herzstillstand festzustellen war. Vielmehr zeigen Herzstromableitungen das EKG einer Person mit noch ausreichenden Herzaktionen. Sie war also lebendig und keineswegs verstorben.

Unabhängig vom EKG-Befund interpretiert der Neurologe und Nahtodforscher Bruce Greyson die Hirnstromkurven im EEG und legt Wert auf die Feststellung, dass die Patientin Epileptikerin und schwer hirntraumatisiert war. Außerdem erhielt sie etliche starke Medikamente und hatte Sauerstoffmangel. Beides konnte ihr EEG beeinflusst haben. Zu allem Überfluss kann Greyson zudem keine Reaktion im Sinn der behaupteten EEG-Entladung erkennen.[152] Darüber hinaus unterstreicht er van Lommels Feststellung, dass kein Herzstillstand vorlag und die EEG-Ableitungen deshalb keine neuen Erkenntnisse begründen können.

Insgesamt erkennen beide Forscher in dem behaupteten EEG-Befund nach dem angeblichen Tod der 87-jährigen Patientin und der Verknüpfung mit einer Nahtoderfahrung einen

Trugschluss. Zusammen mit dem Neurophysiologen Peter Fenwick haben sie inzwischen eine gründliche Richtigstellung veröffentlicht.[153] Vermutlich war der Wunsch der Vater des Gedankens, damit Nahtoderfahrungen endlich geerdet werden können und Bewusstsein als Gehirnprodukt etabliert.

In diesem Zusammenhang ist eine recht aktuelle Arbeit des Berliner Neurologen Jens Dreier zu nennen, die 2022 in der Presse auftauchte.[154] Er wies 2018 im Sterbevorgang von schwerstens Hirngeschädigten massive Entladungen der Gehirnzellen im Sinn einer völligen elektrischen Depolarisation mit einem kompletten Energieverlust nach, die ab ca. 3 Minuten nach Herz-Kreislauf-Stillstand auftraten. Dieses Ereignis markierte den Moment des finalen Zellverfalls und damit den Tod. Es wäre verlockend, hier mit der ultimativen Entladung eine anatomische Erklärung der Nahtoderfahrung geliefert zu bekommen, aber so einfach ist das auch laut Dreier nicht. Wie er selbst einräumt, waren die Gehirnzellen schon vor dem Zeitpunkt der Entladung längst vollkommen funktionsunfähig und es ging um Patienten nach finalem Hirntrauma.

Zudem sind in diesem Buch etliche Fälle von Nahtoderfahrungen aufgeführt, bei denen bei Herzstillstand ohne Reanimation viel kürzere und dann wiederum deutlich längere Zeiten vergangen waren als die in Rede stehenden 3 Minuten. Man denke an Pam Reynolds Operationsdauer von weit über einer halben Stunde, an Lloyd Rudy mit mindestens 25 Minuten ohne Sauerstoffversorgung des Gehirns, an George Ritchies 9 Minuten seines festgestellten Todes oder an Dianne Morrissey mit ihrer langandauernden Bewusstlosigkeit. Da war die Zeit für eine starke, allerletzte Depolarisation der Gehirnzellen lange abgelaufen. Eine hochkomplexe bewusstseinsgestützte Erinnerung wie eine Nahtoderfahrung oder ein ähnliches Phänomen konnten die Zellen zu diesem Zeitpunkt sowieso längst nicht mehr leisten. Aktivitäten eines sterbenden Gehirns, die eine Nahtoderfahrung – in welcher Form auch immer – erklären könnten, kommen posthum definitiv nicht vor. Abgesehen davon ist durch viele Versuche sehr gut belegt, was sich im EEG eines gesunden Patienten bei einem Herzstillstand tatsächlich ereignet. Nach etwa 8 Sekunden kommt es zu ersten Veränderungen im EEG, nach weiteren 10 Sekunden wird es dann vollkommen flach (Flat-Line-EEG) und bleibt es auch. Dieses Wissen ist etabliert.[155] Der Nachweis wurde vielfach geführt und er kann beliebig oft wiederholt werden.

f. Ultima Ratio

Wenn nunmehr die obigen Erklärungsversuche alle widerlegt sind, dann wird eingewendet, dass man ja nicht wirklich wisse, ob im Zustand der Bewusstlosigkeit bei Flat-Line EEG nicht doch irgendwie, irgendwo Bewusstsein vorhanden sein könnte. Schließlich gäbe es Hinweise auf Aktivität unterhalb der Ableitungen der flachen Linien im EEG[156], die nicht so einfach zu messen seien. Das ist wohl wahr.

Die Frage ist indes nicht, ob es irgendwo noch eine unmessbare Gehirnaktivität gibt, sondern ob es eine Gehirnaktivität gibt, die nach den geltenden Kriterien der Neurowissenschaft als Bedingung für komplexes bewusstes Erleben analog einer Nahtoderfahrung angesehen wird. Aber wie und wo soll von einem Gehirn mit inaktivem und nicht messbarem Bewusstsein eine aktive Gehirnleistung, dazu in Form einer hochkomplexen und erinnerungsfähigen Erfahrung kreiert werden können? Denn genau darum handelt es sich. Das anzunehmen, widerspricht nach der Studienlage vollkommen jeder naturwissenschaftlichen Logik.

Ein Flat-Line EEG ist zudem mit das wichtigste diagnostische Mittel, um bei einem Patienten den Hirntod zu diagnostizieren. Dieser wurde speziell zur Frage einer Organspende so festgelegt, dass Inaktivität des Gehirns Bedingung ist. Nie kam und kommt in diesen Fällen jemand auf die abstruse Idee, dass ganz verborgen auf einer Metaebene eine denk- und erinnerungsfähige Gehirnaktivität vorhanden sein könnte.[157] Das Argument im Zusammenhang mit Nahtoderfahrungen in die

Diskussion einzuführen, erscheint mir erneut der verzweifelte Versuch zu sein, einem Gehirn in Bewusstlosigkeit eine Bewusstseinsleistung zuschreiben zu wollen, die dem gesunden Gehirn im Wachzustand schon unmöglich ist. Denn eine Nahtoderfahrung reicht in ihrer Klarheit und Deutlichkeit erkennbar weit über jedes Wachbewusstsein hinaus.

Aus einem anderen Grund kann dieses Argument jedoch auch nicht widerlegt werden, weil es nämlich keinen wissenschaftlichen Beleg für diese Annahme gibt, der zu widerlegen wäre. Über eine solche Absurdität schüttelt ein Neurowissenschaftler normalerweise den Kopf. Aber wenn es um Nahtoderfahrungen geht, zeigen sich skeptische Denker großzügig in der Argumentation, weil eben nicht sein kann, was nicht sein darf. Bewusstsein muss um jeden Preis gehirngebunden sein.

Und schließlich sind da noch die Peak-in-Darien-Erlebnisse, also die Offenbarung von bis dahin unbekannten Todesfällen während einer Nahtoderfahrung, von denen weder die Nahtoderfahrenden noch sonst irgendjemand etwas wusste. Dennoch berichten die Nahtoderfahrenden darüber nach der Rückkehr ins Bewusstsein. Für dieses Wissens bieten die gängigen Erklärungsangebote nicht einmal den Ansatz einer Antwort.

Zusammenfassend ist festzuhalten, dass keines der vorgetragenen Argumente eine glaubhafte Erklärung für eine Nahtoderfahrung bei einem Herzstillstand mit Bewusstlosigkeit durch physiologische oder psychologische Vorgänge liefert. Dies entspricht den Ergebnissen aller prospektiven Studien.

2. Was sagen uns bildgebende Verfahren vom Gehirn über das Bewusstsein?

Vielleicht kennen Sie die Bilder, mit denen versucht wird, Vorgänge im Gehirn darzustellen. Dazu benutzt man eine Erfindung auf Basis der Quantenphysik, nämlich einen Magnetresonanztomografen, abgekürzt fMRT, das »f« steht für »funktionelle«. Das starke Magnetfeld des medizinischen Geräts regt bestimmte Wasserstoffatome oder etwa Hämoglobinmoleküle an, deren Aktivität man dann messen und unterschiedlich bildlich darstellen kann. Diese Bilder werden also erzeugt, während das Gehirn aktiv ist. Es ist in Funktion, daher »funktionell«. Je nach Fragestellung, meistens bei der Diagnosesuche, erhält der zu Untersuchende ein spezifisches Kontrastmittel, das sich in den Regionen größter Aktivität des Gehirns ansammelt. Das kann bei Erkrankungen ein Tumor sein. Aber auch zu Forschungszwecken lassen sich die Aktivitätsorte mit Computerprogrammen darstellen, um etwas über die Arbeitsweise des Gehirns zu erfahren.

Zu diesem Zweck kann die Kontrastmittelanreicherung farbig wiedergegeben werden, sodass man eine Art bunter Karte des Gehirns erhält. Man kann aber auf die gleiche Weise einzelne Stellen ansprechen, die dann gleichfalls farbig wiedergegeben werden. Dazu spielt man einer Versuchsperson beispielsweise laute Musik vor, lässt sie sprechen oder zeigt ihr Filme oder Fotos. An bestimmten Stellen vorn, hinten oder in der Mitte des Gehirns werden die entsprechenden Orte der Nervenbahnentladungen deutlich und man kann sie farbig markieren. Mit dieser Methode lässt sich ziemlich genau abgrenzen, welche Zonen des Gehirns für bestimmte Aufgaben wie Sprechen oder Sehen zuständig zu sein scheinen. Man kann sogar eine Kartierung vornehmen wie bei der Anatomie des Organismus. Aber was sieht man dort wirklich? Schauen wir dem Gehirn beim Sehen, Hören, Denken zu, wie man so schön sagt? Sehen wir einzelne Gedanken, die vielfältigen Bilder, die das Gehirn mit den Eindrücken unserer Augen scheinbar objektiv erzeugt? Erkennen wir vielleicht, auf welche Weise ein Neuron einen Gedanken denkt? Mitnichten. Die Farbe auf einem MRT-Bild ist lediglich eine Entsprechung, eine Korrelation, nicht die Empfindung selbst.

Es ist de facto unmöglich, dem Gehirn beim Denken zuzusehen, wie es einmal populär ausgedrückt wurde. Man kann lediglich zeigen, wo bestimmte Bereiche des Gehirns stoffwechselmäßig aktiv werden als Reaktion auf einen Denkvorgang, auf ein starkes Gefühl, einen Bildeindruck. Aber es ist nicht der Gedanke selbst oder gar seine Bedeutung und sein Gefühlsinhalt, der abgebildet wird.[158] Genau genommen sind die bunten Gehirnbilder nichts anderes als das Ergebnis komplizierter Datenanalysen. Es handelt sich also nur um computeranimierte Farbgebungen von neuronalen Vorgängen und nicht substanziell um das Mitlesen von Gedanken.

So kann man statistisch gesehen auch einen rechnerischen Zusammenhang zwischen dem Verkauf von Ketchup und der Anzahl der Rechtsanwälte im Staat New York oder zwischen der Anzahl der Störche und lebend geborener Kinder herstellen. Man nennt das Scheinkorrelation. Dieser Zusammenhang ist zugegeben abstrus. Aber die Bilder des fMRT stellen auch nur eine Korrelation, ein rechnerisches Abbild dar, wenngleich deutlich besser begründet.

Auch die besten fMRT-Bilder sind eben keineswegs eins zu eins übertragbar. Sie sind schon digitale Interpretation und erfassen nicht das Gedankenereignis an sich. Das eigentliche Geschehen spielt sich ja im molekularen beziehungsweise im submolekularen Bereich ab. Die bunten Bildpunkte sind viel größer und zeigen nur ein Abbild und nie mehr. Derzeit fehlen jegliche Beweise dafür, wie Neuronen oder neuronale Netzwerke Gedanken und Bewusstsein, Geist produzieren könnten und wie man diese dann mithilfe eines fMRT abbilden könnte. Der Wiener Quantenphysiker Anton Zeilinger, der 2022 den Nobelpreis in Physik erhielt, stellt sogar die Frage, ob dieses Konzept der Hirnforschung überhaupt zur Beantwortung der gestellten Fragen geeignet sei.[159] Jedenfalls muss man sich bis auf Weiteres mit Korrelationen begnügen.

Von diesen Schwierigkeiten einmal abgesehen, stellt sich vor allem die grundlegende Frage, ob die Nervenzellen auch dann noch Gedanken produzieren, wenn ein Herzstillstand und Bewusstlosigkeit mit einem Flat-Line EEG vorliegen. Das zu glauben, dazu besteht nach allem, was nach der Lektüre dieses Buches klar geworden sein sollte, keinerlei Veranlassung. Es sieht so aus, als ob die Neurowissenschaft Bewusstsein nur beschreiben kann, solange wir leben. Bei klinischem Tod mit Herzstillstand und Bewusstlosigkeit, an der Grenze von Leben und Tod also und erst recht bei dem erweiterten Bewusstseinszustand der Nahtoderfahrungen, versagt die Beschreibung offenkundig.

3. Das Erklärungsmodell mithilfe der Quantenphysik

Wenn wir eine Vorstellung davon gewinnen wollen, wie Bewusstsein bei Nahtoderfahrungen eventuell zu verstehen sein könnte, dann kommen wir an der Quantenphysik nicht vorbei. Beschäftigt man sich mit ihr, muss man von vielen liebgewordenen Vorstellungen, wie die Welt beschaffen ist, Abschied nehmen. So ähnlich formulierte das Erwin Schrödinger, einer der Begründer der Quantenmechanik. Diese neue Physik stellt unsere Vorstellungen von der Realität auf den Kopf. Nicht zufällig gilt das gleichermaßen für Bewusstsein bei Nahtoderfahrungen. Das passt sehr gut zu Max Plancks »Akt der Verzweiflung«, der ihn die Quantentheorie formulieren ließ. Und in der Tat, eine Abkehr von der vertrauten Sichtweise auf jede Form um uns und auf uns selbst ist unvermeidlich.

Das kommt für manchen überraschend. Dabei hat die Quantenphysik die alten Vorstellungen schon vor 100 Jahren über den Haufen geworfen, und auch wenn das kaum einem Nutzer bewusst ist, basieren unsere Handys, Computer und Elektronikgeräte auf den Anwendungen der Quantenphysik: Wenn wir den Computer oder das Handy einschalten, sehen wir unzählige Bilderpixel, die auf quantenphysikalischen Prinzipien beruhen und allein aufgrund der Quanteneigenschaften der Atome leuchten.[160] Die kleinsten Speichereinheiten der Computer funktionieren nur, weil Kristallstrukturen quantenphysikalisch behandelt wurden.[161] Jedoch empfinden wir das längst so zum täglichen Leben gehörig, dass keine Änderung der Denkweise in Betracht kommen muss. Weil sichtbare Quantenphänomene in unserer Welt nicht auftreten, braucht man im Alltag keine Quantenphysik. Für eine Annäherung an die Nahtoderfahrung brauchen wir sie dennoch. Dafür habe ich im Folgenden deutlich vereinfacht. Physiker mögen mir verzeihen.

Im Unterschied zu klassischer Physik beschreibt die Quantenphysik die Gesamtmöglichkeiten einer Welt, die erst noch entstehen soll. Was wir als Vakuum wahrnehmen, ist in Wahrheit ein Meer aller Möglichkeiten, wie Quantenphilosoph und Biologe Ulrich Warnke[162] das umschrieb. Dieses Meer ist angefüllt mit noch bedeutungsloser Quanteninformation. 2016 schlug der Quantenphysiker Thomas Görnitz für den Zustand vor Entstehung der Quantenteilchen die Bezeichnung Protyposis[163] vor, »das noch nicht Entstandene«, als Urgrund alles möglichen Seins. Die Protyposis kann man sich vielleicht wie einen wolkenlosen blauen Himmel vorstellen, an dem dann in Form unzähliger, vorher für uns unsichtbarer, winziger Tröpfchen wie aus dem Nichts ganz langsam eine Wolke auftaucht, die man real wahrnehmen kann. Auf einmal ist etwas Bedeutungsvolles entstanden, eine Wolke, deren Bedeutung als Materie weiter zunimmt, denn sie wird zu Wasser. Aus Unbestimmtem ohne Bedeutung wird etwas Bestimmtes, aus Nichtlokalität erhebt sich die Realität, so die Idee.

Die Quantenteilchen[164], abgekürzt Q-Bits, tragen also eine noch bedeutungslose Information. Sie stellen sozusagen Teilchen mit unzähligen Möglichkeiten dar. Wenn eine Möglichkeit gewählt ist, materialisieren sie sich in reale Teilchen (Bits), die sich dann zu dem weiterentwickeln, was wir als Realität um uns herum wahrnehmen. Es kommt also nichts aus dem Nichts.

Diese vom Ursprung herrührende Dimension spielt sich außerhalb von Raum und Zeit ab. Dort finden sich Vorgänge und Zustände, welche die Quantenphysik »nichtlokal« nennt: ohne Ort. Der Gesamtzustand wird als Nichtlokalität bezeichnet. Um diese Nichtlokalität geht es bei dem Erklärungsversuch von Bewusstsein bei Nahtoderfahrungen. Absichtlich vermeide ich jedoch nachfolgend den Begriff vom nichtlokalen Raum, der im Diskurs gelegentlich fällt, weil in Nichtlokalität eben kein Raum in dem Sinn existiert.

Zum besseren Verständnis sei ein kurzer Rückblick gestattet: Bis zu Max Plancks Entdeckung der Quantenphysik im Jahr 1900 hatte sich die Wissenschaft zielgerichtet vom ganz Großen, dem Weltraum, zum Kleinsten bewegt, zu Demokrits *Atomos*, dem Atom. Damit sollte das Ende erreicht sein, aber dann entwickelte die theoretische Physik im Großen das Standardmodell der Kosmologie und im Kleinen Protonen, Neutronen, Elektronen, Quarks, zuletzt das Higgs-Teilchen, ergänzt vom Higgs-Feld und den Quantenfeldtheorien. Das zugehörige Teilchen wurde, wie von Peter Higgs vorhergesagt, 2012 nachgewiesen. Lange wurde Higgs belächelt, nun bekam er den verdienten Nobelpreis.

Der nach Einstein wohl bedeutendste theoretische Physiker, Wolfgang Pauli, weigerte sich schon früh, von den um einen Atomkern kreisenden Elektronen zu sprechen, weil es die nicht gäbe. Für Max Planck gab es keine Materie an sich.[165] Hans Peter Dürr, Quantenphysiker und langjähriger Mitarbeiter Werner Heisenbergs, ging vor einigen Jahren sogar so weit festzustellen, dass Materie eigentlich nicht existiert.[166] In gewisser Weise stimmt das, denn nur durch unsere schiere Größe im Vergleich zu den winzigen Teilchen, aus denen Masse besteht, wird sie für uns sichtbar und real. Weil Anziehungskräfte die Atome und Moleküle zusammenhalten, wirken sie auf uns wie »fest«. Wären wir so winzig klein wie ein Elementarteilchen im Quantenfeld, würden die Partikel meilenweit auseinanderliegen. Dann wäre alles vollkommen durchlässig. Wir würden uns vielleicht vorkommen wie ein Raumschiff im Universum und die Illusion erkennen, die Materie uns vorgaukelt.

Irgendwann muss man sich an der Grenze zur Quantenphysik sogar entscheiden, ob man eine Sache über ein Kleinstteilchen wissen will oder eine andere, also entweder die Bestimmung des Ortes oder die Feststellung der Geschwindigkeit. Beides zusammen funktioniert nicht. Dieses Gesetz nennt man nach seinem Entdecker die Heisenberg'sche Unschärferelation. An diesem Punkt ist der Beobachter nicht mehr frei zu tun, was er möchte. Er muss sich entscheiden, welche Sache er messen möchte. In unserer »normalen« Welt gäbe es damit keine Schwierigkeit, in der Quantenwelt schon.

Die Besonderheit und gleichzeitig die Erklärung der neuen Physik auf der Basis der Quantentheorie besteht also darin, dass sie den Beobachter oder den Experimentierenden vollkommen in den Entstehungsprozess von allem und jedem mit einbezieht. Durch Beobachtung, durch Messung mit einem Gerät oder nur mit den Augen, durch schlichtes Hinsehen wird sozusagen aus dem Q-Bit ein Bit. Das entspricht der sogenannten Kopenhagener Deutung, die bis heute ihre Gültigkeit hat. Sie stammt federführend von Niels Bohr, einem der Väter der Quantenphysik, der diese Interpretation zusammen mit Werner Heisenberg und Wolfgang Pauli entwickelte. Erst, indem eine Beobachtung stattfindet, entsteht etwas. So zeigt sich das Licht beispielsweise als Welle und erst, wenn man es beobachtet, verhält es sich wie ein Teilchen. Irgendwie ist es vor Beobachtung beides zugleich. Das ist normal unbegreiflich. Den unentschiedenen Zustand eines Teilchens nennt Niels Bohr Komplementarität.

John A. Wheeler, ein US-amerikanischer theoretischer Physiker, schrieb dazu: »Quantenphänomene sind undefiniert bis zu dem Moment, wo sie gemessen beziehungsweise beobachtet werden. Bereits das potenzielle Wissen, als Ahnung oder Intuition, aber auch als Glaube im Sinne des Beobachtereffekts reichen aus, um ein Quant zu aktivieren.«[167] Die Physik nennt das auch Wechselwirkung. Vorher haben wir es mit Protyposis und Quantenteilchen zu tun. Da gibt es nur Möglichkeiten, Wahrscheinlichkeiten. Von Bohr stammt die entlarvende Bemerkung: »Wer über die Quantenmechanik nachdenken kann, ohne wirr im Kopf zu werden, hat sie nicht wirklich verstanden.«[168] Was soll da erst der Laie denken, wenn gestandene Physiker sich verwirrt zeigen?

Das Vorhergehende wurde deshalb von mir angesprochen, weil nur so eine Vorstellung von den scheinbaren Absurditäten der Quantenphysik gewonnen werden kann. Indem wir uns von althergebrachten Vorstellungen der klassischen Physik verabschieden, wird die sogenannte Nichtlokalität, der nichtlokale Bereich konkret denkbar. Das ist für das Verständnis von Bewusstsein bei Nahtoderfahrungen eine unerlässliche Bedingung.

Wer beunruhigt ist, dass es noch physikalischer wird, den vermag ich zu beruhigen. Denn zum Glück fiel mir bei Überlegungen, wie man die Quantenphänomene der Nichtlokalität einfach beschreiben könnte, mein 12-jähriger Enkel ein. Der wollte im letzten Jahr unbedingt meinen Vortrag hören: »Bewusstsein – Über den Tod hinaus. Nahtoderfahrungen«, und er kam tatsächlich zu einer meiner Veranstaltungen. Als seine Mutter ihn am nächsten Morgen nach seiner Meinung fragte, antwortete er, es wäre ganz prima gewesen, aber die Sache mit der Quantenphysik hätte er nicht ganz verstanden. Da habe ich mir gedacht, vielleicht muss man bei dem Thema grundsätzlich so vereinfachen und veranschaulichen wie für einen 12-Jährigen, weil man auch als Erwachsener die Quantenphysik verstehen, aber nicht wirklich begreifen kann. Also habe ich einen Brief geschrieben, der ohne zu viel Schnörkel versucht, in Worte zu fassen, was da für unverständliche Dinge vor sich gehen und was das Ganze mit Bewusstsein bei Nahtoderfahrungen und mit der Nichtlokalität auf sich haben könnte. Dafür wird es zugegeben ein wenig verrückt, weil die Quantenphysik verrückt ist. Hier kommt nun der Brief, der auch für mich noch einmal die ganze Problematik dieser neuen Physik und der Nichtlokalität verdeutlicht und zugleich erhellt hat.

Lieber Mikke,
also die Quantenphysik hast Du nicht richtig verstanden? Das kann man manchmal wirklich nur glauben, weil man es einfach nicht kapiert. Auch ich muss da vieles hinnehmen, ohne es wirklich zu begreifen. Diese Quantenwelt ist ganz anders als normale Physik. Du kennst Deine Welt, in der alles fassbar, sichtbar, erkennbar ist. Die Quantenphysik beschreibt im Gegensatz dazu sozusagen das, was vorher, vor dem Entstehen war und was um das Entstehen herum geschieht. Denn aus dem Nichts kommt ja nichts, weil es sonst überhaupt nichts gäbe. Wie bitte? Ja, da sträuben sich einem die Haare und es wird mit dem Verstehen nicht unbedingt einfacher.

Aber machen wir mal ein kleines Experiment. Wir wollen zwei Eier kochen und genau zuschauen, was dabei geschieht. Da es um Quantenphysik geht, sind die Eier natürlich keine echten Hühnereier, sondern Quanten-Eier. Das sind ganz besondere Eier und ganz anders als die, die Du kennst. Denn normalerweise wären diese zunächst roh und nach etwa 5 Minuten gekocht und fertig. So weit, so gut und ziemlich langweilig. In der Welt der Quantenphysik verhält sich das ganz anders und ist alles andere als langweilig. Bei den Quanten-Eiern weiß man nämlich nicht genau, ob sie roh sind oder gekocht. Aber fangen wir einfach an: Stell Dir vor, Du bist der »Experimentator« und »Beobachter« der Sache und willst Quanten-Eier kochen. Du schaust der Kocherei scheinbar genau von außen zu. Denn in der Quantenwelt bist Du nicht mehr »draußen« und streng getrennt von dem Quanten-Eier-Experiment. Nein, Du bist auf einmal ein Teil dieser Quanten-Eier-kocherei und beeinflusst und entscheidest mit, wann welches Kochergebnis feststeht, und zwar nur dadurch, dass Du das prüfst, indem Du nachmisst oder einfach nur hinschaust.

Um den Zustand der Quanten-Eier festzulegen, reichen allein Deine Beobachtung und Dein Hinschauen aus. Das geht blitzschnell in der Quantenphysik. Vorher befinden sich die Quanten-Eier in einem Schwebezustand. Sie sind gleichzeitig roh und gekocht, auch wenn sie schon wer weiß wie lange im kochenden

Wasser gelegen haben. Das nennt man »Überlagerung« oder »Superposition«. Das heißt, sie könnten also auch umgekehrt am Anfang gekocht sein und dann später roh werden. Erst wenn Du genau prüfend hingesehen und die Quanten-Eier beobachtet hast, dann entscheidet sich, in welchem Zustand sie sind: Sie sind roh oder gekocht, ganz so, wie Du das in dem Moment wahrgenommen hast. Ohne Beobachtung kein Ergebnis!

In der Wirklichkeit passiert noch mehr. Es ist sogar möglich, dass ein Quanten-Ei außerhalb des Kochtopfs bleibt und trotzdem dabei ist, nachdem Du durch Beobachten der Eier beim Kochen entschieden hast, wie das Ei im Topf in dem Moment sein soll: gekocht oder roh. Das ist nämlich das Unbegreiflichste, dass die Quanten-Eier irgendwie voneinander wissen, und wenn sich der Zustand von einem Quanten-Ei ändert, dann ändert sich das andere sofort mit. Beim ersten Ei ist es der reine Zufall. Denn durch Deine bloße Beobachtung nimmt das eine Ei einen Zustand an, von dem es vorher selbst nicht wusste! Es ist nun gekocht oder roh. Beim zweiten Ei ist das kein Zufall mehr. Das macht es sozusagen dem ersten Ei nur nach und nimmt den gleichen Zustand an.

Und es kommt noch toller! Es kann sogar sein, dass ein Quanten-Ei auf der Erde ist und eines befindet sich vielleicht auf dem Mars oder am anderen Ende der Welt – ganz egal. Wenn durch Deine Beobachtung des einen Eis die Entscheidung gefallen ist, dass es in diesem Moment gekocht oder roh ist, dann verhält es sich mit dem anderen im selben Moment ganz genauso. Da gibt es keine Verzögerung, egal, wie viele Milliarden Lichtjahre die Quanten-Eier voneinander entfernt sein mögen. Es scheint, als ob beide immer miteinander in Verbindung gestanden hätten. Das flutscht zwischen den Quanten-Eiern irgendwie, so einfach »Haste nicht gesehn«, direkt und gleichzeitig, ohne Zeit und Raum, weil sie sich offenbar kennen. Man weiß nicht, wie, nur dass es so funktioniert.

In Wirklichkeit sind das natürlich keine Eier. Von denen habe ich nur erzählt, weil Du Dir Eier vielleicht leichter vorstellen kannst als Teilchen. Aber eigentlich geht es genau darum, zum Beispiel Lichtteilchen, sogenannte Photonen, die wie die Eier immer voneinander wissen. Die sind also niemals wirklich getrennt voneinander. Wer das wohl herausgefunden hat, fragst Du Dich? Selbstverständlich Albert Einstein. Der nannte das »spukhafte Fernwirkung« und wollte es selbst gar nicht glauben. Nutzte ihm aber nichts. Änderst Du an einem Lichtteilchen etwas, macht das andere Teilchen im selben Moment mit, egal, wie weit sie auseinander sein mögen, eben wie bei den Quanten-Eiern.

Lichtgeschwindigkeit reicht natürlich nicht aus, um zu beschreiben, wie schnell das mit dem Ändern geht. Das wäre viel zu langsam. Es gibt offenbar eine geheime, nicht messbare Verbindung, eine unsichtbare »Schnur« zwischen den Teilchen, die das möglich macht. Das nennt die Quantenphysik »Verschränkung« und meint damit eine ganz feste, tiefe Beziehung. Sie hat auch einen Spitznamen: »Einsteins Spuk«. Es ist, als ob es da noch einen geheimen Platz gäbe, an dem die Lichtteilchen sich untereinander unauffällig Bescheid geben, ohne dass man das sehen oder nachweisen kann. Sie sind also nicht wirklich voneinander getrennt.

Der Bereich, in dem solche verrückten Sachen möglich sind, nennt man den »nichtlokalen Bereich«, und dieses Verstehen der Teilchen untereinander heißt »Verschränkung in der Nichtlokalität«. Wenn Du allerdings einmal an einem Lichtteilchen etwas »verändert« hast, also wie beim Quanten-Eierkochen den Zustand eines Photons »beobachtet« hast, dann ist der »Spuk« ein für alle Mal vorbei. Du hast die Teilchen sozusagen in diesem Moment auf einen Zustand festgelegt, und dann gibt es diese Verbindung nicht mehr. Da kann man nur mit dem Kopf schütteln, oder? Diese Veränderung an einem Teilchen ist nicht rückgängig zu machen. Es gibt in dieser Welt kein Zurück in die Quantenwelt.

Tatsächlich hat es dazu vor ein paar Jahren ein Experiment mit Lichtteilchen gegeben, die aus entgegengesetzten Richtungen aus dem Weltall zu uns kamen, aus 8 und 12 Milliarden Jahren Entfernung. Wenn man an einem Lichtteilchen, einem sogenannten Photon, etwas veränderte, dann machte das andere direkt mit. Die wussten offenbar wie von Zauberhand voneinander, waren unsichtbar verknüpft, obwohl sie fast vom Anfang des Universums kamen. Sie waren die ganze Zeit verbunden im nichtlokalen Bereich, der riesengroß sein muss. Von diesen irren Sachen spreche ich in meinem Vortrag über Bewusstsein und Nahtoderfahrungen. Nun stell Dir mal vor, dass Zeit und Raum einfach weg sind. Wenn bei Dir Deine 12 Lebensjahre ohne Raum und Zeit wären und damit auf 0 Sekunden geschrumpft würden oder meine 75 Jahre auf 0? Dann fänden Dein und auch mein ganzes Leben im selben Moment statt. Wenn Raum und Zeit nicht vorhanden sind, dann sind unsere Leben ebenfalls außerhalb von Raum und Zeit, in der Nichtlokalität, im nichtlokalen Bereich. Man kann sich auf diese Weise gut vorstellen, wie das ganze Leben dort in 0 Sekunden bis auf die kleinste Kleinigkeit verfügbar wäre. Dieser nichtlokale Bereich ist für uns unbeobachtbar, weil er sozusagen nicht von dieser Welt ist. Das geht an die Grenzen der Fantasie. Das Gedankenbeispiel soll auch nur dazu dienen, die Nichtlokalität besser zu verstehen.

Aber man hört ja von ganz vielen Menschen, die eine Nahtoderfahrung gemacht haben, dass sie einen kompletten Lebensrückblick hatten, mit allem, was jemals in ihrem Leben passiert ist, und auch manchem, was erst in Zukunft passieren wird, und das alles auf einmal. In diesem nichtlokalen Bereich nämlich, ohne Zeit und Raum, da könnte die Nahtoderfahrung mit allem Drum und Dran stattfinden. Das ist auch die Idee von Pim van Lommel, einem niederländischen Wissenschaftler, dem ich immer wieder maile und mit dem ich schon oft über das Thema gesprochen habe. Er beschäftigt sich schon sehr lange damit. Die Nahtoderfahrung ist ja auch nicht von unserer Welt und dennoch anscheinend immer mit ihr verbunden. Alles Gewesene könnte in diesem nichtlokalen Bereich gleichzeitig stattfinden, so wie das die Menschen erleben, die eine Nahtoderfahrung gemacht haben. Es ginge gar nicht anders. Sonst könnten sie uns nichts davon erzählen. Das ist zugegeben eine gewagte und selbstverständlich nicht zu beweisende Überlegung. Es ist jedoch die Einzige, die mir zu der Sache mit dem Lebensrückblick einfällt.

Noch eine letzte Idee: Was, wenn nun abenteuerlich viele Teilchen miteinander verbunden wären und nicht nur ein paar? Dazu eine kleine Geschichte: Im Buddhismus ist einer der wichtigsten Gedanken, dass alles miteinander zusammenhängt. Der derzeitige Dalai Lama, sozusagen das Oberhaupt der Buddhisten, hatte sich daher überlegt, dass vor dem Urknall ja alle Teilchen zusammen waren, und fragte sich nun, ob die nicht alle immer noch voneinander wissen könnten. Also stellte er diese Frage dem berühmten Wissenschaftler Anton Zeilinger. Der hat gelächelt und dem Dalai Lama geantwortet, das wäre durchaus denkbar, leider gäbe es jedoch kein Experiment, um es zu beweisen.

Einige Wissenschaftler halten das aber für möglich. Dann gäbe es nicht nur einzelne Verbindungen, sondern unfassbar viele von diesen unsichtbaren »Verbindungsschnüren« im nichtlokalen Bereich. Da wäre genug Platz, um alles, was es dank unendlich vieler mitwirkender Teilchen auf der Welt an Leben jemals gegeben hat und noch geben wird, sozusagen aufzubewahren. Denn der nichtlokale Bereich ist immer und überall unsichtbar vorhanden, solange man nicht nachmisst oder beobachtet. So ungefähr könnte man sich das Ganze vorstellen mit der Nichtlokalität und dem nichtlokalen Bereich und den Nahtoderfahrungen und der Lebensrückschau.

Natürlich liefert die Quantenphysik keine eindeutige oder gar vollständige Erklärung für die Nahtoderfahrungen, weil man ja nicht selbst einfach dorthin kann, also zu denen, die gerade eine Nahtoderfahrung machen, aber auch nicht in den nichtlokalen Bereich.

Aber es wäre eine Möglichkeit, wie man sich das vorstellen kann.

Wie Du merkst, ist unsere Sprache nur für unsere Welt gemacht und nicht für diese andere Welt. Da fehlen in der neuen Physik genauso wie bei der Nahtoderfahrung einfach die Worte, mir ebenso. Deshalb musste ich mich mit Eier-Beispielen und Kochvergleichen behelfen. Und darum haben es auch die Menschen so schwer, die eine Nahtoderfahrung machen, wenn sie von ihren Erlebnissen erzählen wollen. Ist es jetzt vielleicht etwas klarer?

Besser kann ich es nicht erklären. Vielleicht muss man manches, was man nicht versteht, einfach glauben, so wie ich das mache. Das war es. Aber wenn du willst, sprechen wir noch mal drüber, okay?

Viele Grüße, Opa

Natürlich habe ich diesen Brief zusätzlich in aller Ruhe mit meinem Enkel besprochen und er hat mir gesagt, dass er es verstanden hat, aber es wäre wirklich total verrückt. Vermutlich hat er das verstanden, was man als Laie verstehen kann, aber kaum begreifen. Er bemerkte allerdings sehr schlau, wenn erst durch Hingucken, Beobachten und Nachprüfen etwas entstünde, dann gäbe es die Bücherwand hinter ihm ja gar nicht. Da habe ich lachen müssen und ihm erzählt, dass Albert Einstein so etwas Ähnliches zu Niels Bohr gesagt hat, indem er ihn fragte, ob der Mond vielleicht nicht da oben am Firmament wäre, wenn man nicht hinguckt. Bohrs Antwort an Einstein ist legendär: »Können Sie mir das Gegenteil beweisen?«

Selbstverständlich waren weder die Frage noch die Antwort ganz ernst gemeint, denn natürlich muss der Mond da sein, wenn man nicht hinschaut. Warum? Weil der Mond längst beobachtet wurde. Sein Zustand ist damit festgelegt und also »entschieden«. Er ist außerdem auch da, weil die Milliarden Moleküle des Mondes längst vorher alle miteinander reagiert haben. Sie haben sich sozusagen gegenseitig »beobachtet« oder wechselgewirkt, wie der Physiker sagt. Damit war der Mond erschaffen, und nach Beobachtung, Wechselwirkung, Messvorgang oder Nachprüfen, nach Entscheidung über den Zustand sind die Nichtlokalität und Verschränkung nicht mehr vorhanden, und man findet in der Wirklichkeit unseres Universums einen Mond, der eben nicht verschwunden ist, außer hinter Wolken. Gäbe es den Zustand der Verschränkung in Nichtlokalität noch, dann wäre der Mond in der Tat nicht da, wenn man nicht hinschaut.

Von dem Wiener Quantenphysiker Anton Zeilinger stammt folgende bedenkenswerte Überlegung zum Verständnis unserer Welt, die er in einem Interview darlegte: »Eine Vermutung ist die, dass unsere übliche Vorstellung von Raum und Zeit nicht ganz stimmt, also dass zwei Orte, von denen wir glauben, dass sie getrennt sind, in einem tiefen philosophischen Sinn vielleicht nicht getrennt sind, sondern dass der Raum eine Konstruktion ist, die wir machen, um die Welt beschreiben zu können.«[169] Als Experimentalphysiker beginnt für ihn jenseits des naturwissenschaftlich Fassbaren die Philosophie, und speziell für die Quantenphysik wünscht sich Zeilinger einen neuen Immanuel Kant.[170] Nebenbei bemerkt waren und sind alle großen Physiker auch Philosophen.

4. Wer oder was sind wir eigentlich?

Diese Frage der Philosophie stellte sich verschärft seit der Entdeckung der Quantenphysik. Bewusstsein und Nahtoderfahrungen rütteln zusätzlich an unserem Identitätsverständnis. Deshalb möchte ich dazu kurz etwas sagen, aber nur unter dem Blickwinkel der Naturwissenschaft.

Dass die das Bewusstsein tragenden Nervenzellen im Gehirn mit Quantenvorgängen beim Lebendigen in den Körperzellen zu tun haben, dafür gib es durch Experimente der Quantenbiologie inzwischen Anhaltspunkte und plausible Annahmen. Machen wir uns deshalb einmal kurz klar, dass gerade mal 0,000000001 Prozent unseres Körpers der festen, sichtbaren Materie angehören. Im Umkehrschluss bedeutet es, dass 99,999999999 Prozent unseres Körpers aus scheinbarem Vakuum bestehen.[171] So viel Platz ist also noch zwischen den Atomen und Elektronen und auch im Atomkern selbst. Da keine Möglichkeit besteht, das mithilfe unserer Augen und optischer Geräte aufzulösen, merken wir davon nichts. Unsere Realität scheint fest und greifbar.

Beim Universum können wir die Zwischenräume sehen. Aber auch dessen sichtbare Materie beträgt nur 4,9 Prozent und enthält in diesen Prozenten ebenfalls zu 99,999999999 Prozent Vakuum.[172] Und alles stellt inklusive der Abstände zwischen den Sternen seinerseits lediglich Energiezustände dar. Es gibt auch hier keine wirkliche Leere. Man spricht von »dunkler Energie« und »dunkler Materie«, die angefüllt ist mit den unzähligen

Möglichkeiten der Quantenwelt[173] in ihrer noch bedeutungslosen Information, der Protyposis. Da regiert quantenphysikalisch der objektive Zufall ohne jede Kausalität. Vor Beobachtung gibt es kein Teilchen an einem vorherbestimmbaren Ort.

Aus dieser Erkenntnis kann man eine zugegeben ziemlich elegante Überlegung ableiten, die mit Albert Einstein zu tun hat. Dadurch, dass er Raum und Zeit zu einer Raumzeit verbandelt hat, dürfen wir Menschen uns mit einem Körnchen Wahrheit als eine Art Raum-Zeit-Konstruktion verstehen. Wir sind gewissermaßen zu realer Materie kondensierte Quanteninformation in Raum und Zeit, die mit ein wenig Bewusstsein versehen wurde, mehr nicht. Ohne die schwache und die starke Kernkraft fiele alles auseinander. Der Gedanke verhilft zu der nötigen Bescheidenheit gegenüber unserem Sein. Lassen wir an diesem Punkt die Erkenntnisse über Quantenphänomene wie Verschränkung und den nichtlokalen Bereich einfließen, wo »neben« den Weiten scheinbarer Leere eine mutmaßlich unendliche Nichtlokalität existiert, so wird die *Möglichkeit* eines erweiterten Bewusstseins bei Nahtoderfahrungen vorstellbarer.

Einstein glaubte zeitlebens nicht an diese unsichtbare, verborgene Verschränkung im Nichtlokalen, die es nachweisbar gibt.[174] Aber seine folgende Bemerkung ist weltenübergreifend: »Menschen wie wir, die an Physik glauben, wissen, dass die Unterscheidung zwischen Vergangenheit, Gegenwart und Zukunft nur eine besonders hartnäckige Illusion ist.« Ahnen Sie jetzt noch mehr, warum Niels Bohr sagte, man müsste von der Quantenphysik verwirrt sein, wenn man lange genug über sie nachdächte?

Es gibt zudem Hinweise auf mögliche Quantenphänomene in Bezug auf alles Lebendige. Ein Sinnbild für Unbegreifliches bleiben zum Beispiel die jährlichen Starenschwärme im Herbst. Zehntausende von Vögeln kreisen am Himmel in wundersam wechselnden Figuren, die sich im Flug ein ums andere Mal beängstigend dicht zusammenballen, um sich dann ganz sacht wieder zu lösen, ohne dabei zu kollidieren. Wie ist das möglich? Man stelle sich dasselbe mit nur ein paar Flugzeugen vor oder mit Autos auf der Erde. In einem anderen Fall entfernt man eine Bienenkönigin in einer kleinen Schachtel von ihrem Volk, lässt sie aber am Leben. Da geschieht bei ihrem Volk nichts Aufregendes. Tötet man sie jedoch in beliebiger Entfernung, bricht sofort Chaos im Bienenstock aus, als gäbe es auch da unerkannte, versteckte Verbindungen zwischen den Tieren. Ein Hund weiß eine halbe Stunde vorher, dass Herrchen oder Frauchen nach Hause kommen werden, unabhängig davon, wie oft man die Ankunftszeiten verändert.[175] Und beim Menschen? Da weiß eine Mutter, wenn ihrem Kind etwas passiert ist, egal wie weit entfernt es sein mag. Welches Bewusstsein ermöglicht alle diese Vorgänge? Verschränkung? Man weiß es nicht. Aber es gibt zu viele Beispiele, um das als Unsinn oder Zufall abzutun.

Dazu sei eine persönliche Begegnung berichtet, die sich mir tief eingeprägt hat. Ein Patient hatte in der Folge einer Reanimation bei Herzinfarkt leider einen schweren Hirnschaden davongetragen. Er wurde als Pflegefall in seine häusliche Umgebung entlassen. Nach den Grundsätzen der Medizin konnte kein sich selbst bewusstes, der Kommunikation fähiges Individuum mehr erwartet werden. Durch den liebevollen und aufmerksamen Umgang der Ehefrau war es ihr aber dennoch sehr wohl möglich, ohne Sprache mit ihm zu kommunizieren, und es zeigte sich, dass seine Persönlichkeit nur verschüttet und keineswegs verloren war. Auch ich vermochte mit dem Patienten Kontakt aufzunehmen. Natürlich kann sich das Bewusstsein in Fällen wie dem meines Patienten nur der Gehirnstrukturen bedienen, die noch funktionieren.

Ein paar Jahre später hinderte eine unbestimmte Empfindung die Ehefrau daran, mit ein paar Freunden zu verreisen. Sie hatte so etwas wie eine Ahnung. Und als der Flieger sich ohne sie erhob, hielt sie ihren Mann in den letzten Minuten seines Lebens in ihren Armen. Dass sie ohne wirkliches Wissen von der Reise Abstand genommen hatte, spricht für sich. Da sind wir dann bei Präkognition, dem Vorhersehen von Ereignissen.

Die Macht welches Bewusstseins könnte das bewirkt haben? Verschränkung wäre denkbar.

Es gibt zudem eine erstaunliche und bestätigende Untersuchung, ausschließlich mit Koma-Patienten.[176] Mit etlichen von ihnen konnte man durchaus versteckt kommunizieren. Da waren also noch aktive Gehirnstrukturen vorhanden. Die Ergebnisse bestätigen indirekt die zum Teil sehr unterschiedliche Erinnerungsfähigkeit der Nahtoderfahrenden, die letztendlich auch nur das erinnern können, was die übrig gebliebenen oder wiederhergestellten Gehirnzellen zulassen. Aber nach allem, was über die Fähigkeiten von Bewusstsein bei Nahtoderfahrungen in den vorangegangenen Kapiteln ausgeführt wurde, sollte deutlich geworden sein: Das Gehirn vermittelt uns lediglich den für uns fassbaren Ausdruck von Bewusstsein. Das Eigentliche bleibt verborgen.

5. Die Grenzen der Wissenschaft

Es besteht meines Erachtens eine erstaunliche Analogie zwischen der Umwälzung der Welt durch die Quantenphysik vor 100 Jahren und der Frage zu Bewusstsein bei Nahtoderfahrungen heute.

Vor 100 Jahren traten in der Quantenphysik unvorstellbare, absolut unmessbare, oft nur mathematisch beschreibbare Phänomene auf, sodass Einstein verzweifelte. In einem Brief an Max Born schrieb er, dass er nicht glaube, »dass der Alte würfelt«[177]. Mit dem »Alten« meinte er Gott. In der Folge wurde ein ganz neues Denken nötig.

Heutzutage treten mit dem Bewusstsein bei Nahtoderfahrungen unvorstellbare, absolut unmessbare, nur beschreibbare, aber in der Realität durch Zeugen vielfach verifizierte Phänomene auf. In der Folge wäre ein ganz neues Denken nötig.

Wagen wir also einen letzten kleinen Ausflug. Die Quantenbiologie sagt uns, dass Quantenvorgänge in komplizierten lebenden Strukturen vorkommen.[178] Weitere Annahmen gehen in die Richtung von mikrofeinen Röhrchen, Tubuli, wie das der theoretische Physiker Roger Penrose schon angedacht hat.[179] Das sollte dann ebenfalls für den Menschen gelten, auch für das lebendige Gehirn. Dort könnten auf dieser untersten Ebene Quanten-Gleichgewichtszustände herrschen, die – wie bei dem Kochbeispiel mit den Quanten-Eiern – erst durch Beobachtung verändert werden. Im Fall des Gehirns geschähe das durch einen Nervenimpuls.[180] Damit ist die Brücke von der Quantenphysik zum Bewusstsein geschlagen, um das es uns ja gehen muss.

Dazu kann man folgende Überlegung anstellen: In meinem Kopf käme nach Beobachtung tatsächlich etwas zustande, was vorher nicht da war. Es könnte ein Gedanke sein, ausgedrückt in einem Wort oder einer Geste, ein eben real Entstandenes aus einem Universum der Möglichkeiten. Welches Wort, welcher Gedanke? Das ist vor dem Eintreffen des Nervenimpulses unbestimmt. Hier erleben wir erneut den reinen, objektiven Zufall der Quantenphysik ohne Kausalitätskette. Denn sonst wüssten wir immer jeden Gedanken vorher. Das ist offenkundig nicht der Fall. Was bedeutet das für unser Denken und Handeln? Wir selbst würden in jedem Augenblick mit unseren Gedanken eine Welt erschaffen. »Die Beobachtung ändert nicht nur die Wirklichkeit, sondern sie konstituiert die Wirklichkeit«[181], das sagte Anton Zeilinger einmal. So bekäme man überdies indirekt eine Vorstellung davon, wie die ungeheuren Schöpfungen der großen Genies in Musik, Kunst und Wissenschaft entstanden sein müssen.

Bei dieser Überlegung rückt unausgesprochen der freie Wille ins Blickfeld. Diesen benötigen die Nahtoderfahrenden ja unbedingt, um für ihr Handeln oder Unterlassen überhaupt verantwortlich zu sein. Deshalb ist der freie Wille unabdingbar. Nur dadurch bekommt das Lebenspanorama mit seiner kritischen Würdigung während der Nahtoderfahrung überhaupt einen

Sinn. Ohne einen freien Willen hätte nie eine Wahl bestanden. Aber jeder von uns hat die Wahl, und sie ist frei. Wenngleich noch mehr hinzutritt, wie man bei C.G. Jung und Wolfgang Pauli nachlesen kann[182], und auch die Philosophie gibt Antworten auf Fragen in Bezug auf den freien Willen.[183]

Wir kennen die moderne Physik erst seit 400 Jahren, die Quantenphysik seit gerade einmal 100 Jahren. Das ist im Verhältnis zu über 6000 Jahren Kulturgeschichte eine recht kurze Zeitspanne. Das Allermeiste liegt mutmaßlich noch vor uns. Die physikalischen Endpunkte indes stehen fest: Das eine Ende wird markiert von der Ursuppe aus bedeutungsloser Quanteninformation, das andere von bedeutungsvoller Information, nämlich unserer realen Welt. Dazwischen liegen die ungezählten Möglichkeiten der Quantenzustände.

Natürlich liefern die vorangegangenen Überlegungen über den nichtlokalen Bereich irgendwo im Nirgendwo keinen tatsächlichen Beweis, wie sich das mit dem erweiterten Bewusstsein und den Nahtoderfahrungen verhält, weil die wundersame Welt der Quanten einfach zu rätselhaft ist. Aber man kann auch als Laie den Zusammenhang erahnen und auf diese Weise eine Vorstellung von einer möglichen Lösung gewinnen.

Wenn wir nämlich die dargestellten wissenschaftlichen Ergebnisse unter dem Gesichtspunkt von Bewusstsein bei Nahtoderfahrungen zusammenfassen, dann wird die Schlussfolgerung des niederländischen Nahtodforschers Pim van Lommel plausibel: In Nichtlokalität, im nichtlokalen Bereich könnte das Bewusstsein zu verorten sein, von welchem die Nahtoderfahrenden berichten. Allein um diesen ganz neuartigen wissenschaftlichen Ansatz zu verstehen, war die Reise durch die Quantenphysik an die Grenze unseres Wissens unumgänglich. Alles darüber bleibt zukünftiger Wissenschaft als Auftrag.

VI. Folgerungen aus den wissenschaftlichen Ergebnissen

Wir sollten es nicht zulassen, dass man glaubt,
dass jeder wissenschaftliche Fortschritt auf Mechanismen,
Maschinen, Zahnräder reduziert werden kann,
auch wenn diese Mechanismen ihre Schönheit haben.
Marie Curie

Hier endet das, was man auf naturwissenschaftlicher Basis gerade noch aussagen kann, ohne den Boden unter den Füßen vollends zu verlieren. Einmal ganz abgesehen von Werner Heisenbergs Unbestimmtheitsrelation in der Quantenphysik, mag manches in dem nun folgenden Kapitel selbst für die theoretische Physik unpassierbar sein. Es ist jedoch erlaubt, sich im Kontext mit den bisher dargelegten Erkenntnissen zu Bewusstsein bei Nahtoderfahrungen ein paar Gedanken zu machen. Sie stellen meine Sicht der Dinge für einen möglichen Weg in die Zukunft dar. Deshalb unterliegt die Bewertung der nächsten Kapitel der persönlichen Entscheidung eines jeden Einzelnen. Unbeschadet dessen wird wissenschaftliches Denken Maßstab bleiben. Aber wo Wissenschaft endet, beginnt Philosophie mit Logik. Wo Logik endet, beginnt Esoterik. Das wird in diesem Buch außen vor bleiben.

Was kann man zu Bewusstsein und seiner Bindung an die Anatomie unter Berücksichtigung der Quantenphysik überhaupt aussagen? Dass das Gehirn Bewusstsein »erzeugt« und exklusiv »repräsentiert«, ist zwar allgemein akzeptiert, aber nichtsdestotrotz vollkommen unbewiesen. Nach allem, was in diesem Buch über Bewusstsein bei klinischem Tod dargestellt wurde, ist diese Theorie so nicht haltbar. Vielmehr stellt sich angesichts der Studie über Empfänger von Spenderherzen die

Frage, ob Bewusstsein nicht darüber hinaus in anderen Organen oder sogar Zellen in nennenswertem Umfang vorhanden sein könnte. Deshalb weichen wir zum besseren Verständnis scheinbar ein wenig vom geraden Weg des Bewusstseins bei Nahtoderfahrungen ab, um ihn hinterher umso sicherer und überzeugender wieder aufzunehmen.

I. Das Bewusstsein und sein Gehirn

Viele mögen bei diesem Satz automatisch an Francis Crick denken, der das genau andersherum interpretierte: das Gehirn und sein Bewusstsein. Vielleicht war er noch überwältigt von seiner Entdeckung der Struktur der DNA-Doppelhelix, als er im Hinblick auf den Menschen und seine Empfindungen so weit ging zu sagen: »Du, dein ›Ich‹, das ist nichts als ein Haufen von Nervenzellen.«[184] Er hat sich zwar später von dieser Aussage distanziert, aber die folgenden Berichte und Bilder hätten ihn vermutlich ebenso zu einer anderen Einschätzung kommen lassen.

Konkret wird in diesem Kapitel die Frage aufgeworfen, ob die Substanz des Gehirns für das Vorhandensein von Bewusstsein überhaupt eine Bedeutung hat. Dabei kann es zunächst gleich sein, ob das Gehirn bei Herzstillstand brachliegt, ob die Tumore einer Krebserkrankung es zerstört haben oder ob eine Demenz beispielsweise vom Lewy- oder Alzheimertyp durch Gewebeeinlagerung alles verändert hat.[185] Dazu zunächst ein gut bezeugter Fall aus einer Klinik.

Ein Patient befand sich in der letzten Phase einer metastasierenden Krebserkrankung. Sprache und Beweglichkeit waren längst erloschen, weil fast die gesamte Gehirnmasse durch Krebsmetastasen ersetzt und damit zerstört worden war. Man erwartete sein Ende. Die Familie saß um das Bett des tief bewusstlosen Patienten und begleitete ihn auf seinem letzten Weg. Wider alle Möglichkeit erwachte er auf einmal, war völlig klar, sprach und lächelte die Seinen an und verabschiedete sich von jedem von ihnen. Dann fiel er zurück in Bewusstlosigkeit und verstarb zur selben Stunde. Der behandelnde Arzt konstatierte, dass es nicht das Gehirn gewesen sein könne, das ihn erweckte, denn das habe es zu dem Zeitpunkt nicht mehr gegeben.[186]

Vergleichbares kann man bei Patienten im Spätstadium einer Demenz erleben, und von Schwerstkranken kennt die Medizin ebenfalls ungezählte Berichte unerklärlicher Klarheit kurz vor dem Tod, die unbestritten sind. So vermochte eine alte Dame, die nach Schlaganfall ihre Sprache verloren hatte und zum Pflegefall geworden war, vor ihrem Ende plötzlich ganz normal mit ihren Kindern zu sprechen.[187] Aber was soll man annehmen, wenn überhaupt keine Hirnsubstanz vorhanden ist? Oder provokant andersherum gefragt: Hat Bewusstsein überhaupt etwas mit dem Gehirn zu tun?

Schaut man die folgenden Bilder an, dann kann man sich nicht vorstellen, dass ein Mensch mit halb flüssigkeitsgefülltem Gehirn, wie wir das auf der linken Bildseite sehen, ein völlig normales Leben führte. Aber das war der Fall. Der dunklere Bereich besteht nur aus Gehirnflüssigkeit. Im Vergleich daneben ein normales Bild ohne dunkle Bereiche.

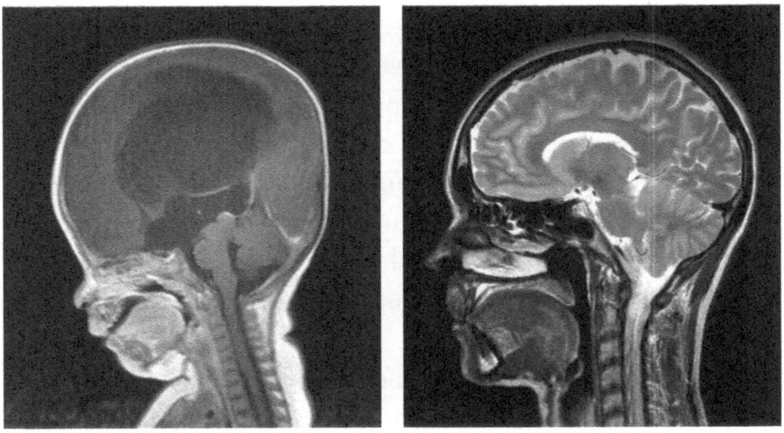

Links ein durch einen sog. Wasserkopf (Hydrocephalus) deutlich verdrängtes Gehirn, rechts zum Vergleich das Bild eines normalen Gehirns.

Es gibt sogar noch ein extremeres Beispiel in der Literatur, das Roger Lewin[188] 1980 veröffentlichte. Es betraf einen Studenten der Mathematik, der exzellente Bewertungen an der Universität hatte und dessen IQ bei 126 lag. Die einzige äußerliche Auffälligkeit hatte in einem geringgradig größeren Kopfumfang bestanden, weshalb man ihn zu dem britischen Neurologen John Lorber schickte. Das Ergebnis eines MRT des Kopfes ergab, dass das Schädelinnere zu 95 Prozent Liquor enthielt, also fast ausschließlich Gehirnflüssigkeit. Das gesamte Hirngewebe mitsamt der Großhirnrinde war bis auf etwa 2 Millimeter an den Rand gedrückt. Wörtlich sagte Lorber in der Zeitschrift »Science«: »Ich kann nicht sagen, ob das Gehirn des Mathematikstudenten 50 oder 150 Gramm wiegt, aber es ist klar, dass es nirgendwo auch nur in die Nähe der normalen 1500 Gramm kommt.«

Wie passen eine zu 95 Prozent fehlende Hirnsubstanz bei dem Studenten oder die geschilderte Zerstörung durch Krankheit zur gängigen Interpretation des Gehirns als Urheber aller geistigen Leistungen, zu seiner Bedeutung als Sitz und Hort aller Erinnerungen und als Erzeuger des Bewusstseins, wenn die dafür notwendig gehaltenen anatomischen Voraussetzungen schlichtweg fehlen?

Es scheint kaum vorstellbar, wie ein fast ausschließlich mit Flüssigkeit gefülltes Gehirn Bewusstsein produzieren sollte und vor allem, wo das dann zu verorten sein könnte. Einige Interpreten der Bilder vom Kopf dieses Studenten wollten dem Bewusstsein dennoch eine vorzugsweise erst noch zu entdeckende Ecke des Schädels zuweisen, weil Bewusstsein bei diesem Menschen ja unstrittig vorhanden war. Dabei haben wir schon bei einem gesunden Gehirn nicht die geringste Ahnung, wo Bewusstsein zu lokalisieren ist.

Man kann solche Befunde ebenso wie die obigen Fotos auch andersherum deuten: Offensichtlich besteht nicht nur kein notwendiger Zusammenhang zwischen dem Volumen eines Gehirns und seinen Fähigkeiten, sondern dieser unstrittige MRT-

Befund lässt im Gegenteil unbedingt den Schluss zu, dass das Gehirn kein Bewusstsein produziert. Inzwischen gibt es weitere Fälle dieser Art. Nicht ohne Grund erhebt Thomas Görnitz[189] das Bewusstsein zu einer eigenen physikalischen Größe, unabhängig vom Gehirn. Da trifft er sich mit dem Philosophen Karl Popper und dem Neurophysiologen John Eccles, die 1982 gemeinsam feststellten: »Der sich seiner selbst bewusste Geist muss als etwas vom Gehirn Getrenntes aufgefasst werden.«[190] Mit Geist meint die Philosophie auch das Bewusstsein.

Wenn man zudem die Begrifflichkeit der Neurowissenschaften prüft, so fallen eklatante Ungenauigkeiten auf. Dem Gehirn werden Fähigkeiten wie Denken, Sehen und Hören unterstellt. Aber ein Gehirn macht eben das gerade nicht. Es ist der Mensch, der denkt, sieht und hört und tut. Bennett und Hacker nennen dies in ihrer umfänglichen Analyse über »Die philosophischen Grundlagen der Neurowissenschaften« einen mereologischen Fehlschluss, indem einem einzelnen Organ, nämlich dem Gehirn, Eigenschaften zugeschrieben werden, die nur der Mensch als Ganzes erbringen kann.[191]

Bedenken wir schlussendlich in dem Zusammenhang ein weiteres Mal die Veränderungen in der Persönlichkeit der Empfängerpersonen von Organspenderherzen und zählen gedanklich die Berichte der Nahtoderfahrenden hinzu, dann wird die Erkenntnis sinnfällig, dass das Bewusstsein kein Hirnprodukt darstellen kann. Was es darüber hinaus mit Geist und Bewusstsein auf sich hat, so sind die Schlüsse jenseits der Anatomie zu ziehen. Das Bewusstsein und sein Gehirn oder umgekehrt? Die Gleichungen gehen beide nicht auf. Diese Annahmen werden gestützt durch die schlichte Überlegung, dass eine Nahtoderfahrung bei Herzstillstand und Bewusstlosigkeit vollständig und ganz einfach zu erklären ist, wenn Bewusstsein kein Hirnprodukt darstellt.

2. Das Bewusstsein und seine Wahrscheinlichkeit

Die Möglichkeit eines Planeten Erde, der dann irgendwann Leben und Bewusstsein hervorbringen könnte, wird uns wie ein mehr als glücklicher Zufall präsentiert. Vor 3,7 Milliarden Jahren gab es nach sehr vielen weiteren Zufällen in der Molekülentwicklung erstes Leben.[192] Das früheste bekannte Säugetier, ein nachtaktives, maus- oder rattenartiges Kleintier aus der Gattung der Beutelsäuger, lebte vor 125 Millionen Jahren inmitten der Dinosaurier, die ebenfalls per Zufall entstanden waren. Nach geltender Auffassung der Paläontologie endete die Zeit der Dinosaurier vor ca. 65 Millionen Jahren entweder durch den Einschlag eines riesigen Meteoriten oder Vulkanismus. Viel weiter als bis zum Beutelsäuger war die Säugetierwelt da nicht gekommen. Von diesem Tier ausgehend soll sich der Artenreichtum der Säugetiere mit all seinen Zwischenstufen in einer Folge von Zufällen bis zum Menschen entwickelt haben, und dies in nur 65 Millionen Jahren. Wie viele Zufälle muss man da annehmen? Wie wahrscheinlich ist das? Ähnlich wahrscheinlich wie das sogenannte Infinite Monkey Theorem, laut dem ein Affe so lange auf eine Schreibmaschinentastatur einhaut, bis irgendwann Goethes »Faust« dabei herauskommt. Es gibt für die Wahrscheinlichkeit der Menschwerdung durch Zufälle den hübschen Vergleich, es sei, als ob man einen Haufen Computerbauteile einem Sandsturm überließe und hinterher stünde ein fertiger Computer da.

Wie wahrscheinlich ist darüber hinaus das Auftreten von Bewusstsein in einem Universum wie dem unseren? Auf jeden Fall scheint bei der Frage nach Bewusstsein die reduktionistische Sicht der Wissenschaft an ihre Grenzen gekommen zu sein. Ist alles zellenklein zerlegt, bleibt, wie schon dargelegt, nurmehr totes Gewebe übrig, weil das Lebendige, welches sich im lebenden Zellkörper in den unzähligen Verbindungen zwischen den Eiweißmolekülen manifestiert, mit erledigt worden ist. Aber nur mit den Verbindungen entsteht und besteht am Ende etwas, das Pflanze, Tier, Mensch heißt und dann sogar zu reflektierender Bewusstseinsleistung befähigt ist, die nach Erkenntnis streben darf.

Natürlich kann die Mathematik berechnen, wie lange das mit dem Leben bis zum Menschen gedauert haben könnte. Aber mit Wahrscheinlichkeitsrechnung kommt man hier nicht weiter, denn wenn die Entstehung des Menschen rein auf zufällig richtigen Möglichkeiten basieren würde, wären wir vermutlich noch nicht einmal beim Neandertaler angekommen.[193] Gibt es also so etwas wie einen versteckten Plan vom richtigen Weg, der alle Möglichkeiten der Beschleunigung einschließt? Es gibt ihn, und so versteckt ist er in Kenntnis von Verschränkung und Nichtlokalität nicht mehr. Der Quantenphysiker Hans Peter Dürr nahm dafür den schönen Vergleich mit zwei Zeigefingern, die man mit geschlossenen Augen von beiden Seiten her vor der Nase zusammenführen kann. Viele kennen das von Untersuchungen in der Arztpraxis. Wie wahrscheinlich ist es, dass die Finger sich treffen? Die Wahrscheinlichkeit wäre beliebig, aber da die Finger über Arme verbunden sind und durch den gemeinsamen Körper voneinander wissen, treffen sie sich, so oft sie wollen. Das ist meines Erachtens ein guter Vergleich für Verschränkung.

Wenn dank Verschränkung in Nichtlokalität die einzelnen Teilchen immer voneinander wussten und man addiert das alles durchdringende Bewusstsein in Nichtlokalität als Hintergrund, von dem die Nahtoderfahrenden sprechen, hinzu, dann könnte die Evolution in viel kürzerer Zeit möglich gewesen sein. Weil sie durch Verschränkung verbunden waren, hätten die Bauteilchen ja immer versteckt zusammengearbeitet, und auf einmal wirken die scheinbaren Zufälle nicht mehr ganz zufällig. Es handelte sich sozusagen um »wahrscheinliche Zufälle«, versteckt zielgerichtet aus unzähligen Möglichkeiten.

Auf diese Weise könnte Entwicklung des Lebendigen auf dem Weg nichtlokaler Verbindungen abgelaufen sein, mit Bewusstsein als Informationsmedium. Erste Ansätze für einen

Nachweis liefern die Quantenvorgänge zum Chlorophyllmolekül[194] und dem Rotkehlchen.[195] Unter der Annahme einer verborgenen Einheit der verschränkten Teilchenwelt[196], durchdrungen von einem Bewusstseinsfeld, kann man sich die Evolution in all ihrer Vielfalt bis zur Menschwerdung in relativ kurzen 65 Millionen Jahren vorstellen: Von noch bedeutungsloser Quanteninformation über Q-Bits zu virtuellen Photonen, die ihre Aufgabe kennen durch Verschränkung in Nichtlokalität. Wenn alles von Teilchen zu Teilchen seine Aufgabe erfüllt, dann ist der Weg bis zum Menschen immer noch extrem kompliziert, aber sehr wohl möglich. Die Sache mit der wartenden Aufgabe erscheint bekannt. Genau davon sprechen die Nahtoderfahrenden, wenn sie in ihren Körper zurückgeschickt werden.

»Es geht mir um die ganzheitlichen Beziehungen zwischen Innen und Außen«, so fasste Wolfgang Pauli zusammen. Er glaubte aus gutem Grunde nicht an die von Charles Darwin dem reinen Zufall überlassene Zuchtwahl.[197] Selbst der sonst so skeptische Erwin Schrödinger kam zu dem Schluss, »dass wir Lebewesen alle nur verschiedene Seiten oder Aspekte eines einzigen Wesens sind«[198], worin er sich mit dem Arzt und Philosophen Albert Schweitzer einig weiß. In dieselbe Richtung äußerte sich David Bohm, ein bedeutender theoretischer Physiker, als er forderte, die Welt als Ganzes zu begreifen. Er meint, das Universum sei möglicherweise nicht mehr als ein gigantisches, vom Geist erzeugtes Hologramm.[199] David Bohm arbeitete auch lange mit Karl Pibram[200], einem Kognitionswissenschaftler, zusammen, mit dem er ein Modell des Bewusstseins nach Art einer Holografie entwickelte.

Der schon zitierte Thomas Görnitz[201] spricht von einem Ganzen, das geistig sei. Lothar Schäfer, Biochemiker der amerikanischen Universität Fayetteville, gelangte zu der Einsicht: »Wenn die Wirklichkeit nichtlokal ist, dann ist die Natur des Universums die einer unteilbaren Ganzheit.«[202] Hans Peter Dürr plädierte zeit seines Lebens für eine holistische Sicht, das Einzelne als Teil eines großen geistigen Ganzen zu erkennen, eine

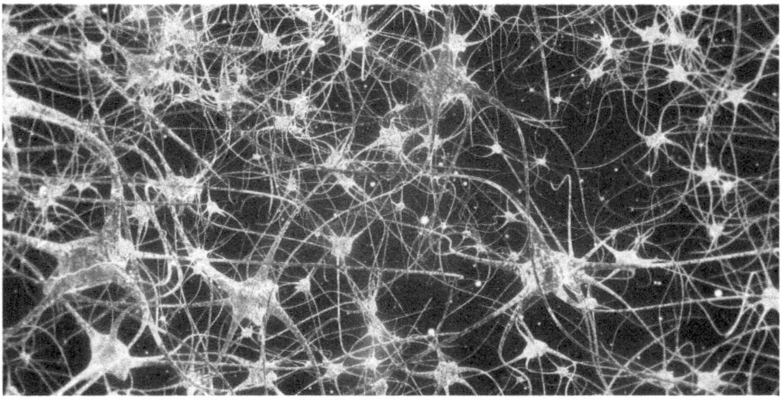

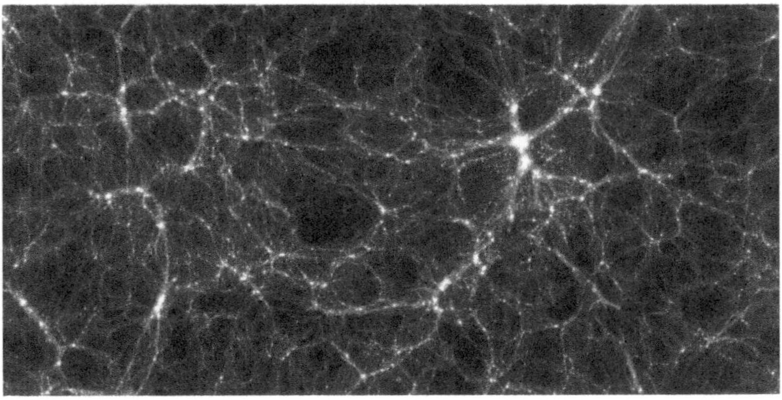

Oben Nervenzellen, unten das Universum mit Milliarden von Galaxien.

Einheit von Natur und Geist bzw. Bewusstsein, die er bezeichnenderweise Liebe nennt.

Jacob Bekenstein[203] sprach 2003 von einem holografischen Universum. Die Physikerin Jude Currivan[204] erweiterte diese Ideen noch einmal zum Gesamtbild eines Universums als Holografie. Dabei kam sie zu einer monistischen[205] Betrachtung des Bewusstseins als Grundlage aller Dinge, als Hort des Wissens und Möglichkeit jedes Entstehenden. Damit stellte sie unabsichtlich eine Verbindung zur Allwissenheit der Nahtoderfahrung her, bei der alle Information ausgebreitet daliegt. Bewusstsein ist eben auch und gerade Information und Informationsmöglichkeit, und da sind wir ganz nahe an einem endlosen, fundamentalen Bewusstsein[206], inklusive Nichtlokalität. Zu diesem Gedankengang passen die Bilder eines Neuronenhaufens und der Struktur der Galaxienhaufen des Universums. Die Ähnlichkeiten sind frappierend.

Auf dieses in Rede stehende endlose, fundamentale Bewusstsein im nichtlokalen Bereich gelingt durch die Nahtoderfahrenden ein flüchtiger und dennoch scharfer Blick. Doch nur wer »auf der anderen Seite« geblieben wäre, könnte uns Weitergehenderes und vielleicht Endgültiges sagen. Das Paradoxon ist unauflöslich, weil eine Grenze existiert, nach der es kein Zurück mehr gibt. Aber welchen Sinn hätte eine Nahtoderfahrung, wenn es nicht – wie auch immer – weiterginge mit dem »Ich« als bewusster Gesamtexistenz? Keinen – außer vielleicht für ewige Skeptiker.

3. Glauben oder Wissen?

Da wir es mit Transzendentem zu tun haben, drängt sich auf der Basis des Dargelegten die Frage nach Glauben oder Wissen auf. Was glauben die Nahtoderfahrenden? Die glauben eigentlich nicht mehr, sondern sprechen von einem Wissen, das nur ihnen zugänglich war. Trotz subjektiv religiöser Elemente der Nahtoderfahrung in allen Kulturen vermag man darin keinen objektiven Bezug auf eine besondere Glaubensrichtung oder gar auf eine Kirchendoktrin zu erkennen. Es ist ein »wissender Glaube«, der nicht unbedingt einer Kirche bedarf, vielmehr tragen die Nahtoderfahrenden diesen Glauben in ihre jeweilige Glaubensgemeinschaft. Aber ihr Wissen muss eben subjektiv bleiben, selbst wenn die Erfahrung dank Zeugen nachweisbar war. Wäre ihr Wissen naturwissenschaftlich objektiv, dann gäbe es den wiederholbaren Beweis. Deshalb scheiden sich trotz überzeugender Nahtodberichte die Geister, sobald es um Glauben oder Wissen geht.

Dabei besaßen alle Großen der Physik eine Ahnung von

einer überlegenen geistigen Kraft, die jener der Nahtoderfahrungen sehr ähnlich ist. Diese Ahnung haben sie auch beschrieben, jeder auf seine Weise. An der Grenzlinie des Wissens offenbaren ihre Zeugnisse eine Empfindung, die durchaus mit Glauben zu tun hat. In einem Brief an Phyllis Wright, eine Schülerin der 6. Klasse, gab Albert Einstein sogar eine indirekte Antwort auf die Frage nach Glauben und Wissen, und zwar auf Deutsch, wohl auch, weil das Englische ihm zeitlebens fremd blieb. Er drückt darin grundlegende Gedanken zum Weltverständnis aus, weshalb ich das gern, wenn auch verkürzt wiedergeben möchte. Nach freundlicher Begrüßung leitete Einstein seinen Brief mit einer allgemeinen Bemerkung über die Grundbedingung wissenschaftlicher Forschung ein, die auf der Vorstellung basiere, dass alles Geschehen auf rational erklärbare Naturgesetze zurückzuführen sei. Das würde selbstverständlich auch den Menschen als Teil der Natur und sein Handeln mit einbeziehen. Deshalb könnte ein forschender Wissenschaftler kaum geneigt sein, an die Wirkung von Wünschen oder Gebeten zu glauben, die an ein übernatürliches Wesen gerichtet sind.

Das Wissen um die Gesetze der Natur wäre aber entgegen dem gängigen Eindruck bei aller Erkenntnis nur sehr unvollkommen und bruchstückhaft, so räumt er ein. Letzten Endes beruhe die Vorstellung von der Existenz grundlegender, allumfassender Gesetze in der Natur also auch auf einer Art Glauben, wenngleich dieser durch die Erfolge der wissenschaftlichen Forschung weitgehend zu rechtfertigen sei.

Einstein beendet den Brief mit einem wunderschönen Gedanken: Jeder, der sich ernsthaft mit Wissenschaft befasse, käme irgendwann zu der Überzeugung, »dass sich in den Gesetzen des Universums ein Geist manifestiert – ein Geist, der dem des Menschen bei Weitem überlegen ist und angesichts dessen wir uns mit unseren bescheidenen Kräften demütig fühlen müssen«[207]. Auf diese Weise führe das Streben der Wissenschaft auf eine besondere Art und Weise auch zu einem religiösen Gefühl, das sich von der Religiosität eines naiven Menschen aber sehr deutlich unterscheide. Da klingt der tiefe Glaube des Wissenschaftlers durch.

Dazu passt ein Zitat von Einstein: »Die mit tiefen Gefühlen verbundene Überzeugung von dem Dasein einer überlegenen, intelligenten Macht, die sich im unbegreiflichen Weltall offenbart, sie bildet meine Vorstellung von Gott.«[208] Der Schweizer Schriftsteller Friedrich Dürrenmatt äußerte sich leicht amüsiert über ihn: »Einstein pflegte so oft von Gott zu reden, dass ich beinahe vermute, er sei ein verkappter Theologe gewesen.«[209] Aber der Physiker in Einstein meint natürlich nicht die Sichtweise der Theologie.

In einem Gespräch zwischen Werner Heisenberg mit Wolfgang Pauli ist ebenfalls die Rede von Glauben und Wissen und von Gott. Als die beiden Physiker während eines gemeinsamen Spazierganges an der Hafenmole von Kopenhagen stehen, wohl mit Blick auf den Horizont, der im Abendlicht der soeben untergehenden Sonne rot schimmert, stellt Pauli dem Freund Heisenberg eine ungewöhnliche persönliche Frage. Die Begebenheit schildert Heisenberg in seinem Buch mit dem bezeichnenden Titel »Der Teil und das Ganze«. Die beiden Freunde waren zu Besuch in Dänemark bei Niels Bohr und machten noch einen Abendspaziergang zur Hafenmole. Dabei diskutierten sie die komplexen Fragen, die sich aus den Umwälzungen der Quantenphysik ergaben. Auf einmal fragte Pauli Heisenberg ganz direkt: »Glaubst du eigentlich an einen persönlichen Gott?«[210] Darauf vermag Heisenberg nicht einfach so zu antworten, vielmehr benutzt er in seiner Antwort auch hier eine Umschreibung, die seine innerste Überzeugung darlegt. Es ist sein Glaube an die zentrale Ordnung der Dinge und allen Geschehens, »an der ja nicht zu zweifeln ist«[211], eine zentrale Ordnung in Natur und im Universum. Das bildet für ihn die Essenz, die ihm wie eine geheimnisvolle Seele scheint, und darin erkennt er sein persönliches Gottesbild.

Eine ähnliche Überlegung trug Max Planck in einer Rede vor.[212] Er reduzierte die Materie auf als von den Kräften zusammengehaltene atomare Schwingungen, die es ohne diese Kräfte nicht gäbe, welche ihrerseits einen Ursprung haben müssten. Dieser Ursprung entspräche einem bewussten, intelligenten Geist, der hinter den Kräften verborgen sei und sich im gesamten Weltall offenbare. Die Materie wäre das Vergängliche, der Geist dahinter lebe. Das erinnert zunächst sehr an Albert Einstein und seine »überlegene Macht« im Universum. Planck geht aber noch einen Schritt weiter, indem er sich nicht scheut diesem Geist einen Namen zu geben und »diesen geheimnisvollen Schöpfer ebenso zu benennen, wie ihn alle Kulturvölker der Erde früherer Jahrtausende genannt haben: Gott«[213].

Der englische Astrophysiker Sir Arthur Eddington, der 1919 Einsteins allgemeine Relativitätstheorie während einer Sonnenfinsternis bewiesen hatte, äußerte sich ganz ähnlich in diese Richtung: »Die moderne Physik führt uns notwendig zu Gott hin, nicht von ihm fort. Keiner der Erfinder des Atheismus war Naturwissenschaftler. Alle waren sie sehr mittelmäßige Philosophen.« Von Hans Peter Dürr stammt der Satz: »Du kannst nicht von Gott reden, weil Gott eigentlich das Ganze ist. Und wenn es das Ganze ist, dann schließt es dich mit ein.«[214] An anderer Stelle sagt er: »Der Ursprung allen Seins ist der Geist.«[215]

Planck und Eddington, Pauli und Dürr verwenden das Wort »Gott« oder »Geist« oder »alles aus dem Einen«. Sie meinen dasselbe wie Einsteins »überlegene, intelligente Macht, die sich im unbegreiflichen Weltall offenbart«, Heisenbergs »zentrale Ordnung der Dinge, an der ja nicht zu zweifeln ist« oder Lothar Schäfers »Natur des Universums als unteilbare Ganzheit«. Alle Physiker unterlassen wohlweislich eine weitere Interpretation. Denn naturwissenschaftlich gibt es nichts zu sagen, weder in die eine Richtung noch in die andere. Es darf aber angenommen werden, dass alle ein unbenennbares, ungeheures Geistiges wahrnahmen, das in ihrer Forschung aufschien.

Jüngst hat der Quantenphysiker Thomas Görnitz die Einheit von Bewusstsein und Geist auf der Basis der Quantenphysik formuliert.[216] Lassen wir ihn zum Abschluss des Kapitels zu

Wort kommen, weil er mit seiner Überlegung indirekt auf die Nahtoderfahrungen abhebt: »So wie kein Atom meines Körpers dem Kosmos entkommen kann, aber natürlich mit dem Tod die Struktur des Leibes zerfällt, kann auch kein Bit meines Bewusstseins dem Kosmos entkommen. Die Anbindung an den lebendigen Körper geht mit dem Tod verloren. Was dann aus dieser Quanteninformation wird, darüber wissen wir nichts. Es gibt aber Menschen, die bestimmte Erfahrungen gemacht haben, die zumindest darüber nachdenken lassen, ob man da vor dem bloßen Nichts steht oder ob man das nicht auch durchaus anders sehen kann. Das ist natürlich etwas, wo die Physik keine dezidierte Antwort geben kann.«[217]

Es ist anzunehmen, dass Thomas Görnitz damit die Nahtoderfahrung meinte. Spinnt man den Gedanken fort, dann muss man aus den Berichten der Nahtoderfahrenden folgern, dass die vom lebendigen Körper stammende Quanteninformation offenbar im nichtlokalen Bereich vollständig gespeichert ist. Dazu müsste also ein Lebensinhalt, eine reale Information aus dieser Welt zurückgeführt worden sein in einen nichtlokalen Zustand vor Entstehung. Wie das auch nur ansatzweise zu verstehen sein soll, dafür fehlt aktuell jede Vorstellungsmöglichkeit. Damit wird schlagartig noch einmal deutlich, warum die gewünschte vollständige und endgültige Erklärung der Nahtoderfahrung durch die Quantenphysik misslingen muss. Es gelingt nur die beschriebene, immerhin sehr gute Annäherung mithilfe der Nichtlokalität – also eher eine Analogie, mehr nicht.

VII. Das fundamentale Bewusstsein

Indem wir Bewusstsein als nichtlokales und damit allgegenwärtiges Phänomen wissenschaftlich belegen, können wir zu neuen Ideen über die Beziehung zwischen Bewusstsein und Gehirn beitragen.[218]

PIM VAN LOMMEL

Ist das Gehirn vielleicht nur eine Art Empfänger für Bewusstsein und nicht Erzeuger? Wie ein Fernseher oder Receiver, der die Fernsehprogramme und Musikstücke nur überträgt oder abspielt? Aus der Sicht des Bewusstseins käme dem Gehirn dann lediglich eine vermittelnde Funktion zu. Für diese Annahme spricht nach den aufschlussreichen Berichten der Nahtoderfahrenden bei klinischem Tod fast alles. Bedenkt man zusätzlich die vorgetragenen Erkenntnisse über eine zerstörte oder beinahe vollständig fehlende Hirnsubstanz, führt das zu der wohlbegründeten Einsicht, dass Bewusstsein kein Gehirnprodukt darstellen kann. Es scheint vielmehr so, als ob es sich des Gehirns und des Körpers bediente, und so vermag der Mensch nur zu erkennen, was diese sinnfällig zulassen. Die Wahrnehmung der Realität beruht darauf. Erst an der Grenze zu den quantenphysikalischen Vorgängen in der Tiefe des Gehirns, mit Q-Bits und virtuellen Photonen, wird dem Menschen eine Ahnung von jenseits des Realen möglich. Mit Meditation scheint man sich annähern zu können. Dort liegt das Reich der Quantenphysik, aber auch der Metaphysik, der Religion und die Quelle der Inspiration der Genies im Menschen verborgen. Das ist nicht primär Domäne der Naturwissenschaft, sondern der Geisteswissenschaften. Aber ein hyperreales Erleben, alles jenseits der Gedankengrenze bleibt allein den Nahtoderfahrenden vorbehalten. Für sie wird Ahnung zu Erkenntnis, Vermutung zu Wissen.

Von William James stammt die Überlegung: »Wenn man die allgemein akzeptierte Regel entkräften will, dass alle Krähen schwarz sind, genügt es zu beweisen, dass es wenigstens eine weiße Krähe gibt.« Karl Popper sprach in ähnlichem Zusammenhang von weißen Schwänen und dem einen zu findenden schwarzen Schwan. Nach den in diesem Buch aufgeführten Belegen von Bewusstsein bei klinischem Tod darf man bei der Nahtoderfahrung von einer »weißen Krähe« oder einem »schwarzen Schwan« sprechen. Wenn die Nahtoderfahrung eine weiße Krähe ist, dann ist Bewusstsein fundamental, ein Allseiendes in Nichtlokalität, außerhalb von Zeit und Raum, aus dem alles entsteht und in dem alles bewahrt bleibt.

Stellen wir uns dieses Bewusstsein einmal vor, als Einsteins »überlegener Geist«, Plancks oder Eddingtons »Gott«, Heisenbergs »zentrale Ordnung der Dinge oder des Geschehens« oder Pim van Lommels »Endloses Bewusstsein«, als Schicksal, Vorsehung oder wie es ein jeder für sich auch immer nennen mag. Lassen wir diese fundamentale Einheit des Bewusstseins, die etwa 35 Billionen eigenen Körperzellen[219] unseres Organismus, in dem Maß ansprechen, wie die unterschiedlichen Zellen, einschließlich der Nervenzellen des Gehirns, entsprechend ihren Fähigkeiten zu empfangen vermögen. Die bezeugten Erlebnisse der Nahtoderfahrenden bei Bewusstlosigkeit und Herzstillstand lassen eine solche Hypothese zu. Sie wird untermauert durch das Wissen um die Erinnerungsgehalte transplantierter Herzen. Wenn wir uns das alles klarmachen, dann wird einerseits die Begrenzung dieses Bewusstseins durch die Gebundenheit an die Anatomie deutlich und andererseits die Anbindung an etwas Endloses einsichtig. Eines steht jedenfalls fest: Bewusstsein kann nicht auf das Gehirn reduziert werden und ergo kein Hirnprodukt sein.

Die Konsequenzen einer derartigen Überlegung liegen auf der Hand. Ernst genommen, läuten sie den überfälligen Paradigmenwechsel[220] bei der Beurteilung von Bewusstsein und damit vom Menschsein als solchem ein. Arthur Rimbauds ungeheures Wort, »Ich ist ein anderer«, trifft den Kern. Schon der Blick in den Spiegel mutiert zum Fragezeichen. Wie sehr verändert sich bereits das Äußere über die Jahre und wie wenig verändere ich mich innerlich im Verhältnis dazu? Immer braucht es einen knappen Moment des Erkennens. Wen sehe ich da gespiegelt? Den, der ich bin? Den, der ich sein möchte? Den, für den ich mich halte? Den, für den ich gehalten werde? Den, für den ich gehalten werden möchte? Mein eigentliches Ich? Oder schaut mich aus dem Spiegel jedes Mal ein sich permanent verändernder anderer an, dem sein Körper nach dem Tod umgehend so fremd wird wie den Nahtoderfahrenden der ihre? Die Antwort prallt an der Anatomie ab und reicht gleichzeitig über deren Ende hinaus. Denn wie man nach der Lektüre dieses Buches wissen kann, stirbt das »Ich« als Entität[221], als umfassende, bewusste Gesamtexistenz nicht. Vielmehr entfaltet es sich erst jetzt, im Augenblick des Todes, in einem erweiterten Bewusstsein, unlimitiert durch ein Gehirn, welches ihm mitsamt dem zugehörigen Körper im selben Augenblick nichtssagend wird. Der Nahtoderfahrende stirbt eben gerade nicht, er erlebt das Lebendige in Reinform.

Dieses Lebendige findet ersichtlich auf »beiden Seiten« statt: Im Leben bleibt es gebunden an die Anatomie, im Tod findet es sich befreit. Es ist offensichtlich nicht einmal teilbar durch das, was wir Tod nennen. Damit haben wir es also zu tun, wenn wir von einem nichtlokalen, endlosen, allgegenwärtigen und fundamentalen Bewusstsein in einem nichtlokalen Bereich sprechen. Das führt notwendig zu der Frage, inwieweit wir den irdischen Teil des lebendigen Bewusstseins so uneingeschränkt besitzen, dass wir es uns erlauben können, über seinen Anfang und sein Ende bestimmen zu wollen. Dies ist aber keine Frage an den Gesetzgeber, sondern an eine Ethik, die der Ewigkeit entliehen sein muss und sich nicht am Möglichen einer begrenzten naturwissenschaftlichen Erkenntnis orientieren darf, wie es zurzeit geschieht. Doch das wäre ein eigenes Thema.

VIII. Bewusstsein – über den Tod hinaus?

Das Ziel aller Erkenntnis besteht darin, auszuloten, was man überhaupt wissen kann. Umgekehrt gilt es, an den Grenzen des Wissens zu entscheiden, wo Erkenntnis wissenschaftlich und philosophisch aufhört. Bei den Nahtoderfahrungen endet sie vermutlich auf immer. Ob das Fragezeichen im Titel dieses Kapitels nach den Berichten und Erläuterungen in diesem Buch dennoch notwendig ist, muss ein jeder für sich entscheiden. Jedenfalls ist die Idee eines Gehirns, das Bewusstsein produziert, mit Blick auf das, was dargestellt wurde, hinfällig.

Nach Abwägung von allem Für und Wider bin ich mit Pim van Lommel davon überzeugt, dass Bewusstsein unabhängig vom Körper existiert, dass es ewig und unzerstörbar ist. Seine Hypothese von der Existenz des Bewusstseins und der Nahtoderfahrung im nichtlokalen Bereich ist meines Erachtens zu einsichtig, um sie nicht ernst zu nehmen. Das würde mit der Überlegung korrespondieren, dass meine Gesamtpersönlichkeit vielleicht wie bei einer Holografie[222] sowohl den Teil als auch gleichzeitig das Ganze enthält. Die mehrfach zitierte Tatsache einer Übertragung von Bewusstseinsanteilen des Spenders eines Herzens zum Empfänger darf in dieser Richtung zum wiederholten Mal als Fingerzeig gewertet werden.

Die Akzeptanz der Nahtoderfahrung als unabhängiges Phänomen könnte es erleichtern, ein neues wissenschaftliches Konzept für das Verständnis der Beziehungen von Bewusstsein und Gehirn zu entwickeln. Dafür braucht es die Einsicht, dass Bewusstsein weder zwingend materiegebunden ist noch von Materie produziert wird, sondern eine eigene Größe darstellt.

Letztendlich betrachte ich die Nahtoderfahrung als Offenbarung eines endlosen, fundamentalen Bewusstseins in Nichtlokalität. Wenn der körpergebundene Teil dieses Bewusstseins am

Ende des Lebens die Bindung an unsere irdische Existenz gelöst hat, treten wir in eine Bewusstseinsdimension aus anscheinend reiner Liebesenergie ein, die uns schon jetzt an eine bewusst liebevolle Lebensführung gemahnt. Die eindrücklichen Berichte unzähliger Nahtoderfahrender machen uns das unmissverständlich klar. Dabei ist ganz offensichtlich nicht Unfehlbarkeit gefragt, sondern das Bemühen. »Edel sei der Mensch, hilfreich und gut« – das wünschte sich bereits Goethe, bezeichnenderweise in einem hymnischen Gedicht mit dem Titel »Das Göttliche«. Bo Katzman, von dessen tiefer Nahtoderfahrung ausführlich erzählt wurde, sprach treffend von Lieblosigkeit als der einzigen Sünde, die man in dieser Welt begehen kann.[223]

Für Nahtoderfahrende gibt es selbstverständlich keinen Rachegott irgendeiner Religion mehr, der zu fürchten wäre. Sie wissen um die Liebe und dass man nur das erfährt und erduldet, was man selbst getan hat, wofür man im Guten wie im Bösen Verantwortung trägt. Um es noch einmal deutlich zu sagen: Die sogenannte Hölle erschaffen wir ganz allein, ohne fremdes Zutun, durch liebloses und unmenschliches Handeln. Bei diesem Gedanken vermag ich eine gewisse Genugtuung nicht zu verhehlen, indem jedes Verbrechen, welcher Art auch immer, den Täter umfänglich einholt und dass es nichts hilft, dies ignorieren zu wollen. Dazu gibt es zu viele bezeugte, reale Erfahrungen von Lebensrückblicken. Auch das sogenannte Paradies erweist sich als überwältigend andersartig.

Alles, was wir tun, sollte also vor der Liebe Bestand haben, sonst müssten wir es unterlassen. Damit nähmen wir Abschied vom Diktat des Geldes, Abschied von Gewalt, Neid, Wut und Zorn, von zerstörerischem Hass, von Missgunst, Vorteilsdenken und von allem kleinlichen Egoismus. Damit erfüllten wir ganz nebenbei das Gebot des Nazareners Jeschua, Jesu, der für diese Botschaft der Nächstenliebe mit seinem irdischen Leben eintrat, was den an ihn glaubenden Teil der Menschheit von keiner Schandtat abhielt und abhält. Dabei könnte es uns im Spiegel eines im liebevollen Sinn veränderten Handelns sogar vergönnt

sein, schon hier auf Erden für Augenblicke eine Ahnung von der unvorstellbaren Liebe zu bekommen, welcher jener Friede innewohnt, der höher ist als all unsere Vernunft. Handelten wir in Kenntnis der Botschaft der Nahtoderfahrenden aus der Liebe heraus, würden wir dann nicht viel eher der Vergebung fähig? Einer Vergebung, die ja auch immer eine Last von uns und unserer Unzulänglichkeit nimmt und uns zu einem mitmenschlicheren und erfüllteren Leben befreit.

Das klingt zu Recht zunächst nur christlich. Aber im Buddhismus finden wir ausdrücklich die Forderung, keinem Lebewesen Böses anzutun, und die Lehre des Laotse hat als Kern das Streben nach Harmonie und die Suche nach dem rechten Weg, wenngleich ein direkter Gottesbezug oder Hinweise auf eine jenseitige, lebendige Entität fehlen. Die Torah kann man frei nach dem bedeutenden jüdischen Gelehrten Hillel, dem Alten, in einem einzigen Gebot zusammenfassen: »Was dir nicht lieb ist, das tue auch deinem Nächsten nicht; das ist die ganze Gesetzeslehre, alles andere ist nur die Erläuterung.« Mit diesem Satz antwortete Hillel, als ein Nichtjude ihn fragte, ob er ihm seinen Glauben erklären könne, solange man auf einem Bein zu stehen vermag. Die Szene findet sich in Stein gehauen am Parlamentsgebäude in Jerusalem.

Der große islamische Lehrer Rumi sah um das Jahr 1200 die Liebe als Urgrund der Dinge. In seinen Erläuterungen des Koran fehlt jeder Hinweis darauf, dass man als Märtyrer für seinen Gott wahllos töten solle. Irrigerweise glaubten sich zur gleichen Zeit die Kreuzritter im Gottesauftrag, als sie in Jerusalem im Blut der Getöteten wateten. Dass Märtyrer bis zum eigenen Tod für ihren Glauben morden müssen, ist der tragische Irrtum des religiösen Fanatismus. Der wahre Märtyrertod ist passiv und besteht allein im duldenden Sterben für die eigene Überzeugung. Ich persönlich denke auch nicht, dass sich ein Gott vorzugsweise mit Massenmördern umgeben möchte, die rücksichtslos Leben nahmen. Die Nahtoderfahrenden bei Herzstillstand und Bewusstlosigkeit erzählen uns davon jedenfalls nichts. Sie tragen das ultimative Gebot der Liebe und Nächstenliebe als aktiven Auftrag in sich.

Exakt davon wusste und sprach vor ihnen der Mann aus Nazareth. Jesus hat diese Liebe unter Einsatz seines Lebens verkörpert, Paulus hat sie gesehen und für mich hat sie einen Namen: G´tt. Bewusst schreibe ich das Wort auf diese Weise. Der fehlende Buchstabe beglaubigt das unlösbare Rätsel.

In Kenntnis der Nahtoderfahrungen spricht fast nichts für

die irdischen Vorgaben der Religionen, denn nirgends wird auf Glaubensdogmen wie ein Taufsakrament, auf spezielle religiöse Bräuche oder Initiationsriten verwiesen, etwa Beschneidung oder die Verbindlichkeit von Fatwas, die nicht befolgt wurden. Auch die verschiedenen Jenseitsvorstellungen spielen keine Rolle. Soll die Wesenheit des Göttlichen aufgezeigt werden, so ist von einer Liebe verströmenden, transzendenten Unermesslichen die Rede. Das ist so umfassend gemeint, wie die Nahtoderfahrung für alle Menschen aller Glaubensrichtungen gleichartig ist. Über diese Wesenheit kann man nur aussagen, dass es sie gibt. Die Menschen geben ihr Namen und bilden sie ab, um etwas Anschauliches zu haben. Da wir es mit Unbegreiflichem, Transzendentem zu tun haben, kann es naturwissenschaftliche Beweise dafür oder dagegen wohl niemals geben. Ohne Glauben kommen wir also nicht aus.

Mit gewissem Recht darf man die Religionen als Institutionen bezeichnen, die den Glauben hier auf Erden bewirtschaften.[224] Denn zweifellos haben die Glaubenshüter zu allen Zeiten Wert auf eine Glaubens- und Verwaltungsstruktur im Sinn einer Staatsräson gelegt, die in erster Linie auf irdische Macht zugeschnitten war. Das steigert sich in Europa bis zum Wahnsinn der Glaubenskriege, und ein ähnlicher Geist ist gegenwärtig wieder sinnfällig zu besichtigen in den fundamentalistischen Gottesstaaten, die traurigerweise den gleichen Fehler zu begehen scheinen. Da geht aufs Neue Deutungshoheit vor Wahrhaftigkeit und Menschlichkeit. Seit Rumi könnte man es auch dort besser wissen.

Diese weite Auslegung deckt sich mit der fast anekdotischen Geschichte einer tiefgläubigen alten Dame, die vor ihrer Nahtoderfahrung regelmäßig am Gottesdienst teilnahm. Danach vermisste der Pfarrer sie in der Kirche und besuchte sie deshalb zu Hause. Auf seine Frage, ob sie denn nicht mehr glaube, antwortete sie: »Nein, im Gegenteil! Ich glaube mehr denn je! Aber es ist alles ganz anders.« Indes, die gestellte Aufgabe bleibt ganz klar und unverändert: Allein liebevolle Mitmenschlichkeit zählt.

Auf Erden kommen wir über die Begrenzung unseres Geistes ersichtlich nicht hinaus. Alles, was man über das Irdische hinaus wissen kann, kommt zu uns von den Nahtoderfahrenden. Aus der Realität gingen sie in den nichtlokalen Bereich, in die Nichtlokalität, außerhalb von Raum und Zeit, wo alles verbunden bleiben kann, weil weltliche Beobachtung unmöglich ist. Das lehrt uns die Quantenphysik. Diese Unmöglichkeit erlaubt den Rückkehrern vom Tod, von bedingungsloser Liebe, von Licht, Allwissenheit, über Vergangenes und Künftiges zu berichten, über eine kritische Bilanz des Lebens. Eingetaucht ins Licht, erhalten sie einen lebensprägenden Eindruck jener ungeheuren, vollkommenen liebenden Lichtenergie, und natürlich muss die reale Sprache versagen, weil man eine nichtlokale dazu benötigte.

Unter dem Aspekt erscheint es geradezu grotesk, diese im Nichtlokalen residierende, ewige Urkraft mit welchem Namen auch immer für menschliches Versagen, für Missetaten und Verbrechen verantwortlich machen zu wollen. Das bezeichnet man als Anthropomorphismus, die Vermenschlichung des Göttlichen. Damit ist man die Verantwortung scheinbar los.

Dass uns ausgerechnet in einem aufgeklärten Zeitalter mit anscheinend menschlicher Allwissenheit und schier unbeschränkter Möglichkeiten durch die Nahtoderfahrung ein Fenster zu einer erweiterten Einsicht geöffnet wird, halte ich keineswegs für Zufall. Ist doch der sogenannte Fortschritt aktuell erfolgreich damit beschäftigt, den *Homo sapiens* zu einem Konsumidioten, einem *Konsumo debilis* zu degenerieren, der fröhlich twitternd Vitalität für Leben und Individualität für Persönlichkeit hält. Mangels transzendenter Perspektive ist er überdies auf dem besten Weg, die Erde samt Menschheit so ganz nebenbei zu zerstören. Ich wünsche mir deshalb eine Philosophie des Lebendigen, die gedanklich noch einen Schritt weitergeht als Corine Pelluchon in »Das Zeitalter des Lebendigen«[225], indem nämlich Bewusstsein als in jedem Augenblick fundamental wirkendes Agens einbezogen wird. Dafür könnte ich mir sehr gut einen interdisziplinären Diskurs von Geisteswissenschaftlern und Naturwissenschaftlern vorstellen, oder es erschiene eben jener neue Immanuel Kant, wie Anton Zeilinger ihn für nötig hält. Vielleicht käme man so einer längst überfälligen Änderung im Handeln der Menschheit näher.

Was wären ideale Konsequenzen unseres Handelns, wenn wir die Nahtoderfahrungen als Indiz oder sogar Faktum für ein endloses, fundamentales Bewusstsein akzeptierten, das sich als universelles, allwissendes, liebevolles Seiendes außerhalb von Raum und Zeit offenbart?

Wenn Vorher, Jetzt, Nachher zusammenhingen, wenn jeder unserer Gedanken, jede Tat zählte, dann erschienen Kriege und Ausbeutung der Erde noch absurder, denn wir kämpften ja immer nur gegen uns selbst. Bedingungslose Liebe als Essenz ließe jede Form von Gewalt ebenfalls absurd erscheinen.

Materialismus, Optimierung, Körperkult und exzessiver Konsum um jeden Preis wären erwiesenermaßen ohne jeglichen Sinn. Der Wert allen Lebens müsste an Ewigkeit und nicht an Gegenwart gemessen werden. Und welche Macht hätten die Mächtigen noch über uns, würden wir uns über all dies klar?

Diese Gedankenwelt verbindet uns mit den Großen der Wissenschaft und des Geistes, angefangen bei Marie Curie über Einstein, Planck, Heisenberg, Pauli und Zeilinger bis zu Görnitz. Mit Blick auf die Grenzen menschlicher Erkenntnis bleibt uns wie seinerzeit Goethe nur, »das Unerforschliche ruhig zu verehren«, und mit Immanuel Kant erfüllt zu sein von Ehrfurcht über den bestirnten Himmel über uns und das moralische Gesetz in uns.[226] Auch den bedeutenden Religionslehrern von Meister Eckart über Rumi und Paul Tillich bis hin zum Dalai Lama dürfen wir uns in diesem Sinn nahe fühlen.

Darüber hinaus ist es uns im Unterschied zu den Vorgenannten erlaubt, um unsere Verbindung zu einem endlosen, fundamentalen Bewusstsein zu wissen, einem unsagbar Größeren mit unendlichen Möglichkeiten. Das sollte man von den Berichten der Nahtoderfahrenden aus ihrer Zeit des klinischen Todes mitgenommen haben. »Ich ist nicht Gehirn«, wie der Philosoph Markus Gabriel ausgeführt hat, und ich möchte gegen Schluss dieses Buchs hinzufügen: Es ist wohl mehr als beides zusammen.

Als der Dichter Rainer Maria Rilke vor der Skulptur »Archaischer Torso Apollos« stand, traf ihn der Anblick verletzter Göttlichkeit mitten in die Seele, sodass er schrieb: »Du musst dein Leben ändern.«[227] Den Gedanken gewendet, offenbart sich uns mit dem Bewusstsein bei Nahtoderfahrungen unsere irdische Existenz gleichermaßen als unvollendeter Torso und gibt einen Blick darüber hinaus frei. Auch wir müssen unser Leben ändern.

Mein Leben und mein Handeln sind durch die Nachforschungen zum Bewusstsein bei Nahtoderfahrungen wesentlich verändert worden. Manchmal denke ich, dass ich erst richtig bewusst lebe, seit ich die Dinge dahinter ahne und alles Lebendige um mich herum anders zu schätzen weiß. Ich glaube da an keinen Zufall, und der Weg war für mich nie das Ziel. Den Satz halte ich sowieso für abwegig. Das Ziel ist und bleibt das Ziel, und der Weg, auf dem man versucht, sich selbst mit der Welt in Einklang zu bringen, dauert für jeden von uns ein ganzes Leben. Am Ende gehen wir nur dahin, woher wir kommen. Man muss vor nichts Angst haben, fast möchte ich sagen: im Gegenteil. Und damit soll es nun genug sein.

Nachwort

Manche haben mich gefragt, ob es mein Alter und/oder die Angst vor dem Tod waren, die mich dazu brachten, mich mit Nahtoderfahrungen zu beschäftigen. Nein, ich habe keine Angst. Wie ich bereits sagte: Der damalige Agnostiker in mir wollte es seit langen Jahren einfach wissen. Aber vor 2001 gab es keine harten wissenschaftlichen Daten. Und da Alter in heutiger Zeit nicht vor Weisheit schützt, wenn man sich ausreichend wehrt, so wenig wie Jugend Dummheit bedingt, habe ich die Wissenschaft durchgearbeitet und mich schlussendlich ans Schreiben gemacht. Für alle, die sich wehren, ist dieses Buch gedacht.

Selten ist jedoch ein Buch die Sache eines Einzelnen, vielmehr gibt es immer Anregungen von verschiedenen Seiten, für die ein Autor dankbar sein sollte.

An allererster Stelle muss ich Pim van Lommel nennen. Ohne seine bahnbrechende Arbeit zu Nahtoderfahrungen aus dem Jahr 2001 und sein Werk aus 2009 hätte ich niemals Vorträge gehalten, und dieses Buch wäre ungeschrieben geblieben. Die Korrespondenz mit ihm, sein kenntnisreicher Rat und sein geduldiges Zuhören haben mich immer ermutigt. Das noch unfertige Typoskript hat er gegengelesen und sich freundlicherweise bereit erklärt, ein Vorwort beizutragen. Danke, Pim!

In Bezug auf die Veröffentlichung möchte ich Dr. Christiane Neuen vom Patmos-Verlag danken, die sich von dem Text überzeugt zeigte. Marlene Fritsch übernahm freundlicherweise das Lektorat und erwies sich als hilfreiche und inspirierende Impulsgeberin. Vielen Dank dafür.

Herzlich danke ich meinen Kindern Kathrin, Frederik sowie meinem Schwiegersohn Philipp für ihr immer offenes Ohr und besonders meinem Sohn Sebastian für die Gespräche und bedenkenswerte Anregungen zum Text.

Meinem Enkel Mikke verdanke ich die Idee zu einer hoffentlich einfachen Erklärung der Quantenphänomene und meiner Enkelin Elisha das bewusste Erleben des Lebendigen.

Unserer Freundin Marianne Becker gebührt ein herzlicher Dank dafür, dass sie ihre eindringliche Nahtoderfahrung für dieses Buch aufgeschrieben hat und den Text zur Verfügung stellte.

Danken möchte ich meiner kürzlich verstorbenen Freundin aus Kindertagen, Beatrice Schneider-Heinz, die mir nach der Lektüre des Typoskripts den wunderbaren Satz schrieb, das Buch würde ihr Leben verschönern.

Dank geht ebenso an die Freunde Gerhard Becker, Uschi und Reinhardt Gruner, Jürgen Hantschak, Harry Juraschek, Horst Lottermoser und Walter Kunz für ihr Probelesen des Typoskripts. Jeder beurteilte es aus seiner Sicht.

Dankbar bin ich auch meinem Physiker-Freund Prof. Dr. Hans Hamacher für viele inspirierende Gespräche.

Meine Freundin Nuray und ihr viel zu früh verstorbener Mann Ludger Hölscher, genannt »Ludi«, seien ebenfalls herzlich bedankt, denn sie lehrten mich, die Schöpfung noch im allerkleinsten Lebewesen zu lieben.

Posthum danke ich meinem alten Freund Ferdinand Schladen für den Gedankenaustausch und seine ungewöhnliche Art, die richtigen Fragen zu stellen.

Last not least gilt mein ganz besonderer Dank meiner wunderbaren Frau Brigitte, die einige wesentliche Literaturtipps beitrug und über viele Monate hinweg der geduldigste Gesprächspartner war, den man sich bei so einem sperrigen Thema vorstellen kann.

Anhang

Anmerkungen

1 D. Morrissey: You Can See the Light: How You Can Touch Eternity – and Return, New York 2002.
2 R. Descartes: Meditationen, Hamburg 2009, S. 28.
3 In der griechischen Mythologie: Meeresungeheuer an einer Meeresenge, vermutlich zwischen Messina und Sizilien, die man mit dem Schiff zu passieren hat.
4 W. Pauli: Wissenschaftlicher Briefwechsel mit Niels Bohr, Albert Einstein, Werner Heisenberg u. a., Bd. IV/II, 1953–1954, S. 744–745; Brief an Markus Fierz, Schweizer theoretischer Physiker.
5 Vortrag »Ursprung und Auswirkung wissenschaftlicher Ideen«, 17.2.1933, Berlin, Zeitschr. VDI 77, S. 185–190.
6 IANDS = International Association for Near-Death-Studies.
7 B. Greyson: https://nypost.com/article/five-percent-have-had-near-death-experiences-research/. Auch H. Knoblauch, I. Schmied-Knittel, B. Schnettler: The different experience: A report on a survey of near-death experiences in Germany, Journal of Near-Death Studies, B. 20(1), S. 15–29.
8 Klinischer Tod = Herz-Kreislauf-Stillstand = Zeitraum, in dem man mit Wiederbelebungsmaßnahmen einen Menschen retten kann. Von allen Organen weist das Gehirn mit normal wenigen Minuten die kürzeste Wiederbelebungszeit auf. Wenn es nicht gelingt, schnell wiederzubeleben, tritt der endgültige Tod ein.
9 Gerät, um mit einem Stromstoß das Herz entweder zu starten oder zu stoppen.
10 EKG = Elektrokardiogramm: Ableitung der Ströme der elektrischen Vorgänge am Herzen.
11 EEG = Elektroenzephalogramm: Ableitung der Ströme der elektrischen Vorgänge im Gehirn; »Flat-Line« meint, dass es keine Ausschläge der Stromkurve mehr gibt.
12 Quantenphysik ist der Bereich der Physik, der sich mit dem Verhalten und der Wechselwirkung kleinster Teilchen befasst.
13 In einem Brief vom 7. Oktober 1931 an den amerikanischen Experimentalphysiker R. W. Wood.
14 Der Einfachheit halber nutze ich generell den Begriff »Quantenphysik«. Er ist eigentlich ungenau, denn es gibt nur eine Physik mit klassischer Mechanik und der Quantenmechanik. Quantenmechanik, basiert auf der Quantentheorie. Das ist eine physikalische Theorie, welche das Verhalten der Materieteilchen im atomaren und subatomaren Bereich beschreibt. Ihre grundlegenden Konzepte wurden von 1926 bis 1935 von W. Heisenberg, E. Schrödinger,

M. Born, P. Jordan, W. Pauli, N. Bohr, P. Dirac, J. von Neumann und weiteren Physikern erarbeitet.

15 Obwohl wir bei der Quantenphysik vieles nicht wirklich verstehen können, sind ihre Anwendungen allgegenwärtig, z. B. im Handy, TV, in Computern und als Chips in Autos und unzähligen Haushaltsgeräten.

16 C. F. v. Weizsäcker: Die Tragweite der Wissenschaft, Stuttgart 1964, S. 201.

17 Die Rückführung komplexer Theorien oder Begriffe auf elementare Strukturen und Prinzipien, indem man immer weiter in die Tiefe, ins immer Kleinere geht.

18 Durchgangssyndrom bezeichnet Verwirrtheit, Unruhe als einen reversiblen Zustand nach Operationen oder Unfällen, der vor allem bei älteren Patienten auftritt.

19 R. Moody: Life after Life, Fairhope 1975.

20 Platon: Der Staat, Dialoge, Politeia 613e–621d, 10. Band.

21 Die Scholastik (9.–14. Jahrhundert) entstand in Klosterschulen und versuchte, die Philosophie der Antike mit der biblischen Botschaft in Einklang zu bringen.

22 J. Barrow: An Autobiographical Memoir of Sir John Barrow, Bart., Late of the Admiralty, Reprint von 1847: Letter by Francis Beaufort to Dr. W. Hyde Wollaston, Kessinger 2004, Whitefish Montana (USA), S. 398–403; Oder: J. Holden; S. Avramidis: Near-Death Experiences while Drowning, Denton 2015, S. 13–17.

23 Schweizer Alpenclub, Jahrbuch 1891/92, A. Heim: Notizen über den Tod durch Absturz, S. 327–337.

24 E. Kübler-Ross: Interviews mit Sterbenden, Zürich 1971.

25 R. Moody: Life after Life. Carmel, N.Y., USA 1975.

26 Nach: P. van Lommel: Endloses Bewusstsein, Ostfildern 2021, S. 37.

27 M. Sabom: Recollections of Death, in Deutsch: Erinnerung an den Tod, München 1982.

28 K. Ring: Den Tod erfahren – das Leben gewinnen, München 1984.

29 B. Greyson: The Near-Death Experience: Problems, Prospects, Perspectives, Springfield 1984.

30 B. Greyson: The Near-Death Experience Scale, The Journal of nervous and mental disease, 171(6), 1983, S. 369–375.

31 C. Zaleski, I. D. Schauer: Nah-Todeserlebnisse und Jenseitsvisionen v. Mittelalter bis zur Gegenwart, Frankfurt am Main 1993.

32 K. Ring, S. Cooper: Near-Death an Out-of-Body Experiences in the Blind: A Study of Apparent Eyeless. Vision Journal of Near-Death Studies 16, 1997, S. 101–147.

33 H. Knoblauch: Berichte aus dem Jenseits. Mythos und Realität der Nahtoderfahrung, Freiburg im Breisgau 1999.

34 P. van Lommel (u. a.): Near-death experience in survivors of cardiac arrest: a prospective study in the Netherlands; Lancet, 15.12.2001.

35 S. Parnia (u. a.): AWARE – AWAreness during REsuscitation – A prospective study Resuscitation, December 01, 2014, V 85/12, S. 1799–1805.

36 M. Thonnard (u. a.): Characteristics of Near-Death Experiences Memories as Compared to Real and Imagined Events Memories, PLoS One, 8(3), 2013.
37 L. Bellg: Near Death in the ICU, Wisconsin 2016.
38 T. Rivas, A. Dirven, R. H. Smit: The Self Does Not Die, Durham 2016.
39 https://www.derstandard.de/story/2000111949282/spanische-aerzte-reanimierten-frau-sechs-stunden-nach-herzstillstand.
40 S. Parnia: Der Tod muss nicht das Ende sein, München 2013.
41 E. Wiesenhütter: Blick nach Drüben, Gütersloh 1974, S. 77.
42 P. van Lommel: Endloses Bewusstsein, Ostfildern 2021.
43 A. Kirilmaz (u. a.): Detection of the defibrillation threshold using the upper limit of vulnerability following defibrillator implantation, Pacing Clin Electrophysiol 28(6), 2005, S. 498–505.
44 L. Azevedo, L. Carvalho, J. Grinberg, R. Farfel, R. Ferretti (u. a.): Equal numbers of neuronal and nonneuronal cells make the human brain an isometrically scaled-up primate brain, in: J. Comp. Neurol. 513, 2009, S. 532–541.
45 https://www.spektrum.de/news/tod-was-beim-sterben-im-gehirn-passiert/2043556?utm_medium=newsletter&utm_source=sdw-nl&utm_campaign=sdw-nl-daily&utm_content=heute, Spektrum vom 5.8.2022.
46 Nach: P. van Lommel, Endloses Bewusstsein, Ostfildern 2013, S. 155.
47 H. Heine: Reisebilder, Band 3, Hamburg 1830, S. 185.
48 Nach: P. van Lommel, Endloses Bewusstsein, Ostfildern 2021, S. 157.
49 Ebd., S. 158.
50 S. Parnia, D. G. Waller, R. Yeates, P. Fenwick: A qualitative and quantitative study of the incidence, features and aetiology of near-death experience in cardiac arrest survivors, Resuscitation 48, 2001, S. 149–156.
51 B. Greyson: Incidence and Correlates of Near-death Experiences in a Cardiac Care unit, General Hospital Psychiatry 25, 2003, S. 269–276.
52 P. Sartori: The Near-Death Experiences of Hospitalized Intensive Care Patients: A Five-Year Clinical Study, Lewiston 2008.
53 Daten u. a. bei P. van Lommel, Endloses Bewusstsein, S. 187.
54 J. Schwaninger (u. a.); A Prospective Analysis of Near-Death Experiences in Cardiac Arrest Patients, Journal of Near-Death-Studies 20(4), 06/2002, S. 215–232.
55 https://iands.org/research/publications/vital-signs/75-vs21no3bernstein.html, Seite 1–9.
56 S. Parnia (u. a.): AWARE – AWAreness during Resuscitation, S. 1803.
57 Ebd., S. 1804.
58 Reihenfolge nach SWISS IANDS. Wegen der Wichtigkeit habe ich den negativen Erfahrungen ein eigenes Kapital gewidmet.
59 E. Kübler-Ross: Über den Tod und das Leben danach, Güllesheim 1984.
60 P. van Lommel: Endloses Bewusstsein, S. 105.
61 L. Bellg: Near Death in the ICU, Wisconsin 2016.
62 P. van Lommel, Endloses Bewusstsein, S. 48ff.; auch in T. Rivas, A. Dirven, Smit: The Self Does Not Die, S. 62ff.
63 K. C. Sharp: The other shoe drops, Journal of near Death Studies 25(4), 2007, S. 245–250; auch in: T. Rivas (u. a.): The Self does Not Die, S. 32–34.

64 K. Ring, M. Lawrence: Further Evidence for veridical Perception during Near-Death Experiences, Journal of Near-Death Studies 11, 1993, S. 223–229; auch in: T. Rivas (u. a.): The Self does Not Die.

65 Siehe auch D. Morrissey im Abschnitt »Besondere Fälle« unter h).

66 K. Ring, S. Cooper: Near-Death an Out-of-Body Experiences in the Blind: A Study of Apparent Eyeless, Vision Journal of Near-Death Studies 16, 1997, S. 101–147.

67 Aus: P. van Lommel: Endloses Bewusstsein, S. 67.

68 C. G. Jung: Erinnerungen, Träume und Gedanken, Zürich, Stuttgart 1962, S. 293ff.

69 https://www.youtube.com/watch?v=RggSa2AQNow.

70 Dr. Mansfield zu Dr. Sam Parnia, aus: T. Rivas (u. a.): The Self does not Die, S. 82.

71 S. Mehne: Licht ohne Schatten. Leben nach einer Nahtoderfahrung, Ostfildern 2013.

72 B. Katzman: https://www.youtube.com/watch?v=0rJJHaghyqE.

73 P. Sartori: Through the Eyes of a child. Near-Death Experiences in the Young, in: J. C. Hagan: The Science of Near-Death Experiences, Columbia 2017, S. 89ff.

74 B. Greyson: Nahtod, München 2021, S. 216.

75 G. Ewald: Nahtoderfahrungen: Hinweise auf ein Leben nach dem Tod, Liechtenstein 2007.

76 Aus: P. van Lommel: Endloses Bewusstsein, S. 60.

77 T. Rivas, A. Dirven, R. H. Smith: The self does not die, S. 137.

78 J. Holden, S. Avramidis: Near-Death Experiences while Drowning, Denton 2015.

79 Rajaa Benamour: Saifr al Nur, L´Épée de la Lumiere Al Bouraq, Paris 2016.

80 P. Sartori: The Wisdom of Near-Death Experiences, London 2014.

81 J. Holden: Near-Death-Experiences while Drowning, Denton 2015, S. 19ff.

82 G. F. Ellwood, N. E. Bush, B. Greyson: Distressing Near-Death Experiences as Photographic Negatives, Journal of Near-Death Studies, 15(2), 1996, S. 6.

83 J. W. Price: Revealing Heaven: The Eyewitness Accounts That Changed How a Pastor Thinks About The Afterlife, San Francisco 2013.

84 Laut der iranischen christlichen Nachrichtenagentur »Mohabat News«.

85 V. Charland-Verville (u. a.): Near-Death Experiences in Patients with locked-in syndrome: Not always a blissful journey, Consciousness and Cognition 34, 2015, S. 28–32.

86 B. Greyson: The near-death Experience as a focus of Clinical Attention. Journal of Nervous and Mental Disease, 5/1997, 185(5), S. 327–34.

87 J. Holden: Near-Death-Experiences while Drowning, S. 19ff.

88 https://www.youtube.com/watch?v=QnMrjbXttq0 11:20 min. Video mit Pim van Lommel.

89 S. Mehne: Licht ohne Schatten, S. 76ff.

90 B. Greyson: Nahtod, S. 107.

91 N. E. Bush: Is ten years a life review? Journal of Near-Death Studies 10, 1991, S. 5–9.

92 P. M. H. Atwater: Beyond the Light. Near-Death Experiences – The Rest of the Story, New York 2011, S. 3.
93 U. Warnke: Quantenphilosophie und Spiritualität, München 2011.
94 D. Radin: Supernormal, Amerang 2015.
95 H. Knoblauch: Berichte aus dem Jenseits, Freiburg im Breisgau 1997, S. 42.
96 Apostelgeschichte 9,1.
97 Galater, 1,1.
98 G. Ritchie: Rückkehr von Morgen, Marburg 1980, Kap. IV–VI.
99 Ebd., S. 31.
100 Ebd., S. 36.
101 Ebd., S. 36.
102 Ebd., S. 37.
103 B. Katzman: Zwei Minuten Ewigkeit, Altendorf 2012, S. 18ff.
104 Ebd., S. 20.
105 Ebd., S. 33.
106 C. G. Jung, W. Pauli: The Interpretation of Nature and Psyche, »Pauli-effect«, New York 2012, englische Übersetzung des Originals von 1952, Vorwort, S. 20.
107 M. Morse, P. Perry: Transformed by the Light, London1993, S. 95f.; K. R. Vincent, K. Williams: Nothing Better Than Death. Insights from sixty-two profound NDE´s, Wroclaw 2014.
108 https://www.youtube.com/watch?v=Z7Bh3HSbu2k.
109 P. M. H. Atwater: Beyond the Light, S. 81. Auch T. Rivas, A. Dirven, R. H. Smith: The Self Does Not Die.
110 https://www.youtube.com/watch?v=QnzpsnBrkXs, Pam Reynolds mit Michael Sabom.
111 Ebd.
112 BEAP = Brainstem Evoked Acoustic Potential: Kontrolle des Stammhirns auf Aktivität.
113 https://www.youtube.com/watch?v=osfIY4B3y1U und https://www.youtube.com/watch?v=vskSSoimE8k; P. Reynolds mit R. Spetzler.
114 Den Begriff benutzt sie für das Leben im Bett während der Genesung.
115 S. Mehne: Der große Abflug, Ostfildern 2016.
116 B. Greyson: Nahtod – Grenzerfahrungen zwischen den Welten, München 2021, S. 104ff.
117 Ebd., S. 106.
118 Ebd., S. 106.
119 D. Morrissey: You Can See the Light, New York 2002.
120 Ebd., S. 20, aus dem Englischen übersetzt von Wolfgang Knüll.
121 Ebd., S. 28.
122 Ebd., S. 29.
123 Ebd., S. 31.
124 Ebd., S. 34.
125 Ebd., S. 39.
126 Ebd., S. 39.
127 Ebd., S. 43.

128 https://www.youtube.com/watch?v=Pjk0Oks_B2w; http://vinzenzh.de/Wie-entstehen-meine-Bilder.

129 Aufzeichnung eines Elektrokardiogrammes über 24 Stunden.

130 C. Sylvia, W. Novak: A Change of Heart, New York 1997.

131 P. Pearsall, C. Schwartz, L. Russek: Changes in Heart Transplant Recipients That Parallel the Personalities of Their Donors, Journal of Near-Death-Studies 20(3), 2002, S. 191–206.

132 P. Bavastro: Organ-Transplantationen, Würzburg 2018, S. 233ff.; Pim van Lommel, Endloses Bewusstsein, S. 302; 364.

133 P. Pearsall, G. Schwartz, L. Russek: Changes in Heart Transplant Recipients That Parallel the Personalities of Their Donors, Journal of Near-Death-Studies 20(3), 2002, S. 204.

134 Ebd., S. 198.

135 Ebd.

136 Ebd.

137 Ebd.

138 Ebd.

139 Ebd., S. 202.

140 A. Lavazza: Consciousnessoids: clues and insights from human cerebral organoids for the study of consciousness, Neuroscience of Consciousness V. 2021/2.

141 M. Le Page: Human brain cells in a dish learn to play Pong faster than an AI, Newscientist, 7.12.2021.

142 Interview 2015 https://www.youtube.com/watch?v=92McLp9OCAc, ab Minute 14:25.

143 B. Katzman: Zwei Minuten Ewigkeit, S. 18ff.

144 Dimethyltryptamin = DMT, psychogene Droge, die im Amazonasgebiet verwendet wird.

145 C. Timmermann (u.a.): DMT Models the Near-Death Experience, Front. Psychol., 15 August 2018.; https://www.frontiersin.org/articles/10.3389/fpsyg.2018.01424/full.

146 M. Marinkovic: Nicht im Dritten Auge? Was bewirkt DMT im Gehirn?, Mind Foundation, 4.2.2021; https://www.frontiersin.org/articles/10.3389/fpsyg.2018.01424/full.

147 W. Penfield machte schon in den 1930er-Jahren Versuche mit elektrischer Stimulation des Schläfenlappens im Gehirn.

148 C. Lopez, , E. Maya: Out-of-body experience in vestibular disorders – A prospective study of 210 patients with dizziness, Cortex V. 104, 7/2018, S. 193–206.

149 Autoskopie = Phänomen des sich selbst Sehens.

150 S. Parnia (u.a.): AWARE – AWAreness during REsuscitation, S. 1804.

151 https://www.frontiersin.org/articles/10.3389/fnagi.2022.813531/full.

152 B. Greyson in einer E-Mail an P. van Lommel und von van Lommel an den Autor dieses Buches.

153 B. Greyson, P. van Lommel, P. Fenwick: Commentary: Enhanced Interplay of

Neuronal Coherence and Coupling in the Dying Human Brain; https://www.frontiersin.org/articles/10.3389/fnagi.2022.899491/full.

154 J. P. Dreier: Terminal spreading depolarization and electrical silence in death of human cerebral cortex, Annals of Neurology 13.1.2018, S. 295–310.

155 Dafür gibt es vielfache Nachweise. U. a.: H. L. Clute, W. J. Levy: Electroencephalographic Changes During Brief Cardiac Arrest, Anesthesiology 1990, 73, S. 821–825; J. W. Vries (u. a.): Changes in Cerebral Oxygen Uptake and Cerebral Electrical Activity During Defibrillation Threshold Testing, Anesthesia & Analgesia 7/1998, V. 87/1, S. 16–20; T. J. Losasso (u. a.): Electroencephalographic Monitoring of Cerebral Function During Asystole and Successful Cardiopulmonary Resuscitation, Anesthesia & Analgesia 12/1992, V. 75/6, S. 1021–1024.

156 J. M. Luce: Chronic disorders of consciousness following coma: Part one: medical issues, in: Chest. 144(4), 10/2013, S. 1381–1387.

157 P. van Lommel: Die Kontinuität des Bewusstseins. Bigelow Institute of Consciousness Studies, Arnhem 2021; https://www.bigelowinstitute.org/. Deutsch: S. 26; S. 14.

158 Siehe auch in M. Gabriel: Ich ist nicht Gehirn, Berlin 2015, S. 18–32.

159 Interview 2015; https://www.youtube.com/watch?v=92McLp9OCAc ab Minute 13:00.

160 EL-Pro-Cus: Construction and Working Principle of LCD Display. El-Pro-Cus. 2018 https://www.elprocus.com/ever-wondered-lcd-works/.

161 https://learn.sparkfun.com/tutorials/transistors/all.

162 U. Warnke: Quantenphilosophie und Spiritualität, München 2011.

163 Aus: T. Görnitz/B. Görnitz: Von der Quantenphysik zum Bewusstsein, Heidelberg 2016, S. 13.

164 Ein Teilchen der Quantenphysik, das noch nichts Reales geworden ist. Sein Zustand ist unbestimmt, irgendwo zwischen 0 und 1, im Gegensatz zu einem Bit. Das ist 0 oder 1.

165 Archiv zur Geschichte der Max-Planck-Gesellschaft, Abt. Va, Rep. 11 Planck, Nr. 1797, aus der Rede, in der er zu seinem Glauben Stellung nimmt.

166 H. P. Dürr: Warum es ums Ganze geht, Frankfurt 2011.

167 https://dieter-broers-science.com/.

168 https://www.scinexx.de/dossierartikel/an-zwei-orten-zugleich/. Ähnlich auch im Gespräch mit Heisenberg.

169 https://www.youtube.com/watch?v=MgM4-4_Dr1w, ab Minute 41:55.

170 https://www.youtube.com/watch?v=AoJ9L46-9PE.

171 Ulrich Warnke: Quantenphilosophie und Spiritualität, S. 80.

172 https://www.leifiphysik.de/astronomie/kosmologie/grundwissen/dunkle-materie-und-dunkle-energie.

173 Die Quantenwelt in dem Sinn gibt es eigentlich nicht als »Welt«, weil das ein Bereich ist, in dem noch nichts existiert, während eine Welt existiert.

174 J. S. Bell bewies die Verschränkung, sog. Bell'sche Ungleichung.

175 R. Sheldrake: Der siebte Sinn der Tiere, Frankfurt am Main 2007.

176 A. M. Owen (u. a.): Detecting Awareness in the Vegetative State, Science V. 313/5792, 2006, S. 1402.

177 A. Einstein – M. Born: Briefwechsel 1916–1955, Reinbek 1972.
178 S. Lloyd: Quantum coherence in biological systems 2011, Journal of Physics: Conference Series, 302 012037.
179 S. R. Hameroff, R. Penrose: Orchestrated Reduction of Quantum Coherence in Brain Microtubules: A Model for Consciousness, in: S. R. Hameroff, A. W. Kaszniak, A. C. Scott (Eds.): Toward a Science of Consciousness: The First Tucson Discussions and Debates, Cambridge 1996, S. 507–540.
180 F. Grotelüschen: Die kühnen Konzepte der Quantenbiologie/Q-Bits im Kopf, 16.5.2021; https://www.deutschlandfunk.de/die-kuehnen-konzepte-der-quantenbiologie-qubits-im-kopf-100.html.
181 Bemerkung in diesem Gespräch: https://www.youtube.com/watch?v=AoJ9L46-9PE.
182 C. G. Jung, W. Pauli: The Interpretation of Nature and the Psyche, New York 2012, englische Übersetzung des Originals von 1952.
183 U. a. P. Bieri: Das Handwerk der Freiheit, München 2001; C. List im Interview, Die Zeit online, 17. 09. 2022.
184 M. S. Moore: Nothing but a Pack of Neurons – the Moral Responsibility of the Human Machine, Cambridge 2018.
185 M. Nahm, B. Greyson: Terminal lucidity in patients with chronic schizophrenia and dementia, Journal of Nervous and Mental Disease 197, 2009, S. 942–944.
186 P. van Lommel: Die Kontinuität des Bewusstseins, Bigelow Institute of Consciosuness Studies, Arnheim 2021, https://www.bigelowinstitute.org/. Deutsch: S. 26.
187 Private Familienchronik, verfasst von Anke Henne aus 29451 Dannenberg, Gümse 53, Bericht über den Tod der Großmutter.
188 R. Lewin: Is Your Brain really necessary?, Science, V. 210/4475 1980, S. 1232–1234.
189 Thomas Görnitz, in: T. Görnitz, B. Görnitz: Von der Quantenphysik zum Bewusstsein.
190 Zitiert nach Ulrich Warnke: Quantenphilosophie und Interwelt. München 2013, S. 107.
191 M. Bennet, P. M. S. Hacker: Die philosophischen Grundlagen der Neurowissenschaften, Darmstadt 2015, S. 87ff.
192 A. P. Nutman (u. a.): Rapid emergence of life shown by discovery of 3700-million-year-old microbial structures, Nature 537, 2016, S. 535–538.
193 Interview 1997: Das Geistige ist die treibende Kraft; https://www.youtube.com/watch?v=lrgQakHPRP8.
194 F. Fassioli (u. a.): Photosynthetic light harvesting: excitons and coherence 2014 J. R. Soc. Interface, March 6 11(92); Frankfurter Allgemeine Zeitung Biophysics: Biophysics Quintessences, 01.08.2017.
195 E. M. Gauger, V. Vedral (u. a.): Sustained Quantum Coherence and Entanglement in the Avian Compass, Phys. Rev., Lett. 106, 2011, 040503.
196 T. Görnitz: Quanten sind anders – Die verborgene Einheit der Welt, Heidelberg 2006.
197 C. G. Jung, W. Pauli: The Interpretation of Nature and the Psyche, S. 18.

198 E. Schrödinger: Meine Weltsicht, Wien 1961, S. 162.
199 D. Bohm: Die implizite Ordnung. Grundlagen eines dynamischen Holismus, München 1987.
200 K. Pibram: Toward a Holonomic Theory of Perception, in: S. Ertel, L. Kemmler: Gestalttheorie in der modernen Psychologie, Darmstadt 1975, S. 161–184.
201 T. Görnitz, B. Görnitz: Von der Quantenphysik zum Bewusstsein; auch im Interview: https://www.youtube.com/watch?v=qDW0S3jrzeA.
202 L. Schäfer: Die Quantenwirklichkeit und der Niedergang des Darwinismus. Zum Verständnis der Entwicklungsgeschichte des Lebens in Übereinstimmung mit dem Paradigmenwechsel der Physik und Chemie, Grenzgebiete der Wissenschaft 58(4), 2009, S. 291–318, hier S. 303, und in: R. Froboese: Der Lebenscode des Universums: Quantenphänomene und die Unsterblichkeit der Seele, München 2009.
203 J. Bekenstein: Das holografische Universum der Wissenschaft. Spektrum Wissenschaftsmagazin 11/2003, S. 34.
204 J. Currivan: Das kosmische Hologramm, München 2020.
205 Monismus meint hier: Alle Phänomene der Welt gehen auf ein einziges Grundprinzip zurück, nämlich Bewusstsein, angefüllt mit aller nur möglichen Information.
206 Das Adjektiv »endlos« in Bezug auf Bewusstsein stammt von Pim van Lommel, s. auch: Endloses Bewusstsein, Ostfildern 2021.
207 Das Original wurde in Deutsch verfasst. Quelle: Albert Einstein Archiv Jerusalem; http://alberteinstein.info/vufind1/Record/EAR000007362.
208 H. Margenau, R.A. Varghese: Cosmos, Bios, Theos, LaSalle 1992, S. 139.
209 F. Dürrenmatt, in »Albert Einstein« – Vortrag an der Technischen Hochschule Zürich (ETH), 24. Februar 1979.
210 W. Heisenberg: Der Teil und das Ganze, München 2017, S. 252ff.
211 Ebd.
212 Archiv zur Geschichte der Max-Planck-Gesellschaft, Abt. Va, Rep. 11 Planck, Nr. 1797. S. auch Anmerkung 165.
213 Ebd.
214 Interview in der Fachzeitschrift PM, 05/2007.
215 Interview 1997: Das Geistige ist die treibende Kraft: https://www.youtube.com/watch?v=lrgQakHPRP8.
216 Th. Görnitz, B. Görnitz: Von der Quantenphysik zum Bewusstsein.
217 Interview mit Prof. Dr. Thomas Görnitz und Dr. Brigitte Görnitz, Teil 2, ab Minute 0:20; https://www.youtube.com/watch?v=qDW0S3jrzeA.
218 P. van Lommel: Die Kontinuität des Bewusstseins. Bigelow Institute of Consciousness Studies, Arnhem 2021, https://www.bigelowinstitute.org/. S. 26.
219 R. Sender, S. Fuchs: Revised Estimates for the Number of Human and Bacteria Cells in the Body, PLOS Biology, 19.8.2016; https://doi.org/10.1371/journal.pbio.1002533; bei 80 kg ca. 35 Billionen Zellen.
220 Der Begriff stammt von Thomas S. Kuhn, der einen grundlegenden Wandel einer wissenschaftlichen Theorie markiert: Die Struktur wissenschaftlicher Revolutionen, Frankfurt am Main 1976.

221 Entität: Oberbegriff der Philosophie für ein übergeordnetes Seiendes.
222 Zerlegt man eine Holografie, bleibt in jedem Teil das Ganze erhalten.
223 https://www.youtube.com/watch?v=0rJJHaghyqE, ab Minute 33:00.
224 So B. Katzman im Interview mit W. Huemer: https://www.youtube.com/watch?v=0rJJHaghyqE.
225 C. Pelluchon: Das Zeitalter des Lebendigen – Eine neue Philosophie der Aufklärung. Kritisch, radikal, visionär: Auf dem Weg zu einer demokratischen und ökologischen Gesellschaft, Darmstadt 2021.
226 I. Kant: Kritik der praktischen Vernunft, Zitat im Schlussabsatz (Beschluss), Stuttgart 1945, S. 221.
227 R. M. Rilke: Der neuen Gedichte anderer Teil, Leipzig 1908.

Literatur

Alexander, Eben: Blick in die Ewigkeit, 2014 Ansata, München
Alighieri, Dante: Die göttliche Komödie 2015 Anaconda, Köln
Atwater, P. M. H.: Beyond the Light, 1975 Thorsons, Glasgow
Atwater, Phyllis Marie H.: Near-Death Experiences – The Rest of the Story, 2011, Hampton Roads Publishing, Charlottesville
Atwater, Phyllis Marie H.: Wir waren im Himmel – Nahtoderfahrungen in der Kindheit und wie sie das weitere Leben prägen, 2020 Ansata, München
Bavastro, Paolo: Organ-Transplantationen, 2018 Königshausen, Würzburg
Bellg, Laurin: Near Death in the ICU, 2016 Sloan Press, Wisconsin
Bekenstein, Jacob D.: Das holografische Universum, Spektrum der Wissenschaft 11/2003
Benamour, Rajaa: Sayf al-Nûr, L'Epée de la Lumière, 2016 Edition Albouraq, Paris
Bennett, Maxwell R., Hacker, Peter M. S.: Die philosophischen Grundlagen der Neurowissenschaften, 2015 WBG, Darmstadt
Bieri, Peter: Das Handwerk der Freiheit. Über die Entdeckung des eigenen Willens, 2001 Hanser, München
Blome, Hans-Joachim, Zaun, Harald: Der Urknall – Anfang und Zukunft des Universums, 2004 Beck, München
Bohm, David: Die implizite Ordnung. Grundlagen eines dynamischen Holismus, 1987 Goldmann, München
Burpo, Todd; Vincent, Lynn: Den Himmel gibt's echt, 2015 SCM, Stuttgart
Campbell, Thomas: Meine große Theorie von allem (My big TOE), Buch 1: Erwachen, 2013 Monsenstein, Münster
Chalmers, David: The Hard Problem of Consciousness, 2007 Blackwell, Hoboken, New Jersey
Curie, Eve: Madame Curie – Eine Biografie, 1995 Fischer, Frankfurt am Main
Currivan, Jude: The Cosmic Hologram – Information at the Center of Creation, 2017 Inner Traditions, Rochester, USA
Currivan, Jude: Das kosmische Hologramm, 2020 Goldmann, München
Descartes, René: Meditationen 2009, Felix Meiner Verlag GmbH, Hamburg

Dürr, Hans-Peter: Warum es ums Ganze geht, 2011 Fischer, Frankfurt am Main
Einstein, Albert; Born, Max: Briefwechsel 1916–1955, 1972, Rowohlt, Reinbek
Ewald, Günter: Nahtoderfahrungen: Hinweise auf ein Leben nach dem Tod, 2007 Topos, Liechtenstein
Ewald, Günter: Auf den Spuren der Nahtoderfahrungen – Gibt es eine unsterbliche Seele? 2011, Butzon & Bercker, Kevelaer
Ewald, Günter: Die Physik und das Jenseits, 1998 Pattloch, München
Fischer, Ernst Peter: An den Grenzen des Denkens. Wolfgang Pauli – ein Nobelpreisträger über die Nachtseiten der Wissenschaft, 2000 Herder, Freiburg im Breisgau
Gabriel, Markus: Ich ist nicht Gehirn, 2017 Ullstein, Berlin
Gaßner, Josef M.; Müller, Jörn: Können wir die Welt verstehen? Meilensteine der Physik, 2019 Fischer, Frankfurt am Main
Giulini, Domenico: Spezielle Relativitätstheorie, 2006 Fischer, 4. Aufl., Frankfurt am Main
Görnitz, Thomas: Quanten sind anders – Die verborgene Einheit der Welt, 2006 Spektrum akademischer Verlag, Heidelberg
Görnitz, Thomas; Görnitz, Brigitte: Von der Quantenphysik zum Bewusstsein, 2016 Springer, Heidelberg
Goethe, Johann Wolfgang: Das Göttliche. Gedichte, um 1935 Rütten und Loening, Potsdam
Greene, Brian: Der Stoff, aus dem der Kosmos ist, 2008 Goldmann, 6. Aufl., München
Greyson, Bruce: The Near-Death-Experience: Problems, Prospects, Perspectives, 1984 C. C. Thomas, Springfield, USA
Greyson, Bruce: Nahtod – Grenzerfahrungen zwischen den Welten, 2021 Ansata, München
Hagan, John C. III (u. a.): The Science of Near-Death Experiences, 2017 University Press of Missouri, Columbia
Heim, Albert: Notizen über den Tod durch Absturz, Jahrbuch 1891/92 Schweizer Alpenclub, Schmid, Francke & Co., Bern
Heisenberg, Werner: Der Teil und das Ganze, 2017, 13. Auflage, Piper, München
Heisenberg, Werner: Schritte über Grenzen, 1971 Piper, München
Holden, Janice: Near-Death-Experiences while Drowning, 2015 Eagle Editions, University of North Texas, Denton

Jung, Carl Gustav: Erinnerungen, Träume und Gedanken, 1962 Rascher Verlag, Zürich, Stuttgart
Jung, Carl Gustav, Pauli, Wolfgang: The Interpretation of Nature and the Psyche – 2012 Ishi Press, New York, Englische Übersetzung des Originals von 1952
Kant, Immanuel: Kritik der praktischen Vernunft, 1945 Reclam, Stuttgart
Katzman, Bo: Zwei Minuten Ewigkeit, 2012 Giger, Altendorf
Katzman, Bo: Du bist unsterblich, 2015, 2. Aufl., Giger, Altendorf
Kelly, Edward F.; Kelly Williams, Emily (u. a.): Irreducible Mind, 2007 Rowman, Plymouth
Kiefer, Klaus: Gravitation, 2003 Fischer, Frankfurt am Main
Knoblauch, Hubert: Berichte aus dem Jenseits. Mythos und Realität der Nahtoderfahrung, 1999 Herder, Freiburg i. Breisgau
Kübler-Ross, Elisabeth: Interviews mit Sterbenden, 1971 Deutscher Buchclub Ex Libris, Zürich
Kübler-Ross, Elisabeth: Über den Tod und das Leben danach, 1984 Silberschnur, Güllesheim
Kübler-Ross, Elisabeth: Erfülltes Leben – würdiges Sterben, 1998 Siebenstern, Gütersloh
Lommel, Pim van: Endloses Bewusstsein, 2009 Patmos, Ostfildern
Lommel, Pim van: Die Kontinuität des Bewusstseins, 2021 Bigelow Institute of Consciousness Studies, https://www.bigelowinstitute.org/.
Mann, Frido; Mann, Christine: Es werde Licht. Die Einheit von Geist und Materie in der Quantenphysik, 2017 Fischer, Frankfurt am Main
Mehne, Sabine: Licht ohne Schatten: Leben nach einer Nahtoderfahrung, 2013, Patmos, Ostfildern
Mehne, Sabine: Der große Abflug, 2016 Patmos, Ostfildern
Moody, Raymond A.: Leben nach dem Tod, 1977 Rowohlt, Reinbek
Moorjani, Anita: Heilung im Licht, 2015 Goldmann, München
Morrissey, Dianne: You Can See the Light. How You Can Touch Eternity – and Return, 2002 Citadel, New York
Morse, Melvin; Perry, Paul: Verwandelt vom Licht, 1994 Droemer Knauer, München
Myers, Frederic W. H.: Human Personality and its Survival of Bodily Death, 2001 Hampton Road Publishing, Hoboken, New Jersey

Parnia, Sam: Der Tod muss nicht das Ende sein, 2013 Scorpio, München

Pauli, Wolfgang: Wissenschaftlicher Briefwechsel mit Bohr, Einstein, Heisenberg u. a., 1999 Springer, Heidelberg

Pelluchon, Corinne: Das Zeitalter des Lebendigen – Eine neue Philosophie der Aufklärung, 2021 Wissenschaftliche Buchgesellschaft, Darmstadt

Perutz, Max: Ich hätte Sie schon früher ärgern sollen – Aufsätze über Wissenschaft, Wissenschaftler und die Menschheit, 1999 Hollinek, Purkersdorf

Platon: Der Staat, 1985 Reclam, Stuttgart

Popper, Karl; Eccles, John: Das ich und sein Gehirn, 1989 Piper, München

Power-Cobbe, Frances: The Peak in Darien, The Riddle of Death, 1882 Williams & Norgate, London

Prigogine, Ilya; Stengers, Isabelle: Dialog mit der Natur – Neue Wege naturwissenschaftlichen Denkens, 1986 Büchergilde Gutenberg,

Radin, Dean: Supernormal, 2015 Crotona, Amerang

Ring, Kenneth: Den Tod erfahren – das Leben gewinnen, 1984 Scherz, München

Ritchie, Goerge: Rückkehr von Morgen, 1980 Francke, Marburg

Rivas, Titus; Dirven, Anny; Smit, Rudolf H.: The Self Does Not Die, 2016 IANDS Publications, Durham USA

Sabom, Michael: Erinnerung an den Tod, 1982 Goldmann, München

Sartori, Penny: The Wisdom of Near-Death Experiences, 2014 Watkins, London

Schrödinger, Erwin: Meine Weltsicht, 1961 Zsolnay, Wien

Tillich, Paul: In der Tiefe ist Wahrheit, 1952 Evangelisches Verlagswerk, Stuttgart

Warnke, Ulrich: Quantenphilosophie und Spiritualität, 2011 Scorpio, München

Weizsäcker, Carl-Friedrich von: Aufbau der Physik, 1988 dtv, München

Weizsäcker, Carl-Friedrich von: Die Tragweite der Wissenschaft, 1964 Hirzel, Stuttgart

Wiesenhütter, Eckart: Blick nach drüben. Selbsterfahrungen im Sterben, 1974 Siebenstern, Gütersloh

Williams, Kevin: Nothing Better Than Death, 2019 Amazon Fulfilment, Wroclaw, Poland
Year Clinical Study, 2008 Edwin Mellen Press, Lewiston, NY
Zajonc, Arthur: Die Physik und die Unendlichkeit – Der Dalai Lama im Dialog mit Vordenkern der Wissenschaft, 2020 Crotona, Amerang
Zaleski, Carol: Nah-Todeserlebnisse und Jenseitsvisionen vom Mittelalter bis zur Gegenwart, 1993 Insel, Frankfurt am Main
Zeilinger, Anton: Einsteins Spuk – Teleportation und weitere Mysterien der Quantenphysik, 2007 Goldmann, München

Stichwortverzeichnis

Personenverzeichnis

Alighieri, Dante (1265–1321 n. Chr.): Italienischer Dichter, der die »Göttliche Komödie« (*Divina Comedia*) schrieb, Erstveröffentlichung 1321.

Atwater, Phyllis Margret H. (*1937): US-amerikanische Autorin zu den Themen Nahtoderfahrungen und Spiritualität.

Bavastro, Paolo (*1949): Deutscher Kardiologe und Internist, bekannt wurde er vor allem durch sein Engagement zu den Themen Patientenverfügung, Organspende und Hirntod.

Bekenstein, Jacob (1947–2015): Israelischer theoretischer Physiker, Mitbegründer der Thermodynamik Schwarzer Löcher.

Bohm, David (1917–1992): US-amerikanischer Quantenphysiker und Philosoph. Bekannt für viele physikalische Theorien, z. B. Bohmsche Mechanik.

Bohr, Niels (1885–1962): Dänischer Quantenphysiker und Nobelpreisträger (1922), erforschte die Struktur der Atome; mit Heisenberg, Pauli, Dirac, Born Begründer der Quantenmechanik.

Born, Max (1882–1970): Deutscher theoretischer Physiker, der grundlegende Beiträge zur Quantenmechanik lieferte. Seine Schüler waren Werner Heisenberg und Wolfgang Pauli. Er war ein Freund Albert Einsteins. Nobelpreis für Physik 1954 für grundlegende Beiträge zur Quantenmechanik.

Chalmers, David (*1966): Australischer Philosoph; eines seiner Hauptarbeitsgebiete ist das Phänomen des Bewusstseins.

Cortez, Hernan (1485–1547): spanischer Eroberer Mexikos.

Crick, Francis (1916–2004): Britischer Physiker, Molekularbiologe, zusammen mit James Watson Nobelpreisträger für Entdeckung der Struktur der DNA als Doppelhelix.

Curie, Marie (1867–1934), eigentlich Maria Sklodowska: Polnisch-französische Physikerin und Chemikerin, Nobelpreis für Physik 1903, Nobelpreis für Chemie 1911.

Currivan, Jude: Britische Quantenphysikerin. Sie schlägt mit dem kosmischen Hologramm ein neues Prinzip vom Ursprung der Arten und auch unserer Evolution vor.

Darwin, Charles (1809–1882): Britischer Naturforscher. Begründer der Evolutionstheorie.

Demokrit (459–370 v. Chr.): Griechischer Philosoph der Antike. Er nahm wie sein Lehrer Leukipp (* 5. Jahrhundert v. Chr.) kleinste Teilchen an, aus denen alles zusammengesetzt ist: die Atome.

Descartes, René (1596–1650): Französischer Mathematiker und Philosoph.

Eccles, John C. (1903–1997): Australischer Physiologe, Philosoph und Neurowissenschaftler.

Eddington, Sir Arthur Stanley (1882–1946): Britischer Astronom und Physiker. Bestätigte 1919 mit Beobachtungen im Rahmen einer Sonnenfinsternis Albert Einsteins Allgemeine Relativitätstheorie.

Einstein, Albert (1879–1955): Deutscher theoretischer Physiker mit Schweizer und US-amerikanischer Staatsbürgerschaft. Stellte Energie und Masse als gleichwertig dar und war der »Erfinder« der Raumzeit; Nobelpreis für Physik 1921.

Ewald, Günter (1929–2015): Deutscher Mathematiker. Studierte auch Physik, Chemie, Philosophie und suchte nach einer Verbindung von Physik zu Nahtoderfahrungen.

Fischer, Ernst Peter (*1947): Deutscher Wissenschaftshistoriker und Wissenschaftspublizist, studierte Mathematik, Physik und Biologie und promovierte 1977 bei dem Nobelpreisträger Max Delbrück.

Gabriel, Markus (*1980): Deutscher Philosoph, Professor in Bonn.

Galilei, Galileo (1564–1642) italienischer Universalgelehrter, Astronom, Physiker und Erfinder der klassischen Mechanik.

Görnitz, Brigitte (*1943): Psychologin, Co-Autorin des Buches »Von der Quantenphysik zum Bewusstsein«.

Görnitz, Thomas (*1943): Deutscher Quantenphysiker und Mathematiker, Co-Autor des obigen Buches.

Goethe, Johann Wolfgang von (1749–1832): Deutscher Dichter und Universalgelehrter.

Greyson, Bruce (*1946): US-amerikanischer Neurologe und Psychiater. Mitbegründer der IANDS, der Internationalen Gesellschaft für Nahtodstudien.

Heim, Jacob Albert (1849–1937): Schweizer Professor der Geologie. Gilt als Begründer der Wissenschaft von den Nahtoderfahrungen.

Heisenberg, Werner (1901–1976): Deutscher theoretischer Physiker, schuf mit der Unbestimmtheitsrelation die Grundlage der Quantenmechanik; Nobelpreis 1932.

Higgs, Peter (*1929): Britischer theoretischer Physiker. Sagte das Higgs-Teilchen 1964 voraus, wofür er belächelt wurde. Der Higgs-Mechanismus, der den Teilchen Masse verleiht, wurde von ihm mitentwickelt. Nobelpreis für Physik 2013.

James, William (1842–1910): US-amerikanischer Psychologe und Philosoph, Professor in Harvard.

Jung, C. G. (1875–1961): Schweizer Psychiater und der Begründer der analytischen Psychologie. Zusammenarbeit mit Wolfgang Pauli.

Kant, Immanuel (1724–1804): Deutscher Philosoph in Königsberg, ehemals Ostpreußen, begründete die Philosophie der Vernunft.

Katzman, Bo (*1952): Bekannter Schweizer Musiker, der zwei Bücher über seine Nahtoderfahrung schrieb.

Kübler-Ross, Elisabeth (1926–2004): Schweizerisch-US-amerikanische Psychiaterin. Sie befasste sich mit dem Tod und dem Umgang mit Sterbenden sowie mit Nahtoderfahrungen und ist eine Mitbegründerin der modernen Sterbeforschung.

Laplace, Pierre-Simon (1749–1827): Französischer Mathematiker, Physiker und Astronom.

Long, Jeffrey: US-amerikanischer Radio-Onkologe.

Meister Eckart (von Hochheim) (1260–1328): Deutscher Theologe und Philosoph.

Moody, Raymond (*1944): US-amerikanischer Psychiater und Philosoph, Pionier der Nahtoderfahrung. Sein Buch »Life after Life« war der Startschuss für die Nahtodforschung.

Myers, F. W. H. (1843–1901): Englischer Dichter und Mitbegründer der Society for Psychical Research. Auf ihn geht der Begriff »Telepathie« zurück.

Newton, Isaac (1643–1727): Englischer Naturforscher, Begründer der klassischen Physik.

Pantridge, Frank (1916–2004): Irisch-britischer Arzt, gilt als Erfinder des tragbaren Defibrillators.

Parnia, Sam (*1969): Britischer Kardiologe und Notfallmediziner, forscht am Weill Cornell Medical College in New York an Nahtoderfahrungen und außerkörperlichen Erfahrungen von Herzpatienten. Leiter der AWARE-Studie.

Pauli, Wolfgang (1900–1958): Österreichischer theoretischer Physiker, erklärte die Atomstruktur und sagte das Neutrino voraus. Plädierte für eine erweiterte Sicht der Physik in seiner Zusammenarbeit mit C. G. Jung. Nobelpreis für Physik 1945.

Pelluchon, Corine (*1967): Französische Philosophin an der Université Gustave Eiffel.

Penfield, Wilder (1891–1976): Kanadischer Neurochirurg. Machte in den 30er-Jahren des 20. Jahrhunderts Versuche mit elektrischer Stimulation des Schläfenlappens im Gehirn.

Penrose, Roger (*1931): Britischer Mathematiker und theoretischer Physiker, der mit Stephen Hawking über schwarze Löcher zusammenarbeitete; Nobelpreis für Physik 2020.

Planck, Max (1858–1947): Deutscher theoretischer Physiker, Entdeckung der Quantentheorie; Nobelpreis für Physik 1918.

Platon (428–348 v. Chr.): Griechischer Philosoph, Schüler des Sokrates.

Popper, Karl (1902–1994): Österreichisch-britischer Philosoph.

Reynolds, Pam (1956–2010): Kanadische Sängerin, die auch durch ihr außergewöhnliches Nahtoderlebnis bekannt wurde.

Ring, Kenneth (*1935): Amerikanischer Psychologe und Nahtodforscher.

Ritchie, George (1923-2007): US-amerikanischer Arzt; wurde durch seine Nahtoderfahrung bekannt.

Rudy, Lloyd William (1934–2021): US-amerikanischer Herzchirurg. Mitglied des Herztransplantationsteams der Stanford University.

Rumi, Dschalal Ad Din Muhammad (1207–1273): Islamischer Sufi-Mystiker, sah das Universum als eine Ganzheit der Liebe und die Liebe zu Gott als die Hauptkraft.

Sabom, Michael (*1946): US-amerikanischer Kardiologe und Nahtodforscher.

Sartory, Penny (*1971): Britische Nahtodforscherin.

Schäfer, Lothar (1940–2020): Deutscher Chemiker, lehrte an der Universität in Fayetteville North Carolina.

Schrödinger, Erwin (1887–1961): Österreichischer theoretischer Physiker, wurde berühmt durch die Schrödinger-Gleichung und »Schrödingers Katze«, ein Gedankenspiel um die Unmöglichkeiten der Quantenmechanik. Nobelpreisträger für Physik 1933.

Sheldrake, Rupert (*1942): Britischer Biologe, der durch Verhaltensforschung bei Tieren bekannt wurde. In der Naturwissenschaft umstritten, plädierten immerhin David Bohm und Hans-Peter Dürr eine ernsthafte Untersuchung seiner Hypothesen.

Spetzler, Robert (*1944): US-amerikanischer Neurochirurg, der neue Methoden der Behandlung von Hirntumoren entwickelte.

van Lommel, Pim (*1943): Holländischer Kardiologe, Wissenschaftler, legte die erste prospektive Studie zu Nahtoderfahrungen vor.

Warnke, Ulrich (*1945): Deutscher Biologe und Physiker, arbeitete über die Wirkung elektromagnetischer Felder, einschließlich Licht, auf Organismen. Quantenphilosoph. In seinen Büchern versucht er, quantenphysikalische Versuche und Ergebnisse mit spirituellen Erfahrungen zu korrelieren.

Weizsäcker, C. F. v. (1912–2007): Deutscher Quantenphysiker und Quantenphilosoph, vermutlich wegen des Verbleibens in Deutschland während der Nazi-Zeit ohne Nobelpreis.

Wheeler, John Archibald (1911–2008): US-amerikanischer theoretischer Physiker, erfand die Bezeichnungen »Schwarzes Loch« und »Wurmloch«.

Wiesenhütter, Eckart (1919–1995): Deutscher Neurologe und Psychiater, beschäftigte sich mit Grundfragen der Existenz und auch mit Nahtoderfahrungen.

Zeilinger, Anton (*1945): Österreichischer Quantenphysiker. Wurde bekannt durch Experimente zur Quantenteleportation und Quantenkryptografie sowie zur Verschränkung. Nobelpreis für Physik 2022.

Bildnachweis

S. 179 (links): © shutterstock.com / O_Akira
S. 179 (rechts): © shutterstock.com / sunnychicka
S. 185 (oben): © shutterstock.com / viktorov.pro
S. 185 (unten): © Stefan Gottlöber/ Leibniz-Institut für Astrophysik Potsdam (Ausschnitt)
S. 197: © Wolfgang Knüll

VERLAGSGRUPPE PATMOS

PATMOS
ESCHBACH
GRÜNEWALD
THORBECKE
SCHWABEN
VER SACRUM

Die Verlagsgruppe
mit Sinn für das Leben

Bibliografische Information der Deutschen Nationalbibliothek
Die Deutsche Nationalbibliothek verzeichnet diese Publikation in der Deutschen Nationalbibliografie; detaillierte bibliografische Daten sind im Internet über http://dnb.d-nb.de abrufbar.

4. Auflage 2026

Verlagsgruppe Patmos in der Schwabenverlag AG, Senefelderstr. 12, 73760 Ostfildern
produktsicherheit@verlagsgruppe-patmos.de
www.patmos.de
(Vorstehende Angaben sind zugleich Pflichtinformationen nach GPSR)

Umschlaggestaltung: Finken & Bumiller, Stuttgart
Umschlagabbildung: je48design/shutterstock.com
Gestaltung, Satz und Repro: Schwabenverlag AG, Ostfildern
Druck: GGP Media GmbH, Pößneck
Hergestellt in Deutschland
ISBN 978-3-8436-1454-2